キャリアで語る 経営組織

第2版

個人の論理と組織の論理

稲葉祐之・井上達彦・鈴木竜太・山下 勝［著］

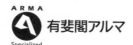

ARMA
Specialized
有斐閣アルマ

本書は，主人公であるあなたが歩むキャリアの物語を，ワタシ視点で書き綴ったものである。大学を卒業して，社会人として活躍する読者の「あなた」が，物語のなかの「ワタシ」として，数々の困難を乗り越えつつキャリアを歩んでいく。RPG（ロールプレイング・ゲーム）に参加するような気持ちで，気軽に読み進めてもらいたい。最後まで読み切ることができればゲームクリア，自信と知識と栄誉を得ることができる。

今回の物語には謎解きが隠されている。サラッと読み進めると気づかない程度の些細なものだが，注意深く読めば数章読んだだけで「おや？」と感じるはずだ。どの章で気づくことができるか，ゲーム感覚で探ってみてほしい。この第2版をつくるにあたり，著者であるわれわれは，初版の「出世物語」という基本構造はしっかりと残しつつ，ストーリーを豊かにしてひねりを加えることにした。われわれなりに，現代的なアップデートを試みたのである。

このような改訂を行ったのには理由がある。きっかけは，初版に対する，学生たちからの忌憚のない声にあった。

- 時代にそぐわないと思います。『課長島耕作』のイメージで，「ザ・昭和」のテキストではないでしょうか。
- 主人公がどう見ても男性としか思えません。女性のわたしには共感しかねます。
- 転職ありきのキャリア設計が当たり前の時代に，1つの会社に勤め上げて出世するというのはおかしいのではないでしょうか。
- いまクールなのは起業です。大企業に勤めるという経験は大切かとは思いますが，主人公には最後に独立してほしかった。

こう聞くと，初版はえらくひどいテキストだと思われるかもしれないが，そんなことはない。「教科書としてはなかなか面白い」と評価され，12年間で累計15刷まで重ねることができた。そもそも，売れ行きが

パッとしなければ，出版社も第2版を出してはくれない。ある意味でロングセラーのお墨付きをもらったテキストなのである。

　しかし，12年も経てば時代はひと回りする。子丑寅卯辰巳午未申酉戌亥という十二支も一巡して，2周目の寅も半ばを過ぎた。とくに，この12年間は，時代の変遷がすさまじく，経営を取り巻く環境もガラリと変わった。地球環境問題が深刻化して，企業の社会的な責任と持続可能な成長がクローズアップされるようになった。日本国内では少子高齢化による人材不足が顕わになってきた。幸せ＝ウェルビーイングが見直され，ビジネスパーソンの働き方も変わってきた。

　キャリアに関していえば，転職が当たり前になり，1つの企業に縛られないバウンダリレス・キャリアが是とされるようになった。大企業一辺倒ではなくなり，起業という選択肢が明確に意識されている。トップレベルの優秀な学生も，将来性のあるベンチャーに就職するようになった。かつてのお手本「課長島耕作モデル」だけでは，もう古いのである。仕事さえ一所懸命やっていれば，自然に知識とスキルをアップデートできるという世界ではなくなり，会社の外で学ぶことも一般的になってきた。人生100年といわれる時代において学び続ける必要があるという前提で，リカレント教育への意識が高まりつつある。

　第2版の物語には，こういった経営を取り巻く環境の変化が，ワタシの問題として組み込まれている。それらの問題をどう解決していくかのヒントを得るために，新しく2つの章を追加して，関連する理論を紹介することにした。第7章「内と外で学ぶ」と第13章「仲間と会社を起こす」である。そこには，学び続けるワタシや起業しようとするワタシを応援するための内容が記されている。

　ご縁あってこの書籍を手にしていただいているのだから，物語の主人公として経営組織についての知識を獲得し，そこから数々の気づきを得てもらいたい。

2022年10月

著者を代表して　井上 達彦

初版はじめに

　最近の若者にとって，組織というと何か遠い存在のように感じられるようだ。実際には，何らかの組織に属してその恩恵を受けていても，意識することが少ないのかもしれない。あるいは，個人ばかりが注目される世の中だからなのかもしれない。いずれにしても，教壇に立っていて，学生たちの組織に対する関心が薄れてきていると感じるようになった。

　一方，社会人MBA（経営学修士）の授業などをしていると，会社の実務に携わる人たちは，組織を日々身近に感じていることが伝わってくる。しかし，自分の職場での経験がすべてなので歪曲した理解をしてしまうことも多い。とくに，職場がうまくいってない場合などは「組織＝制約するもの」という一面ばかりがクローズ・アップされる。「自分が働く組織が大好きだし，組織ってすばらしい」と言う実務家にはほとんどお目にかかったことがない。

　われわれは，このような組織に対する無関心と誤解が蔓延することを危惧している。組織というのは人類史上で最もすばらしい社会的発明の1つである。これまで人類の発展に貢献してきたし，今後もわれわれの活動の可能性を高めてくれるであろう。それにもかかわらず組織に対する関心や理解が薄らいでいるとしたら，それは大変残念なことだ。組織論が存立する基盤が揺らいでいるとも言える。

　もちろん，「組織論」の伝道者として，誤解や無関心を引き起こしてきた原因に心当たりがないわけではない。もともと，組織論というのは外からその構造や機能を観察する学問であるから，そこで働く人々の視点が抜け落ちていた。身近であるはずの組織が，遠い

抽象的な理論体系のみによって語られてきたのである。

　そこでわれわれは，新しい視点の「組織論」をそこで働く人たちに捧げる。本書は身近な組織の出来事を，読者であるあなた視点の組織論として再構築し，身近な感覚を残したまま体系的に説明する。すなわち，観察者視点の組織論を当事者視点に引き戻して表現するという試みである。

　あなた視点の組織論を描くにあたって，われわれが最も気をつけたことは，立場の変化である。立場や役職が変われば，組織へのコミットも違ってくる。新人のときは働く個人としての立場が何よりも優先されたとしても，管理職になって組織の責任を負うようになるにつれて，いつの間にか組織の立場でものを見るようになっていく。また，役職が上がるにつれて権限が拡大し，自分ができることの範囲が広がっていくため，自然に視野も広がっていく。会社に入りたての新入社員と，会社の責任を一身に背負っている社長とでは，直面する問題や組織に対する向き合い方が異なる。

　これはつまり，読者であるあなた自身の立場が変わるごとに，組織の見え方や必要とされる組織論の内容が変わることを意味する。そこで，われわれは，ありがちな想定を架空の話としてつくり，読者である「あなた」を主人公として登場させることにした。仕事選びに始まり，会長を経て引退する物語である。各章では，それぞれのキャリア・ステージで生まれそうな疑問や直面するであろう経営課題を，あなたの疑問という形で示した。たとえば，会社に入ったあなたは，「なぜ杓子定規にルールに従わなければならないのか？」という疑問を抱くことになる。このような個人視点の疑問に対しては，組織運営の視点から「ルールを定めず，みんなが好き勝手に仕事をすると全体としてかえって非効率になるから」と応えている。このように，個人の論理と組織の論理を呼応させた。

　上記のような個人と組織の関係は，両者の利害の不一致として古

くから組織論では問題になってきた。本書では，キャリア・ステージに沿って，このような不一致から生じる疑問を示している。入社から管理職になるまでをキャリア初期（第1〜4章），会社組織の中堅として活躍する期間をキャリア中期（第5〜8章），トップに立ってから引退するまでをキャリア後期（第9〜12章）として，それぞれの時期に感じやすい疑問と役立ちそうな理論を紹介している。

　まず，学生目線で自分のキャリアを考えるところから物語はスタートする。主人公であるあなたは，「人はなぜ働くのか？　会社とは一体何をするところか？」という疑問を抱く。第1章「キャリアを考える」では，これらの素朴な疑問に答えながら，本書を読み進めるのに必要な前提知識を学ぶ。

　続くキャリア初期の第2〜4章では，入社したあなたが，職場で仕事をすることに慣れるのに四苦八苦する様子が描かれる。「こんなはずじゃなかった」と期待が裏切られたり，会社の仕事の進め方に疑問を抱くようになったりする。杓子定規な規則に嫌気がさし，渡された異動の辞令に対しても「どうして会社は人を異動させるのか？」と疑問を持つようになる。

　これらの疑問はいずれも働く個人の立場をストレートに示したものである。組織の立場からすると，規則がなければかえって効率は落ちるし，適材適所によって働く個人にとっても十分なメリットがある。組織の論理を理解したあなたは，組織と個人との関係についてより深く考えるようになる。

　キャリア中期の第5〜8章では，中間管理職となったあなたは，これまでとは逆に会社の立場でものを見るようになる。部下を持つことになったあなたは，自分以外の人に仕事をしてもらう難しさや，部内をまとめて適切な意思決定をすることの大切さを実感する。自分の管理する部署におけるもめごとにさいなまれ，いかにしてコンフリクトを解消すればよいのかを考える。また，経営企画室

のスタッフの一員として適切な組織デザインについて思い悩んだり
もする。

　この段階では，会社の立場に立ったといっても，実際には自分が
責任を持つ部署レベルが問題となる。リーダーシップ，意思決定，
ならびにコンフリクト・マネジメントなどはその典型である。これ
らの問題にしっかりと取り組むことによって，あなたは組織内部の
マネジメントに精通することになる。

　キャリア後期の第9～12章では，トップ・マネジメントになっ
たあなたが事業や会社を背負うことになる。トップともなれば，内
向きの仕事よりも外向きの仕事に多くの時間を割かなければならな
い。なぜ組織が外部の環境に目を向ける必要があるのか。いかにし
て外部との関係を構築していけばよいのか。周囲と関係をうまく構
築して，共に価値を生み出していくことが大切だ。

　この段階では，文字どおり，あなたは会社を代表して立ち回るこ
とになる。環境への適応や価値創造のマネジメントなどを通じて，
組織外部のマネジメントに取り組むことになる。

　そして，会長に退いたあなたは，社会貢献を考えるようになる。
経営は，決して金儲けのツールというだけではない。経営や組織を
活用した社会問題の解決——ソーシャル・イノベーション——につ
いて考えるようになる。

　しょせん，限られたスペースで組織論のトピックを網羅すること
はできない。それぞれの章末には，読者であるあなたが，さらに学
ぶのに役立つ文献案内を示した。*Column*（コラム）として，知ってお
いてほしい組織論研究を紹介しただけでなく，組織論的に見て興味
深い映画も*Movie*（ムービー）として紹介しておいた。組織論をもっ
と身近に感じてほしい，組織についてもっと深く考えてほしい，と
いうのが著者たちの願いである。当事者の疑問を軸にした展開は
読み進めやすいし，解説の大部分はオーソドクスである。経営組織

論，組織行動論はもちろん，制度面を補えば経営学入門などでも活用できる。本書が，組織論に興味を持っていただくきっかけとなれば望外の喜びである。

＊　＊　＊

最後に，ともすれば「遊び過ぎ」とおしかりを受けかねない企画に賛同してくださった有斐閣，4人の著者たちのスケジュール管理とばらばらのパーツだった原稿をとりまとめる苦労を一手に引き受けてくださった書籍編集第二部の尾崎大輔氏，読者目線の鋭いコメントで原稿のブラッシュアップを促してくださった井上由貴さんと早稲田大学井上ゼミの諸君に感謝の気持ちを表したい。

そして大学という組織を研究教育のみならず，運営面でも支えておられる職場の諸先輩方に敬意を表して本書を上梓したい。

2010 年 3 月

著 者 一 同

著者紹介

稲葉 祐之（いなば・ゆうし）　　　　　　【第 1・10・13・14 章】

1970 年生まれ

2003 年，ケンブリッジ大学ジャッジ・ビジネススクール博士課程修了

現職：国際基督教大学教養学部上級准教授，Ph.D.（Management Studies）

主著：*Japan's New Local Industry Creation: Joint Entrepreneurship, Inter-organizational Collaboration, and Regional Regeneration*（Alternative Views Publishing, 2009）；"Higher Education in a Depopulating Society: Survival Strategies of Japanese Universities"（*Research in Comparative and International Education*, 15(2), 136-157, 2020）；『企業統治』（共著，中央経済社，2017 年）；「社会問題の解決システム——社会企業家と問題解決コミュニティ」加護野忠男・山田幸三編『日本のビジネスシステム——その原理と革新』（有斐閣，2016 年）；「共同企業家——複雑な問題の解決者としての企業家」宮本又郎・加護野忠男／企業家研究フォーラム編『企業家学のすすめ』（有斐閣，2014 年）

井上 達彦（いのうえ・たつひこ）　　　　【第 9・11・12 章，全体調整】

1968 年生まれ

1997 年，神戸大学大学院経営学研究科博士後期課程修了

現職：早稲田大学商学学術院教授，博士（経営学）

主著：『情報技術と事業システムの進化』（白桃書房，1998 年）；『事業システム戦略——事業の仕組みと競争優位』（共著，有斐閣，2004 年）；『収益エンジンの論理——技術を収益化する仕組みづくり』（編著，白桃書房，2006 年）；『模倣の経営学——偉大なる会社はマネから生まれる』（日経 BP 社，2012 年）；『ブラックスワンの経営学——通説をくつがえした世界最優秀ケーススタディ』（日経 BP 社，2014 年）；『ゼロからつくるビジネスモデル』（東洋経済新報社，2019 年）；『ビジュアル ビジネスモデルがわかる』（日経 BP 日本経済新聞出版本部，2021 年）

鈴木 竜太 (すずき・りゅうた)　　　【第 1・2・6・7・8 章】

1971 年生まれ

1999 年，神戸大学大学院経営学研究科博士後期課程修了

現職：神戸大学大学院経営学研究科教授，博士（経営学）

主著：『組織と個人——キャリアの発達と組織コミットメントの変化』
（白桃書房，2002 年）；『自律する組織人——組織コミットメントとキ
ャリア論からの展望』（生産性出版，2007 年）；『関わりあう職場のマ
ネジメント』（有斐閣，2013 年，第 56 回日経・経済図書文化賞受賞）；
『経営組織論』（東洋経済新報社，2018 年）；『組織行動——組織の中の
人間行動を探る』（共著，有斐閣，2019 年）

山 下 　勝 (やました・まさる)

【第 3・4・5・9 章，*Movie* ①～⑭，物語改訂】

1972 年生まれ

2001 年，神戸大学大学院経営学研究科博士後期課程修了

現職：青山学院大学経営学部教授，博士（経営学）

主著：『プロデューサーシップ——創造する組織人の条件』（日経 BP 社，
2014 年）；『プロデューサーのキャリア連帯——映画産業における創
造的個人の組織化戦略』（共著，白桃書房，2010 年）；「日本の映画産
業の『ダークサイド』——企画志向の座組戦略と信頼志向のチーム戦略
の間で」（『一橋ビジネスレビュー』第 53 巻 3 号，22-35 頁，2005 年）；
「革新へとつながる企業家の意図——コンテンツ開発にみるパートナーシッ
プの役割」（共著，『組織科学』第 39 巻 3 号，61-70 頁，2006 年）；
"Boundaryless Career and Adaptive HR Practices in Japan's Hotel
Industry"（共著，*Career Development International*, 11, 230-242,
2006）

目　次

Column 一覧

Movie 一覧

「疑問」一覧

本書を大学等にて講義テキストとしてご採用いただきました先生方に，著者作成の講義スライド例（パワーポイント・ファイル）などをご提供予定です。有斐閣ウェブサイト内・本書の書誌詳細ページ「ウェブサポート」欄をご覧ください。
http://www.yuhikaku.co.jp/books/detail/9784641222014

キャリアを考える

個人の欲求と会社の目的

将来の仕事…，何をしよう

　小学生や中学生のとき，「将来の夢」といったテーマの作文をよく書かされ，自分の将来に思いを馳せた。その将来がいま目の前に近づいてきているというのに，ここ最近は考えることを避けてきた気がする。テレビや新聞で経済や企業のニュースが流れていても，どこか自分には遠い話のように聞こえ，あまり関心が持てないでいた。

　でももう時間は待ってくれない。仕事はどうやって選んだらよいのか，そもそもなぜ働くのか，会社とは何をするところだろうか，どこで自分は働くのだろうか，そんな問いがワタシに向かって押し寄せてくる。

　頭のなかを整理しようと思って書店の就活本コーナーに行くと，リクルートスーツを着た人が 1 冊の本を見て思い悩んでいるようだった。なぜだか親近感を覚えた。ほかにもいろいろな本があったが，ワタシもその本を手にとってみた。たまたま開いたページにあった「人はなぜ働くのだろうか？」という問いが頭に引っかかり，「経営組織」と書かれたこの本を買おうとレジに並ぶ人の後ろについた。あ，さっきの就活生。この人も買うんだ……。

1 個人の欲求と働き方

　仕事のことを考えるときに，必ず思うことは「なぜワタシは働かないといけないのだろうか？」という疑問である。働いたことがなくとも，それはお金のため，と多くの人は答えるだろう。しかし，ワタシはこんな状況を考えてみた。十分なお金をもらえるが，勤務中 1 人で個室に閉じ込められ，何もせずにただじっと座っていな

くてはならないという仕事だったら引き受けるだろうか。自分だったら，何かやることがなかったら，たとえお金をもらえたとしても引き受けたくないな，と思う。ひょっとするとわれわれは，単にお金をもらうだけでない，別のものも仕事に求めているのかもしれない。

> 疑問 1-1
> 人はなぜ働くのだろうか？

人間の欲求と行動

人は，それぞれに欲求というものを持っている。欲求は，お腹がすいたから何か食べたいといった短期的なものから，将来メジャーリーグのマウンドに立ちたいなどの人生の夢といった長期的なものにわたる。そして人はこれら自己の欲求を満たすために行動を起こすのである。古典的な欲求理論では，このような行動を引き起こす欲求には生理的欲求，安全欲求，社会的欲求，自尊欲求，自己実現欲求の5つの種類があり，それは階層的な関係になっていると考えられているようだ（図 1-1 参照，Maslow［1943］）。

図 1-1　欲求階層説

自己実現欲求

自尊欲求

社会的欲求

安全欲求

生理的欲求

生理的欲求とは，食欲，睡眠など生命の維持に直結した欲求のことをいう。現代社会では生理的欲求のために働くということはほとんどないかもしれないが，食料を得るために山へ行って獲物を捕ってくるといったことは，まさしく生理的欲求を満たすために働いている例といえる。

　安全欲求は，物理的安全や経済的安定を求める欲求である。これは安心して過ごすことができる居場所を求める欲求である。現代の日本社会ではなかなか実感できない欲求ではあるが，紛争地域にいる軍人や危険な場所で働いている人々は，このような欲求を強く感じているだろう。企業の場面でも，たとえば，日々競争でいつ首を切られるかわからないような状況にいる人は，ある程度の期間安心して過ごせるような状況を求めたくなるだろう。

　社会的欲求は，集団に属したり，仲間から愛情を受けたりしたいという欲求である。社会のなかにいて誰からも相手にされないという状況は，ほとんどの人にとって大きなストレスだろう。そのため人は集団や仲間の輪に入って，安心感を覚えようと行動する。

　自尊欲求は，地位，名誉など他者からの認知を求める欲求である。誰もが仕事の成果が認められ，褒められることはうれしいはずである。また，出世をしたいと願うのも，その地位が自分のこれまでの能力の評価であることや，周囲がそれにより自分を見る目を変えてくれるといった自尊欲求に根ざしたものである。

　自己実現欲求は，自分自身が持っている潜在能力を最大限に引き出し，創造的活動や自己成長，大きな目的を達成したいという欲求である。たとえば，医療現場で働いている人は，苦しんでいる人を1人でも多く助けたいという欲求を持ち，芸術家はこれまでの社会になかった新たな作品，さらには新たな芸術を自分の手で創り上げたいという欲求を持っているかもしれない。このような欲求を自己実現欲求と呼ぶ。他の4つの欲求は，その欲求が満たされると，

より上位の欲求を求めるという欠乏欲求という側面を持っているが，自己実現欲求は満たされることがなく，目標を達成するとさらなる目標が現れるように，永遠に満たされない成長する欲求という側面を持っている。

働き方と仕事の多様性　ワタシの両親や先輩は日々働いている。彼らはたしかに生活をするための糧を仕事によって得ているが，時には仕事の話を楽しそうに，自慢げに話すこともあるし，仕事仲間と休みの日に出かけていくこともある。そう考えると，仕事からはお金を得ているだけではなく，出会いや人間関係，自分の仕事を認めてもらいたいという欲求を満たすためにも仕事をしているのかもしれない。では，ワタシはいったいどのような欲求が強いのだろうか。

いまの社会では，上記のような欲求を満たすために，多様な働き方を選ぶことができる。たとえば，カフェや古着屋など自分で商売（自営業）を始めることもできるし，ソフトウェア会社などの会社を起こす（起業する）こともできる。あるいは，会社に就職して――つまり会社と雇用契約を交わして長期的な雇用関係に入って――ビジネスパーソン（会社員）になる人も多いだろう。

プロフェッショナル（専門職）になるというのも1つのキャリアである。弁護士や医師，シェフ，会計士などのように，資格の必要なプロフェッショナルから，コンサルタント，ジャーナリスト，スポーツ選手，アーティストなど，さまざまなプロフェッショナルの仕事がある。また，フリーターとして好きなときに仕事をして，他の時間は自分の人生を楽しむという生き方もある。あるいは慈善団体，NPO（特定非営利活動法人），NGO（非政府組織）などの非営利組織に所属する働き方もあるし，独立したボランティアとして働くのも1つの仕事の形である。仕事には，どのような仕事をするのかといった仕事の内容と同時に，働き方という側面もあるというこ

とだ。

けれども，なりたい職業に必ず就けるわけではない。たとえば，タイプライターがめずらしかった時代にはタイピストという仕事があったが，誰もがパソコンを操り，簡単に文書を作成できるようになったいまでは，社会で求められるタイピストの仕事の量は当時に比べればずいぶん減っている。一方で，モータリゼーションが急速に発展した時期には，バスやタクシー，トラックなどのドライバーの仕事量は増え，IT化の進展した時期にはプログラマーやコンピュータ・オペレーターなどの仕事が増えた。

また経済の低成長期には，会社と長期的な契約関係を結ぶ正社員の仕事は少なくなるし，その分契約社員や派遣社員などの枠が増えることもある。現代社会においては，さまざまな仕事に就くことができ，またさまざまな働き方を選ぶことができる。しかし，必ずしも望む職種と働き方が用意されているわけではない。たとえば，自分の好きな時間に医者の仕事がしたいといっても，そのような仕事は自分でそういう病院を開く以外にないだろう。また用意されていたとしても，十分にその仕事があるとはかぎらない。国を動かす仕事がしたいと考えても，総理大臣の椅子は日本には1つしかないのである。

このように人には欲求があり，その欲求を満たそうと行動をとる。仕事を通して何かを得ようと考え，それを満たすためにその仕事を探す。そうはいっても，その仕事は必ずしも得られるものとはかぎらない。それは，どの仕事も社会に無尽蔵に存在するわけではなく，社会において必要とされる分だけ存在するからである。同じ仕事を行いたいと考える他の人がいるために，必ずしも自分が最適だと考える仕事に就けるわけではない。そのように制約されたなかで，仕事を選んでいかなければならないのである。

2 会社とは何か

　定年の時期まで仕事をしていくとなると，仕事人生は40年近くにも及ぶ。あらためて考えると，仕事人生というのは長いなぁとワタシは思った。1日8時間働くとするならば，40年のうち3分の1，つまりおよそ13年分の時間を仕事に費やすことになる。仕事をする人にとって，仕事は人生の大きな部分を担うことになる。やりたい仕事を必ずしも得ることができるわけではないが，よく考えずに仕事を決めるわけにもいかないなとも思う。なんとなく入りたい企業や就きたい仕事は頭に浮かびつつあるが，単に仕事の中身だけでなく，働き方を含め，いろいろと考える必要はありそうだ。そのためにもまずは会社について知らなくてはならないが，そもそも，会社とはいったい何をしているところなのだろうか。

> **疑問 1-2**
> 会社とはいったい何をするところか？

会社・企業とは　　会社とは企業の一形態である（*Column ①*参照）。では企業とは何だろうか。企業（営利民間企業）とは，「市場リスク（商品が取引される市場で確実に売れるかどうかわからないというリスク）のもと，利益獲得をめざしつつ，商品生産を行う組織」と定義されるという。このような定義をもとにして，企業のいくつかの特徴を探ることができる。

　1つめの特徴は，企業の活動の目的は，自身の存続（ゴーイング・コンサーン）・成長・発展であり，そのために利益の確保を必要とするという点にある。

　企業には，個人として事業を行う自営業と，法人として事業を行う会社とがある。そもそも事業は事業主個人がすべての責任を負うという自営業が基本であった。つまり，利益はすべて事業主が自らのものにできる代わりに，もしも損害が出たらその損害は自らの財産などを提供してでも全額弁済する義務（すなわち無限責任）を負うという形である。しかし事業のためにそこまでのリスクを負担しようという人は，そう多くはない。このことがネックになって，自営業が主流の時代には大きな事業を興す人の数はそんなに多くなかったし，産業の発展もゆっくりとしたものであった。

　それを大きく変えたのが法人形態の企業，すなわち会社——とりわけ株式会社——の登場である。世界史の授業で習ったように，1602 年に設立されたオランダの東インド会社は，歴史上初の株式会社であるとされている。当時の海洋貿易は難破や海賊被害などのリスクが高く，もし個人が無限責任を負って事業を営んだ場合，船が難破したりすればすべての財産を失うほどの損害になった。そのため，このような事業に乗り出すことに二の足を踏む人が多かったのである。

　そこで，東インド会社では事業のリスクを分散させるため，まず船・積荷などを個人ではなく法人（会社）の所有にした。そして会社の事業を株式という形に細分化して株券を発行して外部の出資者に売った。つまり投資を募ったのである。こうして集まった出資金（資本）をもとに，船主（会社）が貿易に乗り出していった。出資者（株主）は，無事航海が終われば出資金額に応じて利益の分配を会社から受ける代わりに，事業リスクを負う。つまり，もしもその航海で損害が出た場合には，出資した金額の範囲内（すなわち有限責任）で損失を負担したのである。

　「たとえ損害が出ても，それは出資金額の範囲内」という有限責任の仕組みは，投資リスクを計るうえで大変便利であった。また少額でも出資できることから，多くの庶民も会社への投資が可能になり，会社は広く浅く大量の事業資金を集められるようになった。つまり，株式会社とは，企業が大規模な事業活動を行いやすくするための資金調達とリスク分散の仕組みなのだ。このような仕組みの発明は，近代に入って人間の経済活動が飛躍的な発展を遂げる一因となった。株式会社制度とその後の産業革命を通じて，人間は巨大な生産能力と富を生み出す力を手に入れたのである。

サッカーの試合の目的は，勝つために相手よりも点数を1点でも多くとることであって，点数をよりたくさんとることそのものが目的というわけではない。同じように，あくまで企業の目的は自身が存続・成長・発展するために必要な利益を確保することが第一であって，必ずしも利益の最大化を最終の目的に活動しているわけではない。たとえば，学園祭や花火大会などの模擬店は，やきそば・たこ焼きといった商品をつくって，お金を稼ぐ組織ではあるが，学園祭が終わればお店を解散するのが通常で，永続的に生産するために存在しているわけではない。そのためこれらは企業とは呼ばないのである。

　そして，確保された利益は基本的に，①内部に蓄積（内部留保）されて，新製品の開発など自社の将来への投資として使われるか，②企業で働いている社員にボーナス（賞与）として分配されるか，③事業のリスクを負担した株主に配当として分配されることになる。

　2つめの特徴として，企業は商品を生産することで，自らの存続・成長・発展に必要な利益を確保する。ここでいう商品とは，有価で売買される製品やサービスのことである。役所は市民サービスを行う組織であるが企業ではない。市民サービスは有償なものもあるが，存続のためのほとんどの資金は市民の税金によってまかなわれており，サービスの販売によって役所が利益を得ているわけではない。商品生産を行うことで必要な利益を確保することが，企業の特徴である。

　3つめの特徴として，企業はこのような商品生産を市場リスクのもとで行う。市場リスクのもとで，企業は商品の生産・販売に従事している。世の中には，販売すれば売れるようなあたかも市場リスクがほとんどない商品も生産されている。しかし，どんなに小さくとも市場リスクは存在する。新技術が開発されたり，社会の状況が激変したりすることで，それまで売れていたものが売れなくなって

しまうことはめずらしくない。たとえば，白黒テレビもカラーテレビが発売されてしまえば，あえて白黒テレビを買おうという人はいないだろう。一方，先に挙げた役所は，同じ地域に同じ市民サービスを行う2つの役所ができることはないから，一般的には独占状態で市場リスクのもとで活動を行っているとはいえないので，この点からも企業ではない。

　4つめの特徴は，企業は組織であるということである。ここでいう組織とは「2人以上の人々からなる，意識的に調整された諸力あるいは諸活動の体系」(Barnard〔1938〕邦訳，75頁) と定義することができる。つまり，企業は複数の人々の協働によってその活動が維持されているという特徴を持っている。1人だけでも企業を起こすことは可能ではあるが，必ず社外の人々の活動によって支えられているのが現実である。

　このような企業のうち，法人格を持っているものを会社と呼んでいる。通常の人がイメージする会社は法人格を持ち，企業活動をしている組織だから，会社と企業はほぼ同じ意味を指すといってもよいだろう。けれども，商店街の八百屋さんやケーキ屋さんなどは，企業の定義を満たしてはいるが，法人格は持っていないことが多い。このような個人企業（自営業）は企業ではあるが，会社とはいえないということになる。

| 価値を生み出す |

会社は企業の一形態なのだから，会社の目的も自身の存続・成長・発展にある。そのために，会社は商品生産を通じて，継続的に利益を確保していく必要がある。会社にとって必要な利益を確保できなければ，新製品の開発や設備の更新ができず，継続的に魅力ある製品を提供できなくなる。その結果，ますます利益の確保が難しくなる，という悪循環に陥ってしまうかもしれない。

　会社の経営がうまくいかなくなることは，決してその会社だけの

問題では終わらない。利益が確保できなければ，会社へ資金を出資している株主への配当や会社で働く従業員へ利益に応じて払われるボーナスも十分に払うことができなくなる。さらに倒産などにより，会社が存続できなくなってしまえば，従業員は解雇され，資金を出資していた株主は損失を負うことになる。また，その会社と取引のある別の会社にとってみれば，取引している部品が届かないことや必要なサービスが得られなくなることで，損失を被ることになる。たとえば，特殊なネジを製造している会社がつぶれてしまったら，そのネジを使って製品を製造している会社はしばらく生産が滞ってしまうかもしれない。

　会社がもたらす影響は，地域や自治体にも広がる可能性を持っている。というのも，会社がつぶれてしまったら，会社がそれまでに納めていた税金（事業税や法人道府県民税）が会社のある市町村に入ってこなくなってしまうからだ。もしその会社が大企業で市町村の財政のうちその会社からの税収の占める割合が大きければ，市町村の財政基盤をも大きく不安定にさせることにつながってしまう。

　つまり，会社は利益を確保し存続することを前提として設計・運営されているのであり，会社が利益を確保できなければ，直接会社に関わる人々だけでなく，多くの関係者が影響を受けることになるのである。環境に対する配慮や安全な商品やサービスを提供することも，会社の社会的責任であるが，存続することそれ自体も会社の社会的責任の１つといえる。

　さて，会社が利益を確保するためには商品が売れなくてはならない。売れる商品とは，買い手にとって購入に値する価値を持つものである。世の中には，この商品のどこにそんな高い価値があるのだろうと思うものもあるが，売れている以上，買い手にとって購入に値する価値を持つものなのである。たとえば薬は健康な人にとっては何の価値もないが，薬を必要とする病を持つ人にとっては価値の

高いものである。要するに商品の生産には，買い手が求める価値を
いかに商品に付加できるのかということが重要になる。商品に付加
されるこのような価値のことを付加価値と呼び，「生産過程で新た
に付け加えられる価値」と定義される。単なるノートでも，そこに
人気のキャラクターが描かれることによって（そのキャラクターを好
む人にとっては）少し値段が高くなっても買う価値のあるものにな
る。つまり，より大きな価値が生じたことになる。このような付加
価値は，具体的には，会社の生産活動におけるアウトプット（産出
する商品やサービスの価値）とインプット（投入する資源）の差のこと
であり，次のような式で表すことができる。

　付加価値 ＝ アウトプット － インプット

　　　　　　　　（アウトプット：産出する商品やサービスによる売上金額）

　　　　　　　　（インプット：外部から購入した資源の支払い金額）

　たとえば，1枚100円の紙に900円分の絵の具代を用いて絵を描
き（インプットは1000円），それが10万円で売れたとしたら，9万
9000円の付加価値を生んだことになる。

　この式からわかるように，付加価値とは，会社が外部から手に入
れたものにどのくらいの価値を付加して市場で売ることに成功した
のかということを示す指標である。市場のなかで存在している会社
にとっては，その会社の存在意義を示すものということができる。
そして，この付加価値から，働く人の人件費や借入金の金利などの
経費が支払われた残りが「利益」となる。つまり高い付加価値を得
るには，安く仕入れて高く売ることが重要となる。

　シリコンという金属がある。地上に最も豊富にある金属の1つ
なので鉱石の原価はただ同然に安い。しかしそれを高純度金属シリ
コンに精製し，他の金属を使いながらハイテクを駆使した微細加工
技術によって，演算回路を焼き付けて切り出すと，数千円から数万
円もの価値を持つ半導体チップとなる。また高級腕時計は，ゼンマ

イや歯車，筐体（きょうたい）などで構成され，原料はステンレスや鉄など少量の金属でできているが，その完成品は，数十万円から高いものは数百万円もする非常に付加価値の高い製品になっている。

　高級腕時計などの製品の生産過程を考えればわかるように，このような高い付加価値は多くのステップを経て実現されている。よいデザインを設計したり，正確に時を刻む機構を開発したり，あるいは製品のアフターサービスを充実させることで，腕時計の付加価値が高められている。ダイヤモンドなどの宝石を埋め込んだ腕時計はきわめて高価ではあるが，宝石がついているから高付加価値なのではなく，宝石をきれいに配置したり，宝石に見合う時計のデザインをしたりすることで，単に宝石を埋め込んだだけではない高い付加価値を生み出しているのである。

3　付加価値を生むプロセス

　ワタシは，会社とは何か，などという疑問はこれまで考えたことがなかった。たしかにリスクを背負い利益を確保し，継続的に行動する組織だといわれれば納得する。そして，そのために付加価値を生み出す努力を行うのが経営だといわれると，自分の周りのさまざまな製品が違った姿に見える。いま手にしているこの本をつくるのに，具体的にどのようなコストがかかるのかはわからないが，少なくとも原材料は紙とインクなどだろう。そして，経営組織の知識が読みやすく整理されているということが，この本の付加価値の1つなのだなと気づかされる。また会社が傾いたりつぶれたりするのは，存続するのに十分な利益を得られなかったからなのだろう。同じ業界でも生き残る企業もあれば，つぶれてしまう企業もある。それは企業の付加価値を生み出す力の違いによるのだろう。では，ど

のようにしてより大きな付加価値は生み出されるのだろうか。

疑問 1-3
付加価値をどのようにして大きくするのか？

経営資源

企業は活動を通じて，インプットに何らかの価値を付け加えてアウトプットを生み出す。たとえば，CPU（中央演算処理装置）やハードディスクなどの部品を買ってきて（インプット），それを組み立てることでパソコンをつくること（アウトプット）ができる。もし，CPUやハードディスクなどの部品を買う金額と，できあがったパソコンが売れた金額とに差が生じていれば，それが付加価値となる。付加価値を実現するためには，部品やそれを買うお金，技術や労働力，そして組み立てるノウハウや道具を使う技術などが必要となる。会社が付加価値を生むために必要なこれらの資源は，経営資源と呼ばれる。

経営資源には，一般にヒト・モノ・カネといわれる人的経営資源・物的経営資源・資金の3つと，情報や技術などの情報的経営資源がある（表1-1参照）。人的経営資源には，現場の労働力や管理者，経営者，現場を支えるスタッフなどが含まれる。物的経営資源には，原材料，土地や工場，あるいは機械設備や流通網などが含まれる。資金には，短期的な資金と株式などによる自己資本などまさしくカネが含まれる。情報的経営資源には，会社内部に蓄積されたノウハウやスキル，製品や取引先あるいは顧客などに関するデータ，会社外部に蓄積された対外的な信用・イメージ・ブランドなどである。

情報的経営資源が他の3つの経営資源と異なる点は，使っても減らないという点である。たとえば，腕時計は，宝石でもつけないかぎりどの製品でも原材料にかかるコストに大差はない。けれどもそのデザインやブランド，あるいは正確に時を刻める時計をつくる

表1-1 経営資源

経営資源	例
人的経営資源	現場の労働力，管理者，経営者，各種スタッフなど
物的経営資源	原材料，土地，一般機械設備，工場，流通販売網など
資　金	短期資金，自己資本，借入金など
情報的経営資源	ノウハウ，技術，スキル，製品データ，取引先データ，顧客データ，信用，企業イメージ，製品ブランドなど

技術，などの情報的経営資源の有無によって市場での価格は大きく異なる。そのため，情報的経営資源は他の企業との差をつける源泉になりやすいのである。

大きな付加価値を生む分業

1人でも付加価値を生むことは可能である。ラーメン屋さんでは大将が1人で豚骨からスープを仕込み，麺をゆで，具をつくり，おいしいラーメンをつくる。ありふれた鶏ガラや豚骨，生麺，肉や野菜から，手間暇をかけて1杯のラーメンへと調理することによって，付加価値を生み出している。あるいは人間国宝のような人は，土や木材から高価な陶器や工芸品をつくり，大きな付加価値を1人で生んでいる。

しかし，1人で大きな付加価値を生むことができるケースはそれほど多くはない。また多くの場合，1人で大きな付加価値を生むには限界がある。より大きな付加価値を生むためには，より多くのステップで多くの価値を付加した複雑な商品を生産するか，市場でより多く売ることが必要になる。複雑な商品を生産するためには，多くの技術や能力，ノウハウ，あるいは大量に生産し販売する労働力が必要になり，1人でそれらを実現するのは難しい。そこでより大

きな付加価値を生むプロセスで重要になるのが，分業である。

　たとえば浮世絵は，いくつかの工程を経て制作される。一般的には，下絵を描き，下絵を版木に彫り，版木に彩色して紙に刷ることによって浮世絵は制作される。これらの工程を1人でこなすことも技術的に可能ではあるが，1人でより大きな付加価値を実現するにはやはり限界がある。同じ絵柄では売れる枚数にかぎりがあるため，次から次へと新しい絵柄の浮世絵を大量に生産しなければ，売上は大きくはならない。さらに，より質のよい浮世絵を制作するには，売れる題材を思いつくセンス，よい絵柄を描く能力，それを実現する彫る技術，そしてきれいに速く刷る技術，さらには大量に売るための宣伝力や販売力が必要になる。浮世絵は，下絵を描く絵師，描かれた下絵を版木に彫る彫師，彩色して紙に刷る摺師，そしてどのような絵を描くかを決め，販売を引き受ける版元の4者で分業することにより，高い芸術性を持った作品を大衆に売ることが可能になったといわれる。謎の絵師・東洲斎写楽は，わずか10カ月の間に百数十点の浮世絵を世に出し，忽然と姿を消したが，彼が1人ですべての生産工程をまかなっていたら，このように大量の質のよい浮世絵を世に出すこと，つまり大きな付加価値を実現することは難しかっただろう。

　分業によって大きな付加価値が生まれるのは，主に2つの理由による。1つは，分業によって効率よく生産・販売することができるからである。付加価値を大きくするために，アウトプットを大きくする方法の1つは，より多く生産して売ることである。浮世絵でいえば，いま評判の役者や時季に合った風景を，人々が注目している間にたくさん売ることがより大きな売上を上げるために必要になる。そのためにはすばやく流行を取り入れ，より多くの人に飽きられる前に売ることが求められる。分業し，効率よく短期間で多くの枚数を刷り，より広い範囲に売ることで大きな売上を上げ，より

多くの付加価値を実現することができるのである。

　分業によって大きな付加価値が生まれる2つめの理由は，複雑で質のよい製品など，1人で実現できない価値を実現できるからである。浮世絵の工程に要するすべての技術やスキルを，高いレベルで1人の人が持つことはきわめて難しいだろう。また，デジタルカメラや自動車などのより複雑な商品の生産には，膨大な専門知識やノウハウが必要である。デジタルカメラを開発・生産するためには，カメラの構造やデジタル技術を熟知しているだけでなく，プラスチックや金属の加工，そしてそれを量産するための技術や知識にも精通している必要がある。もちろん知識だけでなく，実際に製造するための労力やスキル，製品を売るためのスキル（営業スキル）なども必要になる。複雑で多様な技術や知識，そして労力を1人あるいは数人でまかなうことは不可能だろう。多くの人で分業を行うことによって複雑な商品を生産することが可能になり，1人では実現できない高い付加価値を持つ商品を生産することが可能になるのである。

　高級腕時計などのように，職人が1人でつくる複雑な商品もあるが，実際に付加価値を生むまでには，お店で売る人や材料を仕入れる人，デザインをする人などの力が必要で，決して1人で価値を生み出しているわけではない。また，このような少人数の手による複雑な商品は，高価でなければ十分な付加価値が出なくなってしまう。高付加価値の商品をつくることは1人でも可能かもしれないが，高くても売れる商品というのはかぎられている。しかし多くの人の分業によれば，複雑で多様な技術や知識を要する商品を，大量に生産でき，安価で提供することができる。その結果，高い付加価値を生むことが可能になるのである。たとえば，1000人の会社で1日に5000台のデジタルカメラを生産することができれば，1人当たり5台生産している計算になり，年間の勤務日数を約300

　1999 年のハリウッド映画で，自力でロケット
を打ち上げようとする高校生の物語。これは実話
で，主人公でもあるホーマー・H. ヒッカム，Jr.
の書いた『ロケットボーイズ』という小説が原作
となっている。炭鉱の街で生まれ育った，ごく普
通の高校生のホーマーが，周囲の反対と支援の双
方を受けながらロケットづくりに打ち込んでいく
という物語である。

遠い空の向こうに
発売元：NBCユニバーサル・エンターテイメントジャパン
価格：2,075 円税込
Blu-ray 発売中
© 1999 Universal Studios. All Rights Reserved.

　この作品から学ぶことの 1 つは，不真面目だっ
た高校生を猛勉強に駆り立てるほどの欲求が存在
するということである。ホーマーにとってのロケ
ットづくりは，人生を掛けて挑むようなライフワークであり，また自己
実現欲求を満たしてくれるものであったのだろう。これは働く理由と
しては十分である。炭鉱を管理する父親から将来は炭鉱夫になるように
強要されたり，あるいはロケットの打ち上げは危険なのでやめるように
と高校の校長先生からいわれるが，それでも彼と彼の仲間たちは活動を
続けた。最終的には校長先生が彼に大学進学の機会（奨学金獲得の可能
性）を提供してくれ，父親にもその生き方を認めてもらえることで，さ
らに未来が広がっていくことになる。夢は妄想のなかから生まれてくる
のではなく，具体的なアクションがそれを育んでいくのだろう。

　もう 1 つ学ぶことができるのは，ロケット開発には非常に多くの知
識やプロセスが必要だということだ。実際に，もともと数学の苦手だっ
たホーマーは数学の得意な同級生に教わらなければロケットづくりを
始めることさえできなかった。勉強することで設計図は完成しても，溶
接作業をしなければ実物のロケットは完成しない。ホーマーは父の会
社で働く親しい作業員にその溶接作業をお願いした。彼とその仲間たち
がつくったペットボトル・サイズの小さなロケットでさえ，このように
多くの人たちの協力がなければ完成しなかったのである。エンディング
のナレーションでホーマーはその後，大学を卒業して NASA（アメリ
カ航空宇宙局）にエンジニアとして入局（入社）することを知らされる
のだが，人を乗せるロケットの開発は個人の力ではどうしようもなく，

NASA のような高付加価値を生み出せる組織（会社）にしかできないということに，あらためて気づかされる。1 人ひとりの夢を実現するために組織（会社）が存在しているのである。

日とすると約 1500 台近くを 1 人が生産することができることになる。分業によって，1 人ではとても実現できないような効率性と付加価値を生むことができるのである。

そのために会社は，価値を付加する活動に必要な企画，設計，開発，購買，生産，販売，経理，法務などさまざまな専門知識や能力，スキルを持つ人々を雇って，これらの分業を進めている。1 つの製品を設計し，効率的に生産し，販売するまでに，直接・間接に多くの人々による分業をとおして大きな付加価値を実現しているのである。

4 会社で働くキャリア

　会社が何をしているのか，そして会社がどのようにして活動しているのか，ということはずいぶんわかった。そういう活動に参加し，1 人では実現できないような付加価値を社会に生み出すことができるのであれば，会社で働くというのもなかなか魅力的だなとワタシは思い始めていた。仕事をするのであれば，社会にとっても意義がある仕事をしたい。1 人ではなかなか社会のなかで意義を見出す仕事ができないだろうが，会社で働くことをとおして，社会における自分の意義を見出すことができるかもしれない。しかし会社で働いて，本当に自分のやりたい仕事ができるのだろうかという不安があるのも確かだ。

会社で働くことと
個人で働くこと

社会にはさまざまな仕事の仕方，あるいは社会参加の仕方，社会貢献の仕方がある。会社に入り仕事をすることもその1つの選択である。これらの根っこにある問題は，独立して経済活動を行うのか，それとも組織のなかで経済活動に加わるのかということだ。この個人で働くこと（起業や自営業）と企業で働くことの違いは，表1-2のように示すことができる。

まず，価値付加活動を考えると，会社の実現する付加価値と参加する個人への報酬は，ある程度関係していることがわかる。会社に加わることで個人は，1人では実現できないような付加価値の高い活動プロセスに参加することができる。その結果，労働に対する対価は高いものになるだろう。一方，個人企業の場合は，大企業と同様の複雑な製品生産による高付加価値をねらうことは難しく，それ以外の道を探ることが必要になる。たとえば個人で経済活動を行う場合でも，特別な知識や技術を持っているなど能力が高い場合は，個人企業としても十分高い付加価値を実現することが可能だろう。

次に，働き方について考えると，会社で働く場合には，会社の方針によって自らの仕事が決められる。自営業や個人商店の場合には，自ら継続的に仕事を獲得しなければならない。これは上の階層によって割り振られた仕事をするか，仕事の獲得から納品，資金計画など価値付加活動を1人ですべてこなすのか，という違いといってもよい。

会社に属する場合は，さしあたって目の前の仕事をこなす力が求められ，その個人の能力に見合った仕事が割り振られることになる。他方，個人で働く場合は，経営者として企業経営に関するすべ

表1-2 会社で働くことと個人で働くことの違い

	会社で働く場合	個人で働く場合
価値付加活動	1人では実現できないような付加価値の高い活動プロセスに加わることができる	大企業のような複雑な製品生産による高付加価値をねらうことは難しいが、特別な知識や技術により高付加価値の実現も可能
働き方	会社の方針によって自らの仕事が決められる	自ら継続的に仕事を獲得しなければならない
行動の選択や意思決定の自由度	会社内部のルールや仕事の範囲、さまざまな仕組みのために、仕事における選択や意思決定の自由度が制限される	何をどのようにしていくのかという選択や意思決定の自由度は、外部との関係によってのみ決まる
責任の及ぶ範囲や成果の分配	責任の範囲は権限や分業の範囲によって定められている。成果は果たした責任に応じて分配される	自らの仕事に対する意思決定、すべての活動をこなすことになるため、得られた成果もすべて自分が受けることができる
安定性	長期的な安定性は個人に比べると大きい	長期的な安定性は会社に比べると小さい

ての仕事を担当することになる。また売上を確保するためには，内部の仕事だけではなく，取引先や銀行など外部との関係構築などの能力も試されることになる。

　3つめに，行動の選択や意思決定の自由度とは，つくられたルールに従うのか，自分でルールをつくるかということである。会社で働く場合には，会社内部のルールや仕事の範囲，さまざまな仕組みのために，仕事における選択や意思決定の自由度が制限される。一方，自らが個人で独立している場合には，何をどのようにしていくのかという選択や意思決定の自由度は，外部との関係によって決まる。

　4つめに，責任の及ぶ範囲や成果の分配に関しては，会社で働く

場合は，責任の範囲は権限や分業の範囲によって定められている。また，得られた成果は企業に参加しているメンバーによって分配されることになる。個人で働く場合は，自らの仕事に対する意思決定，すべての活動をこなすことになるため，得られた成果もすべて自分が受けることができる。反面，その結果についてのすべての責任を自分が負うことになる。

最後に，安定性とは，安定的な収入か，環境の変化によって収入がばらつくかということである。会社であれば，人材の質や組織の仕組み，各種ノウハウが充実し継承されているために存続していく能力は高い。そのため，環境の変化によって価値付加能力が個人で働く場合に比べて大きく変動することも少なく，仕事の量や売上なども安定的に確保できる。一方個人で働く場合，事業を担う人の知識・能力・やる気などに依存する程度が高く，環境によって価値付加能力の変動が激しいため，長期的な安定性は企業に比べると小さくなってしまう。

会社に入り，組織の一員として仕事をすることは安定的である一方で，行動や意思決定の自由度は減ってしまう。他方，自営業など個人で働く場合，行動や意思決定の自由度は大きいが，安定性には欠けてしまう。また個人で働き，付加価値を実現するためにはそもそも自分自身に経営資源がなければならないのだ。

> **会社と個人の関係**　仕事を選ぶということは，自らの将来に関する選択をするということでもある。そして自らの求めること（欲求）を満たすために行動（仕事）を起こし，そこでの貢献を通して，求めるものを得ようとする。会社はそのための場でもある。一方で会社側は，加入者が組織のメンバーとして何ができるのかに注目する。組織への加入が実現するかどうかは，組織と個人のそれぞれが提供するものと得られるものが折り合うことによって決まる。つまり，会社は高い付加価値の実現に貢献が期

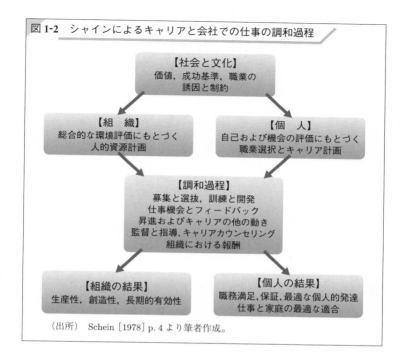

図1-2　シャインによるキャリアと会社での仕事の調和過程

【社会と文化】
価値，成功基準，職業の
誘因と制約

【組　織】
総合的な環境評価にもとづく
人的資源計画

【個　人】
自己および機会の評価にもとづく
職業選択とキャリア計画

【調和過程】
募集と選抜，訓練と開発
仕事機会とフィードバック
昇進およびキャリアの他の動き
監督と指導，キャリアカウンセリング
組織における報酬

【組織の結果】
生産性，創造性，長期的有効性

【個人の結果】
職務満足，保証，最適な個人的発達
仕事と家庭の最適な適合

（出所）　Schein［1978］p. 4より筆者作成。

待される人材にさまざまな誘因（給与や福利厚生，仕事内容，そのほかの待遇）を提示し，加入希望者がこれを受け入れれば当該組織への加入が成立する。さらに会社側は，加入者が組織に所属し続けるための誘因を提供し，加入者はその組織への貢献を提示する。会社はなるべく多くの貢献を果たしてくれる人材を望み，加入者はなるべく多くの誘因を得ることを望む。このようなバランスが会社組織と個人の間には存在する。

　しかし会社と個人の関係を考えるうえで，短期的なことばかり考えているのも問題だ。会社組織に入るということは，そこから自分の仕事人生，キャリアがスタートするということである。より長期的に見ると，会社組織と個人の関係は，図1-2のような関係にあ

る。

　会社は自分たちの事業を踏まえ，どのような人材にどのような仕事をしてもらうことが必要かを考え，必要であれば人を新たに雇う計画を立てる。その際には，どのような貢献をしてもらうのか，つまり必要とする能力を考える必要がある。一方，個人の側は自分の欲求と能力に照らし合わせ，仕事やその仕事をする会社を探索し，選ぶ。両者が出会い，調和するのが募集と選抜であり，組織への加入が決まった後，会社は新しい人材を配置し，トレーニングを行う。このとき，会社は採用した人材を有効に価値付加活動に結びつけるために，人を育てたり，適切な配置を行ったりする必要がある。

　個人の側は，キャリアの初期の段階は貢献できるものが少ないため，能力を高める必要がある。また，仕事のなかでの自分の意義や欲求を再認識する。この両者の調和過程として，異動や，評価，トレーニングがある。会社はさまざまな仕事に採用した人材を割り振り，そこでの個人の貢献に対して評価を行う。また引き続き人材のトレーニングを行い，より高い価値付加活動に貢献できるよう人材を育てる。個人は割り振られた仕事とその評価から自分の意義を感じ，また必要なトレーニングを行うことで，さらに自分の能力を高める。

　キャリア中期の段階では，会社はそれらの人々のなかで伸び悩んでいる人や会社を辞めたいという人に対応する必要がある。さらに，管理職や経営職に就くような中期のキャリアに差しかかった個人は，自分の仕事人生全体について考えるようになる。その段階において会社と個人の両者は，さらに継続的な訓練や仕事の内容や働き方の変更，あるいは退職という調和過程を経る。この調和過程を経て，会社はあらためて組織において必要な人材を考え，個人は自分の経験や知恵を社会や後輩のために活用していき，自分のキャリ

アを終える準備をすることになる。こうして長い会社との関係のなかでの仕事生活が終わっていくのである。

エピローグ

　会社で働くことを決めた時点で，あるいは仕事を決めた時点で終わりではなく，まさにそこから仕事人生が始まるんだなと，いままでぼんやりとしていたことが，少しだけはっきりとしてきた。もうすぐ仕事人生が始まるところにいながら，仕事とは？　会社とは？ということを考えるなんて遅すぎるのかもしれない。けれども，この本で書かれていたようなことは，実際に体験して，はじめてわかることもたくさんあるのだろう。この本に書かれている多くの疑問には，まだあまり実感できないものもあるが，いずれ本当に実感が湧いてくる日が来るのだろう。それを想像しながら読むのもおもしろかった。

　社会人生活がもうすぐ始まる。会社とはいったいどんなところなのだろう。自分のキャリアはどのようなものになるのだろうか。この本に書いてあることを追体験していくとしたら，大変そうだけどやりがいもありそうだ。来年のいまごろ，ワタシはどんな会社で，どんなふうに働いているだろう？

さらに学びたい人のために

①村上信夫［2004］『帝国ホテル厨房物語』日経ビジネス人文庫。
- ●決して恵まれた生い立ちではなかった著者が料理人を志し，さまざまな店で職人修行を重ねたのち帝国ホテルのシェフとして，そしてホテルという組織のメンバーとしてのキャリアを積み重ねていくライフストーリー。キャリアと組織の関わりを考える際の参考になります。

②岩井克人［2009］『会社はこれからどうなるのか』平凡社ライブラリー。

●資本主義社会のなかで運営される会社（法人）についての深い洞察にあふれた本です。株式会社の基本構造や会社（法人）としての意味，また日本型資本主義における日本の会社の特徴などをわかりやすく説明しています。

③エドガー・H. シャイン（二村敏子・三善勝代訳）［1991］『キャリア・ダイナミクス——キャリアとは，生涯を通しての人間の生き方・表現である。』白桃書房。

●キャリア論の泰斗の著作です。人生のそれぞれの過程に応じて発生する，キャリア上のさまざまな課題や問題（社会人としてだけでなく家庭人としても）について述べ，その解決に向かうためのアプローチなどが説明されています。

第**2**章 入 社 す る

社会化と組織文化

え，これを着るの？

　希望の会社に入社してから1カ月，新人研修も終わり，先週からいよいよ私も職場へと配属になった。夜な夜な将来の夢を語り合った同期のメンバーともしばし別れ，それぞれの職場で仕事をすることとなった。しかし，いざ職場へ行くと，何をするのにもはじめてのことばかりで，何をしていいやらわからない。ミーティングにも参加したものの，先輩や上司が話している内容も十分に理解できない。想像していた状況とぜんぜん違う。やばい！　やばいぞ！

1 組織社会化と組織社会化プロセス

　同じ職場の1年上の先輩は，何かにつけいろいろと教えてくれる。さあ仕事を頑張ろうという気持ちも強いが，何年も上の先輩と同じように仕事をしている1年上の先輩を見ていると，1年経つと自分もこんなふうに仕事ができるようになるのだろうかと心配になってしまう。大学時代には1年の差はほとんど感じなかったのに，いまでは自分と先輩の間には大きな差があるように感じる。たった1年の経験でどうしてこのように先輩たちは変わったのだろうか。

> **疑問 2-1**
> なぜ就職した先輩たちは雰囲気が変わっていくのだろうか？

組織社会化

　企業や組織に入った新人が，企業や組織に適応していくことを組織社会化というらしい。社会化 (socialization) とは，たとえば日本で育つうちに，目上の人には自然と敬語を用いるようになるように，その国や土地で生まれた人が，その国や土地の人間らしく振る舞うことができる

ようになることをいう。同じように，新入社員が企業などの組織に入り，知らぬ間にその会社の人間らしい振る舞いができるようになることを組織社会化と呼ぶ。一般には「組織への参加者が組織の一員になるために組織の規範・価値・行動様式を受け入れ，職務遂行に必要な技能を修得し，組織に適応していく過程」と定義される。

このように定義される組織社会化には3つの側面がある。それらは，①成員性の獲得，②学習のプロセス，そして③相互作用による役割の認識の3つである。

1つめの成員性の獲得とは，先輩や上司など組織や職場にすでにいる組織成員に自分を同じ組織あるいは職場の仲間，一員として認めてもらうことである。たしかに，入社式を終え，辞令を受け取れば公式的には会社の一員であることは間違いない。しかし，職場においてはまだ名もない新人であり，一緒に仕事をする先輩や上司は自分のことを何も知らない状態である。社会化とはそのような状態から，成員性を獲得し，同じ会社の仲間として認めてもらうまでのプロセスであるということができる。

2つめの学習のプロセスとは，仕事や組織についてあらゆることを学ぶという側面である。私も含め，新人は組織や仕事のことをほとんど知らない。組織で仕事をするためにも仕事に関わる知識や技能など新人が学ばなければならないことは多い。また，職場や組織でうまく振る舞えるように，先輩や上司の名前を覚えたり，組織の規則や職場にある暗黙のルールなども学ぶ必要があるだろう。

3つめの相互作用とは，組織や職場における自分の役割を認識することである。これは単純に自分がやるべきことを理解するということだけではない。職場や組織において自分のパーソナリティやスキルを周囲に認識してもらうとともに，職場や組織における自分の役割を自らも認識することでもある。残念ながら，新人は組織に入った当初はいわゆるお客さんも同然である。自分がいなくても組織

では仕事は回っていく。そのため社会化をとおして，新人は自分のことを単なる新人ではなく一個人として組織に理解してもらい，組織のなかで自分のポジションをみつけていかなければならない。そのためにも自分の能力をきちんと仲間に示す必要がある。プロ・スポーツの世界でも，プロのチームと契約をするだけでは，チームの一員になったことにはならないだろう。投手が勝利を上げたり，ストライカーがゴールを決めたり，チームの勝利に貢献して，はじめてチームの一員として認められ，チームでのポジションを得ることができる。どんなに能力があっても，どんなに仲間に受け入れられても，職場や組織でもそこにおいて自分のポジションをきちんと確保することで，はじめてチームの一員であるということができる。

　組織への社会化プロセスをとおして，新人はその組織の価値観や様式を受け入れ，そして仕事の技能や知識を学習しながら，組織の一員として認められていく。結果として学生時代に持っていた雰囲気とは変わってしまうのである。大学から就職へのプロセスは，就職する組織への移行だけではなく，学校社会から仕事社会への移行でもある。小学校（あるいは保育園・幼稚園）から大学までの学校社会では学ぶことが中心の生活であった。これからは仕事をし，給与をもらう生活へと移行することになる。仕事社会はそれまでの学校生活のマナーや習慣，ルールとは大きく異なる社会である。先生と同世代の人間しかいない社会から，さまざまな年代のさまざまな背景を持った人とともに仕事をする社会へと変わるのである。大学から就職することは，就職した組織への社会化だけではなく，仕事社会への社会化でもあり，新入社員にとっては二重の意味での社会化プロセスをくぐることになる。

　新しい社会に入れば，強制的にではなく自然と社会化される部分もある。アメリカで生活を始めれば，最初はとまどうものの，外食をしたときにはサービスをしてくれた従業員にチップを払うことが

当たり前になる。これはアメリカという国が強制的にさせていることではなく，アメリカでスムーズに生活をするために自然となじんでいくことである。会社組織においても，自然と学び，適応していくことも多い。しかし実際は，自然に慣れるように仕向けるだけではなく，新入社員研修などをとおして，新入社員の社会化を促進させている。つまり，より早くその組織に適応させようとするのである。それでは，なぜ会社組織は社会化をより促進させる必要があるのだろうか。

> **疑問 2-2**
> なぜ会社は新人（新入社員）を積極的に社会化するのか？

組織社会化のメリット　　会社側が社会化を促進する理由を一言でいえば，新人を組織において有効に機能させるためである。より具体的には3つの理由があるようだ。

1つは，学生のままでは十分な仕事ができないからである。会社にとっては新人といえども会社の戦力である。その新人が業績を上げられなければ，その分の給与は単なるコストになってしまう。たとえば，老舗の料理屋で新しい板前候補の若者を雇ったとしよう。調理師免許を持っていたとしても，すぐにお客に出せる料理などつくれるわけではない。魚の焼き方，野菜の切り方，だしの取り方，料理のつくり方など，知識として知っていることと実際にお客に食べてもらう料理をつくるのでは大きな差がある。しかし，雇った以上新人にも給与を払っている。将来立派な板前になってくれることを見込んで雇ったとはいえ，少しでも早く仕事をできるようになってもらえばそれまでの給与などのコストを実質的に減らすことができる。

料理屋と同様に会社においても新人にかかっているコストを早く減らすためにも，早く新入社員には戦力として働いてもらう必要

がある。そのために会社は，挨拶の仕方や電話の応対などのビジネス・マナーから，商品知識や書類の書き方など，仕事をするうえでの最低限の知識を研修などで教えるのである。また，学校社会と仕事社会の違いを認識させ，学校社会から仕事社会への移行をより早くスムーズに行わせるようにするのである。

　2つめの理由は，すでにいるメンバーがスムーズに日々の仕事を進めるためである。新人1人で仕事が完結している職種もあるだろうが，多くの職場では，仕事は多かれ少なかれ共同で行われる。料理屋であれば，新人が洗った皿に料理が盛りつけられるし，新人が仕込んださまざまな材料をもとに，板前がお客に出す料理をつくる。皿が汚れていたり，切り方が不揃いであったりするのをいちいちチェックしなくてはならないようでは，皿を洗ったり材料を切ったりする時間は減らせても，結局時間がかかり効率が悪くなってしまう。会社組織でも，新人が作成する資料に不備があれば，それを用いる会議や仕事に支障をきたす。このように職場ではその程度はさまざまではあるが，相互依存的に仕事が行われていることが普通である。一見，営業職のように相互依存的な仕事ではないように見えても，営業所や店舗単位での業績が評価されることで，個人の業績がチームの業績に影響を及ぼすようになっていることもある。このようなことからも，職場や組織ではいち早く一人前に仕事をしてもらうことが必要となる。

　3つめの理由は，職場で相互依存的に仕事をするためである。仕事では専門用語やマニュアルなど，その仕事あるいは職場に根づいた言葉や仕事手順などのやり方がある。これらを職場のメンバーが共有することで協働が効率的に行われる。自分が料理をつくらなくとも，食材や調理器具の名前，料理の手順あるいは店の1日の流れを知らなければ，調理を手伝ううえでかえって邪魔になってしまう。たとえば，鍋を用意してもらうにしても，いちいち鍋の形状や

ある場所を説明しなくてはならないようでは仕事の能率に大きく影響するだろうし、調理が終わるタイミングで盛りつける皿が用意されていなければ、料理の出来にも影響してしまう。

社会化プロセスでの 学習内容と手段

早く一人前に仕事ができるように新人は仕事や組織に慣れていかなければならない。しかし、職場にただいるだけでは、なかなか組織に適応することはできない。前にも述べたように、私たち新人は、組織でうまく仕事をするため、また上手に振る舞うためにも多くの知識を習得していく必要がある。では、新人が社会化プロセスで学ぶことにはいったいどのようなものがあるだろうか。

まず、仕事そのものの知識やスキル、専門用語などの言葉を学ぶ必要がある。仮に、営業職として働くことになったとしよう。自分が取り扱う商品の種類とその特徴を覚えなければ、そもそも営業活動は行えないだろう。また商品知識だけでなくその背景も知る必要がある。お客さんのほうがその商品やそれに関わる知識に詳しいという状態では、商品を売ることはできない。また、覚えるだけでよい商品知識とは違い、営業するためのスキル、たとえばどのようにお客さんにその商品を勧めていくのかといったスキルも、簡単には身につかないが、一人前になるプロセスのなかで学んでいかねばならないことである。専門用語にはその業界や職種で用いられる用語もあれば、その組織独特の用語もある。ものづくりの現場であれば、道具や材料の名前も専門用語といえるかもしれない。住宅や車といった商品であれば、販売にともなう手続きや書類、またはその書類に含まれる専門的な用語を覚えねばならない。

次に、競合他社や取引相手、顧客、支店、子会社などの仕事の外的環境やネットワークについても学ぶ必要もある。顧客とのこれまでのつきあいがどうであったのか、子会社や支店がどのような活動をしているのかということも仕事をするうえでは必要になってく

る。

　また，組織や職場で評価されるあるいは罰せられる行動などの評価基準・評価方法についても学ぶ必要がある。営業の仕事であれば同僚の手柄を横どりするような営業は厳しく注意される職場もあるだろうし，暗黙にそのようなことはすべきでないことを共有している職場もあるだろう。このような暗黙のルールは自然にはなかなか学べるものではなく，教えてもらったり積極的に聴いたりして学ぶことが多いはずだ。

　組織への適応に関して新人が学ぶものとしては，まず職場の同僚の名前や地位，性格などが挙げられる。また，職場内の人間関係や組織内政治も組織への適応に関して学ぶものといえるだろう。当たり前であるが，上司や先輩，同僚の名前を覚えなくては組織に適応することは難しいし，仕事をするうえでその人の地位やだいたいの性格を自然と学ぶことになる。職場のなかでどのように物事が決まっていくのか，誰が発言力があるのか，ということも明確に地位と関連するときもあれば，組織上の地位はそれほど重要な位置ではなくても，その職場に長くいるためにご意見番としていろいろな意思決定に影響を与える立場の人がいる場合もある。このような人間関係や職場内での力関係を学ぶことは，仕事をスムーズに進めるためにも重要なことである。

　さらに仕事や組織に適応するためには，自分自身の組織や職場での役割を学ぶ必要がある。何も知らない最初の頃は意識する必要もないが，仕事や職場に徐々に慣れていくにつれ，職場において自分がどのような役割を担う必要があるかを学んでいく。たとえば，料理屋に入った新人はとりあえずやるべき仕事を伝えられるであろう。しかし，新人の仕事は決められた仕事だけではないし，それだけをやっていればよいわけではない。新人には与えられた仕事だけではなく，いろいろな場面で先輩たちのサポートをする役割が求

められていることがある。材料が足りなければ急いで買いに走ったり，接客が大変そうだったら，手伝いに行かねばならないだろう。一方でやらなくてよいことも学ぶ。味が少し薄いと感じたからといって，塩を勝手に足したりしたら大変なことになる。

　営業の世界でも，1人の営業職として実績を残す役割が与えられているのか，資料を用意するような先輩や職場のサポートをする役割なのか，あるいはしばらくはいろいろなことを学ぶことが自分の役割なのか，自分が組織や職場にいったい何を求められているのかということを学ぶ必要があるし，自分でその役割を見出していくことも求められるかもしれない。

　新人が学ぶもののなかには，会社全体に関わるものもある。組織の戦略や組織全体の構造やそれぞれの部門の役割には，会社案内に書かれている理念や組織図のようなものだけではなく，その戦略の意図や具体的に実行される戦略計画，またそれぞれの組織図上の部門の役割や連携関係など書かれていない情報も含まれる。しかし新人が組織の全貌をつかむのは簡単なことではない。それは新人には組織内の情報へのアクセスが制限されているからである。組織戦略の本当の意図は取締役クラスでなければわからない情報かもしれない。そのため，これらのことは組織や仕事に適応するプロセスで徐々に学んでいくことになるだろう。同様に組織全体に関わるものとして，組織の歴史や文化などがある。著名な会社であれば歴史を外部者が知る機会も少なくないが，社内に伝わっている伝説や裏話のような文字化されていない歴史もある。

　これら新人が学んでいくことのなかには，新人が積極的に学んでいかなければ学べないものもあれば，組織内で仕事をしていくうちに徐々に学んでいくことができるものもある。ここまで説明した，新人が社会化プロセスで学ぶものをまとめると表2-1のようになる。

表2-1　新人が社会化プロセスで学ぶもの	
仕事への適応に関わるもの	組織への適応に関わるもの
仕事そのものの知識やスキル	上司や同僚の名前や地位，性格
職場特有の言語や専門用語	評価基準や評価方法
競合他社や取引相手	職場や組織での暗黙のルール
支店や子会社	職場内の人間関係や力関係
顧　客	自分自身の役割
	組織の戦略
	組織構造

　では，このようなことを何からどのように学んでいくのだろうか。新人が職場で学ぶための学習手段としては大きく3つの手段があるといわれている。

　1つめは，経験による学習である。経験による学習とは，仕事をするプロセスにおいて，試行錯誤や失敗をくり返して学ぶ手段である（→第7章）。本を読んで自転車の乗り方をイメージしたり，父親から乗り方を説明してもらったりするよりも，実際に自転車に乗りながら学ぶのが最も効果的である。多くの料理屋では，まかないと呼ばれる板前たちの食事を新人やキャリアの浅い料理人が担当することが多い。まかないは料理屋で使われる材料や道具を使って調理される。まかないは多少味がおかしくてもかまわないため，まかないの調理をとおして，仕事の手順や味，ちょっとしたコツなどを新人は学ぶのである。もちろん，まかないを食べる板前たちは，その味を見ながら新人の成長を見極めていることはいうまでもない。

　2つめの手段は，観察による学習である。上司や先輩などの仕事ぶりを観察しながら仕事のやり方やうまくいくコツを学ぶことができる。料理人をはじめとする職人の世界では親方の背中を見て学ぶという言われ方をするが，観察をくり返すことで，そのやり

方などを学ぶのである。料理屋でもレシピなどは教えてはくれない。日々，先輩や板前や板長を観察するなかで，調理の順番や材料の量，調味料の量などを盗みとっていかなければいつまで経っても料理をつくれるようにはならない。このような観察学習は他者からの学習という点で社会的学習，モデリングや模倣学習ともいわれる（→第7章）。

　3つめは伝聞や指導による学習である。これは上司や先輩，同僚から教えてもらうことによる学習である。先輩や同僚が自分の仕事ぶりを見ていて，アドバイスをくれたとき，自分では気づかないことに気づかされることもある。また，そのようなちょっとしたアドバイスが仕事を飛躍的に上達させることもある。

2 リアリティ・ショックとRJP

　あらためて考えてみると，私のような新人はずいぶんと学ぶことが多い。そう考えると，いつになったら先輩のように仕事ができるようになるのだろうかと途方に暮れてしまう。たしかに一人前になるためには，仕事にかぎらずたくさんのことを学んでいかなければならない。仕事に慣れるだけではなく，職場にも慣れていかなければならない。新人だから仕方がないと思いつつも，一緒に入社した同期はすでにいろいろな仕事を任されているという話を聞くと，自分は少し自信をなくしているのかもしれないと感じることもある。また仕事や会社に疑問を感じることも少なくない。あんなに期待に胸をふくらませて入った会社だというのに，なんだか自分の思い描いた仕事や会社の姿といまの姿とは違うように思える。まだ慣れていないのだといえばそれまでだが，先日，学生時代の友人にそのことを話すと，同じような感想が返ってきた。あれほど調べて，自分

で納得して入社した会社だというのにどうしてこれほどギャップができてしまうのか。いまではそんなに簡単には会社や仕事には適応できるものではないなと思うようになっている。

> **疑問 2-3**
> 本当に誰もがすんなりと組織と仕事に適応できるのだろうか？

リアリティ・ショック　　組織や仕事に，すんなりと慣れる人もいるだろうが，予想と異なりとまどうことも少なくない。このような現実と期待のギャップをリアリティ・ショックと呼ぶようだ。内定をもらった会社や仕事に対して，学生は多くの期待をしてしまう。望んだ会社であれば，不安はあるものの期待のほうが大きくなることは自然である。しかし現実はそれほど期待どおりであることは少ない。バイト先に就職するようなケースでないかぎり，自分が思い描いたとおりの職場や仕事であることのほうが稀なのかもしれない。

　このようなリアリティ・ショックには2つのパターンがある。1つは，仕事におけるリアリティ・ショックである。誰もがやりたい仕事があるからその会社に志望をする。それは広告の仕事であったり，戦略立案の仕事であったり，製品開発の仕事であったりとさまざまだろう。皿洗いが好きだから料理人になろうと思う人はいないはずだ。料理をつくりたいから料理屋の門を叩いたのである。しかし，入って1年目の新入社員がすぐにそのような仕事に就くことはまずありえない。組織にある仕事が組織内のすべての人の希望に沿っているわけではない。料理屋で働く人はみんな板場に立って料理をつくりたいと思うだろう。けれども，料理をつくる仕事は店にとっても最も重要な仕事である。料理屋で経験の浅い1年目の新人に料理を任すことなどはとてもできないだろう。

　最近では少ないのかもしれないが，和食の料理人の世界には，「追い回し」と呼ばれる主に新人が担う役回りがある。追い回しは，師匠や先輩から雑用ばかりを頼まれ「追い回」されることからそう呼ばれる。追い回しの間は，包丁などは握らせてはもらえない。急に必要になった食材を買いに行くとか，食器洗いや店の外の掃除とか，いわゆる雑用ばかりをする。雑用ばかりでは料理の腕は上がらないではないかと思うかもしれないが，実は雑用の効用というものがある。

　レイヴとウェンガーは，新人が職場に入って学んでいく様子を「正統的周辺参加」という言葉で説明した（Lave and Wenger [1991]）。正統的周辺参加とは，正統的に（ちゃんとした職場のメンバーとして），周辺から（コアの仕事ではなく），参加（職場での実践）することをとおして，仕事のなかでの学習を考えようとするものである。正統的周辺参加の立場からは，学習は学校教育のように，一方的に学ぶものだけではなく，活動をしながら職場や仕事の価値や規範も同時に学んでいくような，自身と職場環境との相互作用によって達成されるものと考えることができる。そして同時に，職場のなかでアイデンティティを確立しながら，最終的には周辺的な参加から，コアの仕事への参加（十全的参加），つまりは一人前へ到達することになる。

　正統的周辺参加の視点に立つと，追い回しはいったい何を学んでいるのだろうか。たしかに，包丁も握らなければ，調理をするわけでもないので，包丁の腕や調理の腕は上達しない。しかし，料理人のそばで雑用をすることで，料理がどのような手順で行われるのか，お客に料理を出すときに気をつけなければならないことは何か，鮮度のよい食材はどう見極めるのか，といったことを師匠や先輩との対話のなかで間接的に，あるいは聞いたり試したりしながら直接的に学ぶことになる。そして，追い回しとして信頼されていくに従い，徐々に実践的な仕事をとおしてより深く多様なことを学ぶことになっていくのである。

　雑用ばかりで本当にやりたいことは何も学べないと嘆きたくなることもあるであろう。このままでは自分はいつまで経っても一人前になれないと焦ることもあるかもしれない。しかし実は雑用のなかに，先輩たちが活躍しているやりたい仕事のエッセンスが隠されているかもしれないのである。

また，経験する前まではおもしろそうだと思える仕事も，実際の仕事ではおもしろい部分は全体の仕事のうちのほんの少しで，それほどおもしろいとは思えない仕事がほとんどのこともある。結果として，新人が希望する仕事をすることは少なく，新人が担当する仕事は組織でいえば，周辺部の仕事であることが多い。これらの仕事は自己裁量の範囲は狭く，比較的単調でルーティンな仕事である。皿洗いや芋の皮むきにも仕事のおもしろさを見出すことはできるが，やはり重労働であり単調な仕事である。そのため，新人は自分が描いていた仕事生活とは異なる現実にリアリティ・ショックを感じるのである。

　もう1つのリアリティ・ショックは，組織に対するリアリティ・ショックである。組織や職場にはそこに根づく価値観がある。その価値観は，習慣や暗黙のルール，職場の雰囲気を形成する。情報を互いに共有することが習慣になっている職場では，自然と風通しのよい職場になるが，互いにコミュニケーションをとることをそれほど重要だと思っていない職場では，互いが互いの仕事に干渉することのない職場になるだろう。あるいは，何より利益を上げることを重視し，業績を上げた人をきっちり評価する会社と，業績よりも職場の和を重んじ，年功序列的な配置や昇給を重視する会社とでは同じ業種，同じ仕事でも職場の雰囲気はずいぶん異なる。このような職場や組織の価値観や，それにもとづく雰囲気のギャップからリアリティ・ショックも起こるのである。

　このようなリアリティ・ショックは一般的には期待に反して現実が厳しいことによって起こるのが普通であるが，厳しいと思っていたはずが甘かったり，緩かったりすることでリアリティ・ショックが起こることもある。料理屋に入る新人は，そこが厳しい世界であることを多少は了解してその世界に飛び込む。下ごしらえや味に間違いがあれば，叱責されたり，つくり直しを何度もさせられたり

することは覚悟しているし，料理の世界ではそれくらいの厳しいこだわりがあると思って入ってくるだろう。しかし，実際に入った料理屋が味にこだわりがなく，親方や先輩たちが味やお客さんの満足にさして関心がなかったらどうだろうか。厳しく叱責されたり，遅くまで働かされたりするようなことがなかったとしても，自分のイメージする料理の世界と異なり，がっかりしてしまうのではないだろうか。これは，現実よりも期待のほうが厳しかったことで起こるリアリティ・ショックであるといえる。

このようなリアリティ・ショックは，新人にさまざまな影響を与える。まず，リアリティ・ショックを経験することによって，組織や仕事への適応が遅れてしまう。現状に対して違和感を覚えることによって，仕事における他の経験を前向きに捉えられなくなってしまうのである。たとえば，新しい仕事を与えられても，自分はこんな仕事をするために入社したのではないと考え，その仕事経験を他の仕事へと活かそうとすることができなくなり，仕事がなかなか上達していかなくなる。また，組織になじめないことから組織の仲間との距離もできてしまう。結果として，仕事へのモチベーションが低くなり，会社への愛着や仲間との一体感も持てなくなる。そして最終的には会社を辞めてしまうケースもある。

社会化のプロセス　社会化は決して組織に入る日から始まるわけではない。組織に入る前から採用段階での情報や印象，あるいは内定後に得られる情報から組織のことを知っていくように，組織社会化は組織に入る前から始まっていると考えられている。これを予期的社会化と呼んでいる。社会化のプロセスは3段階に分かれ，この予期的社会化から組織への参入を境にして，適応と呼ばれる時期になる。この時期は通過儀礼を経験することになる。通過儀礼とは，さまざまな社会において社会へ入る際の儀礼である。たとえば，日本では（形式的ではあるが）成人になっ

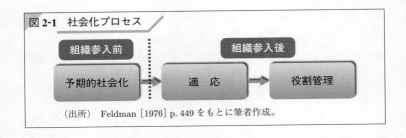

図 2-1 社会化プロセス

組織参入前　　　　　　　組織参入後

予期的社会化　→　適　応　→　役割管理

（出所）　Feldman［1976］p. 449 をもとに筆者作成。

たときに成人式を行う。また，成人式と呼ばれる前の時代では元服という儀式・儀礼があった。この儀礼を通じて社会の一員として認められるのである。メジャーリーグでは，新人が試合後に着替えを隠され，ロッカーに置かれた服（たとえばキャラクターの着ぐるみやウェイトレスの制服）を着て帰らなくてはならないという恒例の儀式がある。これも 1 つの通過儀礼である。期待と現実のギャップによって起こるリアリティ・ショックも通過儀礼の 1 つなのかもしれない。こういったことをとおして適応の時期を終えると，役割管理と呼ばれる時期になる。役割管理の時期は，組織の一員として新しい価値観を形成し，組織のなかでの自分の役割，位置を定める時期である。職場のなかでの仕事上の自分の位置づけ，仕事や学ぶべきことを含む自分がやるべきことの理解をこの時期に行い，組織の一員として認められることになる。つまり社会化が終わることになる（図 2-1 参照）。

　私がいま経験しているのはまさにリアリティ・ショックなのだ。就職活動では会社は基本的にはよいことしか伝えてくれなかった。私もこの会社や仕事について，よい部分ばかりを見ていたように思う。入社した先輩の言葉も聞いたが，やはりよい話ばかりで，いま経験しているようなことはほとんど聞かされていなかったように思う。いまの状況を知っていたら，別の会社に入社したかもしれない。しかし，自分だけでなく，多くの人も経験するものだと知るだ

けでも少し気が晴れてきた。

　ただ，結果としてリアリティ・ショックを感じて，モチベーションが下がったり，会社を辞めたりすることにつながるのであれば，それは新人にとってだけでなく，そもそも会社にとっても問題ではないだろうか。

RJP

　リアリティ・ショックを軽減させる方法として，RJP（realistic job preview）と呼ばれる採用方法があるという。RJP は，入社前から現実をできるかぎり伝えることで，入社後のリアリティ・ショックを起こさないようにする方法である。よいことも悪いことも含め，新入社員が入社後どのような仕事をするのかを情報として示したり，体験談を会社案内に載せたりすることなどが具体的な方法として挙げられる。

　RJP を採用に用いる効果としては，主に 3 つのものが挙げられる。1 つめは事前に現実を知ることによって，入社後のリアリティ・ショックを軽減する効果である。これをワクチン効果と呼ぶ。

　2 つめはセルフ・スクリーニング効果と呼ばれるものである。これは，厳しい現実を採用段階から示すことによって，その厳しさを敬遠する人が最初から採用プロセスから離脱することを指す。セルフ・スクリーニング効果によって，本当にやる気のある人だけが応募することになり，会社側としては自動的にスクリーニング効果が得られることになる。

　3 つめはコミットメント効果である。RJP による採用では，入社後の新入社員の組織へのコミットメント（愛着や一体感）が強くなる傾向がある。これは，リアリティ・ショックが軽減されることによってコミットメントが低下してしまうことがないというのが第 1 の理由である。もう 1 つの理由として，採用された人が，厳しい現実を知ったうえでもその組織に入ろうと思うほど，その仕事や組織に対して事前に強い思いを持っていることが挙げられるだろう。

しかしながら，RJP による採用にも問題点はある。1つは多く
の人から選抜ができないという点である。セルフ・スクリーニング
効果があるために，本来なら採用したい人材であっても自分から合
わないと感じてしまい，応募自体をしなくなってしまうことが考え
られる。また，会社側はどの現実を知ったために希望しなかったの
かがわからないために，改善の余地もなくなり，結果として広範囲
から人材を集めることを阻害してしまうことになる。とくに，自社
だけが RJP を用いた採用の場合，基本的によい情報を中心に提供
する伝統的な採用方式の会社に応募者が流れてしまうという問題が
ある。そしてもう1つは，そもそも伝えるべき現実が本当に誰に
とっても現実かどうかという問題である。すべての新入社員が経験
する具体的な仕事内容であれば大きな問題ではないが，すべての新
入社員にあてはまるわけではない仕事内容や社風，職場の雰囲気な
ど抽象的な部分はそもそも伝えることが難しかったり，誤解を生ん
でしまったりしてしまう。

3　組 織 文 化

　私はあらためて入社以来のことについて考えてみた。たしかにリ
アリティ・ショックは，新人にとってあまりよいものではないが，
最近自分が仕事についてしっかりと考えるようになったことを思う
と，リアリティ・ショックがあったおかげで適応ができたともいえ
る。現実の仕事に嫌気がさして辞めてしまった同期もいたが，一概
にリアリティ・ショックをなくせばよいというわけではないとも思
う。たとえ RJP のような採用方法であっても，やはりいま自分が
感じている社風のような職場や組織の価値観はなかなか伝わらない
だろう。

いまの会社では，長い時間仕事をすることが頑張っていると評価される。同じような内容の仕事をしていても，夜遅くまでやっていると評価を受けるのに，夕方6時くらいに仕事を済ませて帰ろうとすると仕事の手を抜いているように見られる。友人の会社では，遅くまで仕事をしている人は仕事ができない人だと判断されると聞いた。こういう職場や組織の価値観はなかなか会社で働いていない人に伝えることは難しい。会社ごとにも異なるし，職場によってもずいぶん異なるように思う。どうしてそのような違いが生じるのだろうか。また，このような組織や職場に根ざした価値観は，組織の活動にどう影響するのだろうか。

> **疑問 2-4**
> 組織や職場の価値観とはいったいどのようなものか？

組織文化とは何か

　組織が持つ特有の価値観のようなものを組織文化という。学術的には，「共有された価値観，規範，信念」と定義されている。このように定義される組織文化は，いくつかの要素からなっている。それらは儀礼，遊び，表象，共有価値，無自覚的前提である。儀礼には，社会化プロセスで経験するさまざまな通過儀礼や会社で行われる表彰式などの高揚儀礼，社内運動会などの統合儀礼などがある。高揚儀礼とは，全国営業トップ成績の人を年に1度，多くの社員の前で表彰するなど，組織のアイデンティティを強く感じさせるような儀礼のことである。統合儀礼とは，社内旅行や運動会など組織のメンバーがイベントに参加することによって，メンバー間の一体感を感じさせるような儀礼のことである。近年は経費削減などを理由に廃部が続いているが，会社が野球部やサッカー部を持ち，社員みんなで応援するようなことも儀礼の1つといえる。

　遊びは，プロジェクトの際に揃いのTシャツを着たり，恒例の

飲み会を行ったりするなど，儀礼ほどではないが職場で行われているちょっとした活動のことをいう。このような儀礼，遊びはともに組織や職場で行われる活動や行動ではあるが，その背後にその組織が持つ象徴的な意味が含まれているのである。

　表象とは，シンボル・マークやブランド名などの CI（コーポレート・アイデンティティ）や明示化された経営理念など観念的・象徴的なものをいう。たとえば，プロ・スポーツのチームには会社名や地域名だけでなく，どのチームにもチーム名とシンボル・マークがあるが，どのチームのチーム名も強い動物であったり，地域を反映したり，何らかの意味やスピリットを反映している。

　共有価値や無自覚的前提は儀礼や遊び，表象の背後にあるものである。共有価値とは，組織や職場における望ましさについての観念である。それは職場や組織において，何が善か悪か，あるいは何がフェアで何がアンフェアかということなどに関わる観念である。ある会社では遅くまで仕事をすることが勤勉を意味して，よいことだとされているかもしれないが，別の会社では時間内に自分の仕事をしっかりこなすことが勤勉でよいことだとされているかもしれない。無自覚的前提とは，このような共有価値のうち意識的に確認することなく組織や職場においてすでに当然とされているようなものを指す。たとえば，もともとは家庭も大事にすることが重要だという価値のもとで定時に帰ることが義務づけられ，当初はそのような共有価値のもと，意識的に定時に帰るように仕事をしていたものが，だんだんとその共有価値を意識することなく定時に帰ることが当たり前になってしまうような場合である。

　このように組織文化は行動として表れるもの，あるいは目に見えるものからその背後にある価値，そしてすでに意識されなくなった前提というように重層的に理解することができる。このように重層的に捉えると組織文化は図 2-2 のような 3 つのレベルに分けるこ

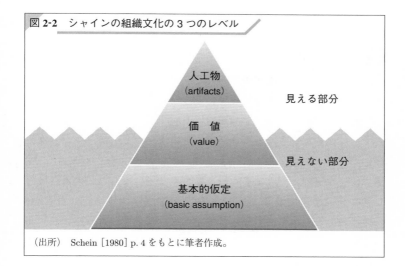

図2-2　シャインの組織文化の3つのレベル

人工物
（artifacts）

見える部分

価　値
（value）

見えない部分

基本的仮定
（basic assumption）

（出所）　Schein［1980］p. 4 をもとに筆者作成。

とができる。

　第1のレベルは「人工物」と呼ばれるレベルで，儀礼や遊び，表象のうち具体的な儀礼やシンボル・マークなど価値を理解する手がかりとなるようなものが含まれる。第2のレベルは「価値」と呼ばれるレベルで，表象のうちの理念などの言葉として示された組織の価値観や，共有価値のような，明示化されていないがメンバーが意識している価値観が含まれる。第3のレベルは，「基本的仮定」と呼ばれ，無自覚的前提が含まれる。

組織文化の機能

　では，組織文化にはどのような機能があるのだろうか。組織文化の機能としては，外的適応の機能と内的統合の機能があるという。

　外的適応とは，組織の価値や目標を示すこと，共有することによって，その組織を取り巻く環境にうまく適応するような機能を指す。たとえば，気軽にフランス料理を食べられる店であるとか，非日常を演出するレストランであるとか，とにかく安い焼肉店である

とか，どの料理店でもその店のコンセプトというものがある。このようなコンセプトがあるからこそ，店の内装や出される料理，価格帯が決まり，市場において一定の地位を確保することができる。逆に店のコンセプトが不明確であると，店は他店との明確な違いを出せなくなり，市場での価値を獲得できなくなってしまう。

　一方，内的統合とは，その組織に所属するメンバーに一体感を持たせ，協働を促進させるような機能を指す。たとえば，互いの価値観が共有されていることから，コミュニケーションが容易になり，意思決定が迅速にできるようになるような場合である。火事などのレスキューの現場では，人命が何よりも優先される。だからこそ，救急や救助などのさまざまな協働がスムーズに行われる。また，同じ価値や目的を持つことにより，消防や救急などの異なる背景を持つメンバーが一体感を持って働くことができるようになる。

　このように考えてみると，いま勤めている会社の組織文化はどのようなものかと後輩に問われても，たしかに答えようがないなと思う。この会社に入ってから，この会社の価値観のようなものがわかったような気がしてはいる。おかげで先輩との仕事のコミュニケーションも次第にスムーズになってきた。しかしそれを言葉で説明することは依然として難しい。私はまだ新入社員で，いま自分が感じている価値観がこの会社のどこにでも見られるものなのかはわからない。後輩に経営理念や会社の大事にしていることを説明することができても，この会社で一緒に仕事をしないかぎりは，本当の意味で価値観を理解できたとはいえないだろうと思う。そして，その組織文化を理解することは，会社にとっても大きな意味を持っていることも感じている。

4 同質性の怖さと過剰な社会化

　だんだん会社に慣れるにつれて，私は，会社の価値観を簡単に受け入れることに抵抗を感じ始めていた。会社に染められることは自分にとって本当によいことなのかと考えるようになったのである。それに加えて，会社にとって社員が同じ価値観を共有していることは本当によいことなのだろうか。

> **疑問 2-5**
> 組織文化がメンバーに深く共有されていることは本当によいことなのか？

組織文化の逆機能　　組織文化が強いことが問題となることもある。組織文化の逆機能は，組織文化が共有され，定着することで，組織メンバーの価値観が画一的になってしまうことである。もちろん画一的であること自体は問題ではない。組織メンバーに価値観が共有されることで，意思決定やコミュニケーションが容易になり，組織にプラスの効果をもたらす。しかし，画一的になることが問題となる状況がある。組織をめぐる環境に変化が起こったとき，画一的であることは組織にとってマイナスの効果をもたらす。

　1つは，画一的であるために，これまでの価値観を否定するような新しい発想や工夫が生まれにくくなることである。そのため，これまでの価値観が通用しなくなったとき，組織文化が強い組織ほど環境への適応が遅れ，大きな損失を被ってしまうことがある。たとえば，アメリカの自動車メーカーは排気量が大きく，パワーのある自動車をつくることで世界の自動車業界をリードしてきた。アメリ

カの自動車メーカーには，力強く，大きな車がよいという価値観が根づいていたのである。けれども，エネルギー問題や環境問題が市場において重要な課題となっても，アメリカの自動車メーカーは小型車，排気量が小さいエネルギー効率のよい自動車への転換をうまく行うことができなかった。小型で燃費のよい車をつくることへの重要性の認識が遅れるとともに，それらの技術への対応が遅れ，結果的に破綻しかねないことになってしまったのである。

　もう1つの画一的になることのマイナス面は，変革への抵抗が起こるということである。これまでの価値観が通用しなくなり，組織変革を起こそうとしても，強い組織文化を持っている組織ほど，その変革は難しいものとなる。それはこれまでの価値観を信じている人ほど，その価値観を捨て去ることに抵抗を感じるからである。たとえ，古い価値観が通用しなくなった現実があったとしても，新しい価値観を受け入れることはそれほど簡単ではない。たとえば，天動説から地動説へと宇宙の見方が変わったとき，地動説を支持するデータは数多く示されたが，天動説を信じる科学者たちは，天動説を改訂しながらそのデータを解釈することで天動説の支持を変えなかった。新しい価値観が現在の環境に見合ったものであると感じていても，自分の持っている価値観を変えることにはそもそも心理的な抵抗感があるのである。

　強い組織文化は，環境の変化がない状況ではプラスの効果をもたらす。しかし，環境が変化し，それまでの価値観が通用しなくなってしまう状況になると，古い価値観に縛られることから，一転して組織にマイナスの効果をもたらすことになってしまうのである。

　また組織のメンバーが画一的になることから生まれるマイナス効果は，新しいアイデアが出なくなったり，変革への抵抗が起こったりするだけではない。画一的になることは，その価値観と異なる価値観に対して強い圧力をかけることにつながる。強い組織文化を

共有している組織では，自分たちのこれまで持っていた価値観と異なる人に対して，集団でその価値観を否定し，自分たちの価値観を強く押しつけようとする。とくに新入社員は，それまで持っていた自分の価値観を捨てさせられ，新しい価値観を（ちょうど服を着せ替えさせられるように）植えつけられる。それは時に，組織が新しい意見や考えを得る機会を潜在的に失わせている可能性がある。

> **疑問 2-6**
> 本当に新入社員を社会化することはよいことなのだろうか？

| 過剰な社会化の問題 |

たしかに仕事面ですぐに戦力となる新入社員は少ないだろう。そのため，新人の社会化プロセスを会社がうまく管理することが必要となる。とくに，新人を一人前に仕事ができるように学習させ，組織の仲間ともうまくやっていけるようにすることが会社側には求められる。しかし，社会化を徹底することは，画一的な強い文化がもたらす問題点だけでなく，個人と組織にとってもいくつかの問題点を持っている。

　まず社会化が進みすぎることの個人の問題には，過剰適応と個性の喪失という問題がある。

　過剰適応とは，早く適応しなければならない，周囲に早く溶け込まなければならないと考えすぎ，自分らしさを抑えつけたり，自分の意見を飲み込んだりすることを指す。過剰適応している個人は，自己のなかでコンフリクト（葛藤）を起こし，ストレスや不満を抱えてしまう。うまく適応できないことも離職などの問題を起こすが，過剰に適応させることも個人に対して大きな負担を与えてしまうのである。

　また過剰に社会化を行うことは，新人だけが持っているよさを消してしまうことにもなる。たとえば，食品や外食産業など，一般消費者を対象とする製品やサービスを提供する会社にとって新入社

員は最も消費者に近い存在である。製品にかかるコストや，それが
どのようなルートで提供されているのかといった情報は知らなくと
も，その製品やサービスを評価するうえでは最も消費者に近い感覚
を持っている。また，通常新入社員は会社のなかで最も若い世代に
なる。社会化を早い段階で行うことによって，このような消費者の
価値観や若い価値観が失われてしまう。その個人が持つ価値観や考
え，スキルを消してしまう場合もある。このように個性が失われる
ことによって，仕事への意欲やキャリアへの展望が失われ，仕事に
対する前向きな態度を失わせてしまうことになるかもしれない。た
とえば，新人が自分なりのやり方で仕事をしたり，新しい提案をし
ても，熟練者の持つ情報やものの見方からそれらを否定してしまう
と，新しい提案や自分なりに仕事をする意欲がなくなってしまう。
つまり，新人は自分が無力であることを学習してしまうのである。
これを学習性無力感という。学習性無力感を持つと，学習すること
への意欲とともに仕事そのものへの意欲も失われていく。

　一方，新人が職場や会社に入ってくることは会社側にとっても学
習の機会である。新人の何気ない質問が，職場の無意味な慣習を見
直すことにつながったり，新しい方法を考える契機となることも
ある。また，新人の行動が先輩に影響を与えることもある。人に教
えるという行動は，自分にとっても学習の機会である。先輩が新人
に教えるなかで，自分の仕事のやり方をもう一度考えたり，新人か
らの質問に答えるなかで会社や仕事，あるいは自分についても考え
ることを促すことになる。なんといっても，比較的若い従業員にと
っては，自分たちよりもさらに若い世代が入ってくることは大きな
モチベーション（動機づけ）の源泉となる。教えることをとおして，
あるいは新人の存在そのものが先輩社員の仕事へのモチベーション
を喚起することにつながる。新人を鋳型にはめるような過度な社会
化は，社会化プロセスにおける職場や会社あるいは先輩社員への新

人の影響を見逃しがちになり，会社にとっては会社全体の学習機会や先輩社員のモチベーションの喚起の機会を失うことになる。

　社会化の目的は新人を会社に慣れさせる，あるいは早く一人前に仕事ができるようにする，という2つであるが，新入社員が入ってくることは，職場や組織，会社にもさまざまな影響を与える。

　また，適応と新人らしさ，あるいは同調性と個性は相反するものとはかぎらない。たとえば，組織や職場に適応することによって，自分らしさを自覚することができるし，自分のキャリアについて考えることができる。また自分らしさや個性をきちんと自覚することで，組織のメンバーから認められ，スムーズな適応ができるということも考えられる。適応と自分らしさあるいは個性と同調性は，決して相反する事象ではないのである。

エピローグ

　せっかく希望の会社に入れたのだから，早く適応したいと思っていたし，早く適応することがよいことだと，私はずっと思ってきた。いち早くなじんだ同期を見るとうらやましいと感じることもあった。しかし，自分らしさや個性を殺してまで会社に適応する必要があるだろうかという疑問も浮かんでくる。いや，自分らしく仕事をしながら，会社や仕事に適応することだってできるはずだ。遠回りに感じられるが，自分のペースで仕事をこなしていくことが結局は組織や仕事への適応においてもプラスになるし，適応したからといって必ずしも自分らしさが消えるわけでもない。重要なことはしっかりと自分の考えを持ちつつ，みなに協調していくことではないか。無論，そう簡単にはいかないだろうが，少なくとも私はいつもそういう気持ちでいたい。

　2001 年に公開された日本のア
ニメーション映画。10 歳の少女
"千尋" は，両親とともに車で引
っ越し先に向かう途中，不思議
な街に迷い着く。誰もいない料
理店に並べられた料理を，それ
が神様に提供されるものとは知

千と千尋の神隠し
© 2001 Studio Ghibli・NDDTM

らずに口にしてしまった両親は豚と化し，千尋自身も姿を消されてしま
いそうになる。謎の少年ハクの手引きによって，千尋は生き残るために
神様たちの集う湯屋の主である湯婆婆のもとに行き，そこで働かせても
らう契約をするが，その際に名前を奪われ，"千" という名前をつけら
れるのだった。千は自分の名前を取り戻すため，そして両親を人間に戻
すために，その湯屋で必死に働き，徐々に同僚のもののけたちにも受け
入れられていく……。

　千尋がまだ小学生とはいえ，掃除やお使いなどといった単純な労働を
することに大きなとまどいは見られない。けれども，彼女が「働く」と
いう行為そのものを理解できていないことは，すぐに見て取れる。わか
りやすいところでいえば，上位者に対してきちんと挨拶をするように
と，千尋はチューター役の先輩リンから再三注意される。「お世話にな
りました」など，小学生が日常的に行わない挨拶だからだ。自分のよき
理解者だと思っていた少年ハク本人からは「ハク様と呼べ」といわれ，
千尋はパニックにもなっている。職場の外と内とでは声の掛け方が異
なるということを，彼女は知る由もなかったのだ。一種のリアリティ・
ショックといえるかもしれない。これらはすべて組織社会化なのだが，
10 歳だからなのか，千尋がその職場生活に適応するのはおそろしく早
い。

　その一方で，千尋の加入がこの湯屋の従業員組織に与えた影響も大き
かった。1 つは，彼女が高度な接客技術を持たないがゆえに，顧客に対
して思いやりのこもった素朴な対応ができ，それが顧客満足を引き出す
ことに，他の従業員も気づけたことである。次に，労働の対価として報
酬を得るという交換型の動機づけで働いていた他の従業員に対して，千

尋は相互扶助的な共同体としての職場の大切さを気づかせてくれた。砂金を大盤振る舞いするカオナシというもののけに対し，従業員は何でも従おうとしたが，千尋だけはそれが不適切な対応であるということを明確にみなに示している。

　最後に，千尋は自分の名前を湯婆婆から取り戻すことに成功するが，それは職場のなかでは会社の命令に従順な会社人間でなければならないという考え方に対する，千尋なりの抵抗であったように感じられる。彼女は当初，過剰に職場の組織社会化を受けていたときには自分の名前すら思い出せなくなっていたが，自分らしさが出てくるにつれ，自分の名前を思い出すだけでなく，ハクの本当の名前も本人に気づかせることができた。千尋は，組織社会化をただ受けていただけではなく，個々の従業員に気づきを与えることで，組織を変える大きな原動力にもなっていたのだ。

 さらに学びたい人のために

① E. H. シャイン（松本美央訳）［2016］『企業文化——ダイバーシティと文化の仕組み（改訂版）』白桃書房。
　●組織文化論の古典的名著です。本文で触れた組織文化の基本的概念に関する，より詳細な説明とともに，それらの組織文化をいかに変革していくかといった実践的な側面についても解説しています。
②尾形真実哉［2020］『若年就業者の組織適応——リアリティ・ショックからの成長』白桃書房。
　●社会化過程における，とくにリアリティ・ショックに着目した研究書です。リアリティ・ショックは，組織への適応を遅らせる要因ともなりますが，一方で，さまざまな学習の契機を与えるものでもあることが示されています。
③チャールズ・オライリー＝ジェフリー・フェファー（廣田里子・有賀裕子訳）［2002］『隠れた人材価値——高業績を続ける組織の秘密』翔泳社。

●本書は組織文化や社会化を正面から取り扱ったものではありません。本書のテーマは，組織のなかにいる「普通の人々」から卓越した成果を導き出すにはどうしたらよいか，というものです。その方法の1つとして，組織の価値観を大事にするようなマネジメントに触れています。企業の実例が豊富で，実務家にオススメの本です。

④山田真茂留［2017］『集団と組織の社会学——集合的アイデンティティのダイナミクス』世界思想社。

●社会学における集団や組織にまつわる概念や研究について解説した書です。本章で紹介した組織文化のほか，組織アイデンティティなどが紹介されています。

モチベーションと規則の関係

なんか窮屈な気がする…

　入社してからまだ時間はそれほど経っていないのだけど，これまでにいろいろな経験をさせてもらった。導入研修をとおして社会人としての基本的なマナーを身につけることができた。また，会社がどのような業務をどの部署で行っているのか，そして実際の仕事の進め方についても一通り頭に入れることができた。研修後の配属先では，チューター役の先輩にたくさんのことを教えてもらい，最近は小さいものだけれど１人で仕事を任せてもらえるようにもなった。わたしは，この部署と仕事に，たしかに慣れてきている！

1 官　僚　制

　仕事に慣れてきたからだろうか，近頃とくに感じるのは仕事のやりにくさである。最も気になるのが，この会社にはルールが多いということである。直接話せば簡単に済むようなことも，いちいち書類を提出しなければならない。あるいは顧客のことを最優先に考えて行動したいと思っても，会社の方針に反すると上司や先輩にいわれて諦めたこともある。わたしはいま，この会社のなかのルールに強く違和感を覚えている。

```
疑問 3-1
会社のルールは守らなければいけないのか？
```

　若手社員の多くが，会社のなかにあるさまざまなルールを煙たがっているように感じる。だが，立場を変えて考えてみると，これらのルールは自然に生まれたものではないことに気づく。すべて誰かによって意図的につくられたものだ。ルールをつくるには大変な労

表3-1　官僚制の特徴

①規則にもとづく職務遂行	規則に従って職務は行われる	ルールの本質（安定性の確保）
②文書にもとづく職務遂行	記録として残るように職務は文書を通じて行われる	
③明確な職務権限の原則	誰がどの職務を担当するのかが明確に決められる	他部門との調整
④階層的権限体系	命令系統が明確に決められる	
⑤専門的訓練	与えられた職務について徹底した訓練がなされる	人材育成
⑥フルタイム勤務	専従者として働くことが求められる	

力が必要になる。草案をつくり，会議で提案し，注文があれば修正し，最後は反対者を1人ずつ説得する……。そんなに厄介な作業までしてルールをつくらねばならなかったのだから，そこにはきっと重要な意味があったはずである。ルールを重視して会社経営を行っていくという考え方は官僚制という制度に由来している部分が大きい。官僚制の特徴を理解することが，そのまま会社のルールを理解することにもつながるだろう。官僚制の特徴としては表3-1の6つが有名である。

ルールの本質：
安定性の確保

なぜ，①規則にもとづく職務遂行や，②文書にもとづく職務遂行が会社を運営していくうえで重要なのだろうか。それを知るためには，ルールがない状態について思いをめぐらせる必要がある。そこで，以下のように考えてみよう。

どんな大企業も最初は小さかった。創業者はおそらく天才的な経営者で，細かなルールをつくらなくても，彼（彼女）がほぼすべての意思決定を行い，社員はただ経営者の指示どおりに動けばいいだけだった。天才的な経営者のいうことに間違いはないし，社員もそ

んな経営者にあこがれているので会社には何の問題もない。もし問題が起こるとすれば、この創業者が突然いなくなるときである。それが急逝なのか、その他の理由なのかはわからないが、残された会社と社員はパニックになるだろう。すべての意思決定を天才的な経営者が行っていたので、それを代行できる人物などいるはずもない。天才はめったに現れるものではない。最後には会社は倒産してしまうかもしれない。こういった支配形態はカリスマ的支配と呼ばれる。

これを避けるためには、創業者は後継者を育てておく必要がある。しかしながら、多くの中小企業に見られるのは一族経営であり、親族への世襲である。創業者の子息が大学卒業後に入社していて、いずれは次期社長となることが想定されていたので、経営者の交代時に会社や社員がパニックになることはまずない。ただし、経営能力を持たない者が単に前経営者の家族だというだけで会社の舵取りを行っているのだとしたら、徐々に経営判断の失敗が重なっていき、また社員の心も離れていくので、やはり最後には倒産してしまうかもしれない。前経営者は後継者を指名しただけで、うまく育成することができなかったのだ。誰にだって感情があって、適切な人を後継者に指名すべきだと頭ではわかっていても、つい私情を挟んでしまう。能力が劣っていても後継者には血縁者など自分に近い人を指名したくなる。このような形態は伝統的支配と呼ばれる。

会社にしっかりとしたルールがあれば、このような事態は避けられたはずだ。まずは後継者の選び方について、経営能力のある者でなければならないとルールで明確に決めておくべきである。次に1つひとつの意思決定も、重要なものについては社長の独断ではなく、会議ではかり、役員たちの同意をとりつけるというルールを決めておいたほうがよい。このような形式で会社経営を行うのが最も生存率（存続率）が高そうである。わたしがいまいる会社も多かれ

表3-2　3つの支配形態の特徴

①カリスマ的支配	1人の天才が組織のすべてを取り仕切る（組織化の程度が低い）	長所：才能のある者が組織全体を掌握しているのですべてがうまくいく
		短所：その天才がいなくなれば組織が回らなくなる
②伝統的支配	特定の人たちのなかから組織の支配者を選出する（例：帝政や王政）	長所：組織化されているので，組織の日々の実作業が止まらない
		短所：主に世襲となり，無能な支配者が恣意的に振る舞い，それが悪政となる危険がある
③合法的支配	公正なルールにもとづいて組織運営がなされる（支配者の選出も含めて）	長所：常に効率的な組織運営がなされ，組織が安定する
		短所：ルール自体が適切であれば短所はない

少なかれこのようになっているはずだ。この形態は合法的支配と呼ばれ，近代型組織のひな型とされている。これら3つの支配形態の特徴は表3-2にまとめられている。

　このように考えれば，ルールが明確に定められている会社のほうがずっと優れているということが自ずとわかるだろう。組織の運営を行っていくうえで，人に依存しているという状況は非常に不安定である。そこには大きく2つの意味がある。1つはカリスマ的支配の短所に挙がっているように，安定性と継続性が損なわれるということである。特定の人物に頼りきっていると，その人がいなくなったときに組織が機能しなくなってしまう。もう1つは，伝統的支配の短所に挙がっているように，公正さに欠けるということである。一部の人間の身勝手なわがままを認めれば組織は徐々に腐敗していってしまう。

　だからこそ，会社はこれらのリスクを避けるために，社員に裁量を多く与えずに，その代わりにルールを用いようとするのである。

文書にもとづく職務遂行という特徴もそれと大いに関係している。誰かが誰かに直接口頭で伝えるというのはこれらの人たちに依存していることになる。彼らが会社からいなくなれば，どんなに大事な情報も一緒に消えてなくなってしまうおそれがある。文書であれば，他の人が代わりに目をとおすことができ，重要な情報がなくなってしまう心配もない。これまでルールのことを快く思っていなかったが，わたしが病気になったときに会社を休めるのも，誰かが代わりをしてくれるというルールがあるおかげなのだということに，あらためて気づかされる。

他部門との調整

次に，官僚制の特徴（表3-1）の③明確な職務権限の原則や，④階層的権限体系に関連して，他部門との調整を主な目的として設定されているルールもある。もちろんこれも大きな意味でいえば，会社を安定させるためのルールということになるが，とくに会社内部を安定させるという特徴を強く持っている。たとえば次のような状況を考えてもらいたい。大手企業の情報システムの営業担当者は，お得意先の顧客が新システムの導入を決めてくれれば大喜びするに違いない。早速，少し浮かれた声で工事を担当してくれているシステム部に電話をするが，彼（彼女）は不意に怒鳴られてしまう。顧客企業も平日と土曜日は情報システムがフル稼働しているために，工事が行えるのは日曜日しかない。けれどもシステム部は日曜日には休暇をとり，工事を行わないことになっていたのだ。

この場合，システム部が日曜日に工事を行わないというのは，1つのルールということになる。このルールは，もちろんシステム部員の休暇を守るためにつくられたのだろうが，明確にルール化することによって，他部門に対する事前調整として機能している（→第9章）。会社のなかにある各部門は，それぞれ自分たちの仕事の成果を最大化しようと努力している。そうすると，上記のケースの

ように部門を越えて相談しなければならない案件が頻繁に出てくるはずだ。そんなとき，まったくルール（申し合わせ）がなければ，部門間の調整作業だけで1日のほとんどの時間を使ってしまうことになりかねない。ルールがあるからこそ，部門間の調整作業が容易になっているのである。

しかし，情報システムの営業担当者はこのままでは仕事にならない。顧客を最優先に考えれば，なんとしてもシステム部に日曜日に工事をしてもらう必要がある。彼（彼女）は上司である営業部長に相談し，システム部長と直接交渉してもらうか，あるいはさらに上の事業部長からシステム部長に命令してもらうかなど，ルール以外の別の調整の方法を検討しなければならないだろう。

人材育成　数あるルールのなかには，それが対象とする人たちに対して進むべき方向を提示しようとする意図が含まれているものがある。官僚制の特徴（表3-1）の⑤専門的訓練は文字どおりまさに人材育成を意図したものであるし，⑥フルタイム勤務についても，特定の仕事を通じて人材育成を効果的に行っていくためにフルタイムでそれにあたって専心してもらいたいという意味がある。

たとえば，アパレル企業では服飾デザイナーとして一人前になってもらうことを目的として，デザイナー志望者には，先輩社員が指定する布生地を倉庫から運び出す作業が課せられ，徹底して訓練される。一見，この地味な作業はアルバイトやパートタイマーの人たちに任せてもよいようにも思えるが，この作業を通じて数多い布生地のそれぞれの手触りや質感を体で覚えておくことで，将来デザイナーとなったときに生地の特徴を活かしたよい洋服をデザインできるようになる。このような雑用的な作業でもフルタイムでそれに従事してもらう必要があるのだ。

ところが，会社が人材育成に力を入れるようになったのは比較的

表3-3　科学的管理の主な内容
① 一流労働者だけを見本とする
② 考えうるすべての条件を作業標準として整理する（時間動作研究）
③ 労働者に作業標準を守らせるための評価制度を整備する（課業管理）

最近のことだという。20世紀初頭のアメリカではまだ人材育成という考え方は一般的ではなく，当時のアメリカの工場では，腕のよい労働者の争奪が頻繁に見られた。労働者の能力は生まれつき決まっていると考えられていて，工場はなるべく腕のよい労働者を雇い作業してもらっていた。労働者たちはめいめい好き勝手に道具を選び，それぞれ独自の方法で作業を行い，工場はその生産高の管理をしているだけだった。工場経営者であったフレデリック・テイラーが人材育成を目的として，ルールを中心とした管理を行い始めたのはこの頃のことである。それは科学的管理と呼ばれている（Taylor [1911]）。

　テイラーは上記を実践するために，まず一流労働者の一連の作業を細分化し，1つひとつの作業単位についてストップウォッチを用いながら厳密に作業時間の測定を行った。これはとくに時間動作研究と呼ばれている（表3-3参照）。そして，一流労働者の細かなやり方と彼らの生産高（作業標準）を記した用紙を各労働者に配布し，これを模倣させた。一流労働者がこなす仕事量は作業標準を守りさえすれば誰もが到達可能だという考えにもとづき，これをノルマとして，それを達成した者については賃金率をアップするというルー

社会学者であるロバート・マートンは，官僚制がつくられた経緯にも理解を示したうえで，それでもそれらがつくられたときには想定もされていなかったような問題，換言すれば官僚制の逆機能があることを主張した（Merton ［1949］）。逆機能としては主に次の6つが有名である。

① 訓練された無能——規則に拘束されすぎると環境の変化に対応できず，無能な者ばかりを生み出してしまう

② 最低許容行動——人は規則化されている最低限の行動しかしなくなる

③ 顧客の不満足——感情を抑制して働くため，顧客に対しても機械的に対応してしまう

④ 手段の目的化——分業が進んだ結果，部門目標や自分の目標を優先し，組織全体の目標が忘れられる

⑤ 個人の成長の否定——効率を優先し，過剰な分業と専門化を進めた結果，個人の成長を認められなくなる

⑥ 革新の阻害——古い規則に固執するあまり，革新的な行動を許容しなくなっていく

官僚制は企業の安定した効率的な経営には必須ともいえる大原則ではあるが，上記の逆機能を見てもわかるように，ある程度の時間を経ると，古いルールは陳腐化してしまい，現在の状況には合わなくなるという問題が出てくる。人材育成としてのルールにしても，古い作業標準がほぼすべての人にとって容易にクリアできる水準になってしまっている場合，それだけやっておけばいいのだろうという最低許容行動として表れてくる。

官僚制も含めてルールを中心にして設計され柔軟性に欠ける組織を機械的組織というが，環境の変化が激しい状況では安定性よりも迅速な対応が求められ，機械的組織は適応しにくいといわれる。現在の組織は安定性をある程度確保したままで，直近の状況に見合ったルールへと常に改正し続けていく柔軟性を持ち合わせなければならない。

ルにしたのである。これらは課業管理と呼ばれる（表3-3参照）。

労働者に対し，単に「もっと働け」というのではなく，「このように働けばもっと成果が出るし，成果が出ればもっと賃金がもらえ

るぞ」と道筋を示してくれているので，科学的管理は理念的には労働者たちにも受け入れられやすく，まったく人材育成を行わない会社に比べると大きな成果を上げることは間違いない。同様に，わたしに課せられているルールのなかには，こういう人材になってもらいたいという会社側の期待が埋め込まれているものもあるのだろう。けれども，その会社の期待に気づくことなく，入社したときからただルールに従うようにと一方的に指示されているだけだと，やはり嫌な気持ちになってしまう。

2 仕事に対する欲求

　ここまで見てきて，会社のなかにあるルールの意義について，ある程度理解することができるようになった。けれども，わたしにはまだ釈然としない気持ちが残っている。会社が常に安定して動き続けることができるよう，まるで精密機械のようにルールが設計されているのはよくわかる。しかし，人の心をあまりにも軽視しすぎている気もする。会社の売上や利益に貢献するのはルールだけではない。従業員1人ひとりの仕事意欲が高まることでも会社の業績に貢献できるはずだ。考えてみると，いまの自分の仕事意欲は以前と比べて弱くなっているのかもしれない。仕事に慣れてきたからだろうか，それとも会社のルールのせいなのだろうか。こんなはずではなかった……，とわたしは深く思い悩んでしまうのだった。

> 疑問 3-2
> なぜ仕事意欲が下がってしまうのか？

　一般的に仕事意欲が下がってしまう要因としてまず考えられるのは，自分の求めているものが職場環境のなかで与えられていない

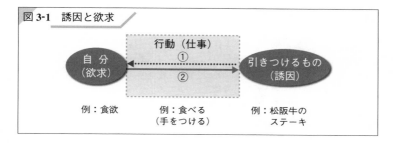

図 3-1　誘因と欲求

行動（仕事）
①
②

自分
（欲求）

引きつけるもの
（誘因）

例：食欲　　　　例：食べる　　　　例：松阪牛の
　　　　　　　　（手をつける）　　　　ステーキ

ということである。逆にそれがきちんと与えられていれば仕事意欲は高くなるだろう。ここで，人が求めているものを欲求という。仕事であれ遊びであれ，人が何らかの行動を起こすときには，まず①引きつけるもの（誘因）によって心のなかにある欲求が刺激される必要がある。そして，②それを得ようとしてはじめて行動が引き起こされるものと考えられている。しかしながら，満腹の人の目の前に松阪牛のステーキが置かれても手をつけようとしないように，引きつけるもの（誘因）があったとしても，自分のなかにそれを欲しいと思う気持ち（欲求）がなければ人はその行動をするように動機づけられない。つまり，行動するためには誘因と欲求の双方が存在し，それが合致していなければならないということになる（図 3-1参照）。わたしたちは仕事をとおして，欲しいもの（誘因 = 報酬）を手に入れようとしているのである。

　この考え方にもとづけば，仕事意欲を高めるために，まず自分自身の欲求が何なのかを把握しておくのがよいように思われるが，実際にはそれは容易なことではない。わたしの心のなかは，わたし自身にもよくわからない，非常に複雑なものだからだ。そこで，自身の欲求を探る手がかりとして，一般的な欲求理論を勉強してみることにした。

達 成 欲 求

少し考えてみればわかるように，人の心のなかには実に多くの欲求が存在している。

表3-4　仕事意欲につながる3つの欲求	
①達成欲求	困難な課題に対し成功の喜びを得るために努力したいという欲求
②親和欲求	友好的かつ密接な人間関係を結びたいという欲求
③権力欲求	他人に影響力を行使してコントロールしたいという欲求

　けれども，それをここで1つひとつ吟味することにあまり大きな意義はないだろう。むしろ，まさに仕事意欲に直結するような重要な欲求を抽出するのが得策だといえる。表3-4の3つの欲求はそれにあてはまる（McClelland［1987］）。

　わたしの職場にも，チャレンジ精神旺盛でとにかく積極的に頑張って働いている人がいる（達成欲求）。そうかと思えば，仕事がそれほど好きには見えないけれど，同僚に迷惑をかけないように和を大切にしながら頑張って仕事をしている人もいる（親和欲求）。なかには，同僚から高く評価してもらって優位に立ちたいと考えるばかりに仕事に精を出している人もいる（権力欲求）。これら3つの欲求はどれも異なっているが，結果として一生懸命に働いているという点では共通している。また，これら3つはそれぞれ排他的ではなく，どれか1つの欲求を持っている人は他の欲求を持てないというわけでもないようだ。多くの人は3つのどの欲求も持っているが，そのなかでもとくに強く表れているものがあるというのが一般的だろう。

　この3つの欲求のなかでもとくに重視されてきたのが達成欲求である。というのも達成欲求は親和欲求，権力欲求の2つと異なって，外的報酬ではなく内的報酬をともなうからである。外的報酬とはその仕事をすることによって得られるものが自分の外側から与

えられるものであり、典型的には給与やボーナス、昇進といったものが考えられる。逆に、内的報酬は心のなかから直接湧き起こってくる心理的な満足であり、達成感はその典型だ。友好関係や高い評価、影響力なども最終的には心理的な満足を引き起こすものではあるが、直接的には同僚たちとの人間関係という自分の外側から得られるものであり、その意味では親和欲求も権力欲求も外的報酬をともなうと考えてよい。こういった周りとの関係を意識した場合、チャレンジ精神や過度な積極性は単独的な行動と解釈されやすく波風が立ちやすい。したがって、親和欲求や権力欲求にもとづく行動は秩序を守る穏やかな傾向がある一方で、達成欲求だけは徹底して活発な、時には革新をともなうような行動につながりやすいのである。行動（仕事）に対してとくに強く機能する欲求として、この達成欲求が注目されたのはまさにそういった点であった。

さて、仮にわたしが強い達成欲求を持っているとすれば、どんなときでも頑張ろうと思うだろうか。たしかに達成欲求は積極的な行動につながりやすいはずだが、そうかといって、いついかなるときでも、というわけにはいかない。達成欲求を行動に結びつけるには、一般に以下の4つの条件が必要とされている。

① 優秀さを示せるスキルが求められている状況
② 適度な競争状態
③ 中程度の課題成功率
④ フィードバック

達成欲求が強いにもかかわらず仕事意欲の減退に悩んでいるとしたら、これらの条件が職場にないというふうに考えることができる。まず、①与えられたその仕事はその部署ではあまり価値があるとは認められていない仕事かもしれない。達成感を得るにはそれに見合った仕事のやりがいが必要である。次に、②同期入社社員や同僚が仕事に対して過剰なまでに熱心に取り組んでいるという、そ

ういう状況があるのかもしれない。達成欲求が強い人はそういった
ブームにはそっぽを向いてしまう，少し冷めた傾向がある。また，
③成功する見込みが薄い仕事ばかりが与えられているのかもしれな
い。そういった仕事は運の影響が強くて実力が正当に評価されにく
く，やはりやりがいを感じにくい。一般的に課題成功率は50％程
度に設定されるのがよいとされている。最後に，④日々の仕事の善
し悪しについて，上司や先輩たちがほとんど知らせてくれていない
ということはないだろうか。昨日の仕事でよかった点は今日も活か
していきたいし，悪かった点は今日は修正してやろうとみな思って
いるはずなのに，何がよくて何が悪いのか，週に1度の飲み会の
場でしか，しかも雑談の一部としてしか知らされないのであれば，
日々の仕事に緊張感など持てるはずもない。わたしの職場では，こ
れら4つの条件が整っているかと尋ねられると，少し自信がない。

| 成長に関する欲求 |

近年，多くの若手社員がこぞって口にする
のが「成長」というワードなのだそうだ。
そういった人たちは，就職活動のときには自分が成長できそうな
会社を志望していると声高に語り，希望の会社に就職したはずなの
に，いまの仕事を続けていても自分が成長できそうな気がしない，
と心密かに転職を考えているという。彼らの言い分が妥当かどうか
はともかく，「成長」が仕事意欲にも大きな影響を与えているらし
いことは明らかである。ここで，会社のなかで働く人たちの成長は
以下の7つに分類される（Argyris［1957］）。

① 受動的行動　　　　→　能動的行動

② 依存状態　　　　　→　相対的自立状態

③ 少数の行動様式　　→　多様な行動様式

④ 移り気で浅い関心　→　複雑で深い関心

⑤ 短期的見通し　　　→　長期的見通し

⑥ 従属的地位　　　　→　同等または優越的地位

⑦　自覚の欠如　　　　→　自覚と自己統制

　人がこれらの成長を経ているにもかかわらず，職場がそれに対応してくれていないのであれば，当然，仕事意欲は下がるだろう。いくつか事例を見てみよう。まずは能動的行動と相対的自立状態への成長である。これまで上司や先輩たちに仕事を教わり，ずっと指示を待って働いていた人が，指示がなくても積極的に行動できるくらいに成長しているのだとすれば，もはや指示は不要だ。これから他部門の担当者に作業の確認の連絡をしようと思っていた矢先に，先輩からそれをしろと命じられたらどう思うだろうか。誰だっていつまでも子どものように扱われるのは嫌なはずだ。

　次に，多様な行動様式と複雑で深い関心への成長の例だ。最初は自分の仕事のことしかわからなかった人も，他の仕事をしている先輩や同僚たちとの連携をしているうちに，徐々に彼らの仕事も少しくらいならできるようにもなってくる。たとえば，ソフトウェアの開発を担当する部署においてずっと既製品のメンテナンスを担当してきた新人が，実際にその製品の開発にあたった先輩と情報交換しながらメンテナンスをしているうちに，新製品の開発にも携われる自信も出てくるに違いない。ところが，新製品の開発をするのは10年早いと上司にいわれ，これまでどおりずっとメンテナンスの仕事だけを担当するとしたら，その新人はどう思うだろうか。

　あるいは長期的見通しへの成長については，毎日の仕事に慣れてくると，来週の予定はどうなっているか，来月の予定がどうなりそうなのかと，先々の計画とのかねあいで今日の仕事の仕方などを考えるようになってくるだろう。ところが，自分には来月の計画を決める権限はないし，上司も忙しそうでいちいち確認をとるのが難しい。もっと長期的な計画について自分に裁量が認められていれば日々の仕事はさらにうまくできるのに……，と悔しい思いをすることになる。

最後に，同等または優越的地位への，そして自覚と自己統制への成長に関する例である。新人として入社した直後は上司や先輩たちから教わるという立場，いわゆる下っ端気質が定着していたし，自分の行動がこの部門に影響を与えるなど思いもよらなかったが，数年もすれば今度は自分が先輩の立場になりたいと思うし，自分の行動に責任を持たねばならないと考えるようになるだろう。ところが，この部門には後輩が誰も配属されず，いつまで経っても下っ端として扱われているようだと，気持ちが萎えてきてしまう。

　このように，成長は子どもの背が伸びていくように，性格や好き嫌いの問題ではなく，誰もが経験する自然な発達である。その意味では，前述したような，この会社にいて成長できるかどうか，という近年の若者たちの懸念は的外れである。どんな会社でどんな仕事をしていても，必ず個人的には成長はできるからだ。より厳密にいうのであれば，彼らは実際に成長できているのだけれど，職場環境がそれに対応できておらず，それが不満の形になって表れ，仕事意欲が減退しているということなのである。あらためて，わたしの職場の環境は上述した7つの成長を受け入れてくれるのだろうか，やはり気になってしまう。

3　内発的動機づけ

　実はわたしの同僚のなかに，まるで何かに取り憑かれているかのように仕事にのめり込んでいる人がいる。あそこまで仕事に打ち込んでいると，ほとんど私生活はないように見える，あんなふうにはなりたくないと，そんな同僚を見て思っているが，その一方で，時間が経つのも忘れて夢中で遊んでいた子どもの頃のように，もしそんなふうに仕事ができれば，それはそれで幸せなことだとも思って

しまう。ひょっとすると，わたしはこの会社に入るまでは，そういう働き方にあこがれていたのかもしれない。

疑問 3-3
どうすればそれほど仕事にのめり込めるのだろうか？

周りにいる仕事大好き人間に対して，彼らは運よく没頭できる仕事にめぐり会えたのだ，わたしは不運だったのだと，勝手に想像していた。もちろん，運という側面を完全に否定することはできないが，必ずしもそれだけではない。いまの仕事にのめり込めるかどうかは，仕事環境や自分の心理状態が大きく関わっているという。

異常なまでに仕事に取り憑かれているその人たちは，何かを得たいと思って仕事に取り組んでいるのではないはずだ。次のボーナス査定のために頑張っているのではない。単純に，彼らは仕事そのものが好きなのである。ボーナス・アップが目的であれば，仕事の出来がボーナスとリンクしないと知れば努力をやめるに違いない。けれども，仕事自体が好きな人は，極端なケースだと，たとえ給与がもらえなくても，ずっとその仕事を続けるだろう。しかも取り憑かれるほどに没頭しながらだ。このように，報酬をともなうことなく，仕事そのものによってきわめて強く動機づけられることを内発的動機づけと呼ぶ（Deci and Flaste［1995］)。

内発的動機づけの特徴
① 行動そのもののなかに誘因が埋め込まれている
② 誘因に引きつけられるのではなく，自分自身の欲求が直接的に働きかけている

内発的動機づけが起こる状況は，一般的な動機づけの状況とは2つの点で異なっている。1つは，行動が誘因と独立して存在しているわけではなく，行動のなかに誘因が埋め込まれているために，行動することそれ自体が目的となってしまうことである。そしてもう

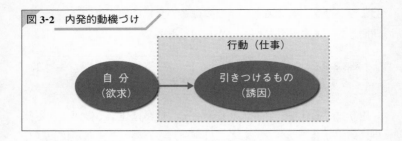

図 3-2　内発的動機づけ

行動（仕事）

自 分
（欲求）

引きつけるもの
（誘因）

1つは，一般的な動機づけは，誘因がわたしたちの心のなかの欲求に働きかけるという第1ステップがあったが，ここではそれがなく，自分のなかの欲求を起点としてその行動（誘因）に向かっていくというストレートな働きかけがあるのみである（図3-2参照）。内発的という意味はまさにここにあり，外部からの刺激によって受動的に行動するのではなく，自らの欲求に従って能動的に行動するからこそ，強力な仕事意欲へとつながるのである。それでは，このような状況はどのようにしてつくり上げられるのだろうか。

自律性を守る

こんな話がある。悪童たちに毎日のように野次を飛ばされて困っていた洋服店の主人は，彼らに野次をいうたびにお小遣いをあげるという妙案を思いついた。悪童たちは好きなことをしてお小遣いがもらえるということを喜んだが，翌日，翌々日とそのお小遣いの金額はどんどん小さくなっていく。あまりにもお小遣いの額が小さくなったので，ついにこの悪童たちは割に合わないといって怒り出し，もう二度と店には現れなくなった。

　野次を飛ばしていた悪童たちのように，その行為自体を楽しんでやっている者（内発的に動機づけられている者）の意欲というのは非常に高いので，これをやめさせるのは簡単なことではない。しかし，洋服屋の主人がそうしたように，内発的動機づけはそこに報酬が加わることによって途端に低減してしまうという大きな弱点を持

っている。報酬が人から自律性を奪ってしまうからである。

　ここで自律性とは，自由に自発的に行動している状況のことをいい，本来わたしたちが生まれ持っている性質だといわれている。赤ん坊は誰かに命じられてつかまり立ちに挑戦するわけではない。何度も転んで大泣きをくり返すが，ただそうしたいからそうするのである。他方，何かに圧力をかけられて行動している状況を統制といい，自律性とは相反する意味を持っている。

　給与をもらっているという立場もあるし，将来の出世のこともある，いまの仕事が自分に最適だとは思えないけれども，しっかりと頑張ってやっておこうといった気持ちは会社に勤める多くの人が持っている。けれども，このような状況は仕方なく動かされているという意味で，部分的であれ統制されているということになる。

　これまでの数々の実験によって明らかにされているのは，競争に勝つことや高い評価を得ることも含め，何か報酬を得るために作業を頑張っている者よりも，ただ純粋にその作業を楽しんでやっている者のほうが結果的に成果が高く，そしてやる気が継続するということである。むしろ，報酬のほうに強く動機づけられた者たちのなかには不正行為をして報酬を得ようとする者もいる。仕事自体を楽しむことが目的ではなく，その向こうにある報酬が目的なのであれば，不正行為をする者が出てきても不思議ではない。このように見ると，報酬が仕事そのものから切り離されている状況は好ましいとはいえない。このような，自律性を奪う統制の例とその問題点は表3-5にまとめられている。

　前述の小話の悪童たちも，報酬をもらうようになってしまったために，いつしか報酬のために自分たちは働いているのだ（野次を飛ばしているのだ），と認識のすり替えが起こり，それに統制されてしまっていたのだ。そして同時に，彼らが自由奔放に悪さをしていたときに持ち合わせていた自律性を失うことになったのである。

表3-5　自律性を奪う統制	
統制の対象例	報酬，罰，強要（理想や目標を含む），脅し，監視，競争，評価など
統制下にあることの問題点	自律的な状況に比べて意欲が低く，長続きしない 自律的な状況に比べて成果が小さい 報酬等のために不正行為が起こりやすい

> **有能感を獲得する**

何かに統制されているわけでもなく，自律的に行っているのに，それほど強く動機づけられないこともある。たとえば，環境問題に強い関心を持っていて，節電を心がけようと心の底から思っている人が，会社の外に出た直後にパソコンの電源を切り忘れたことに気づいたとする。おそらく多くの人はしまったとは思うものの，その電源を切るためにわざわざオフィスに戻ることはしないだろう。

統制を受けることなく自主的に節電に協力しようと思っていた人たちは，その意味では自律的ではあったが，自分の努力がどの程度の省エネにつながっているのか（フィードバック），あるいは自分の努力が会社や国，そして地球にどれくらい貢献をしているのか（タスクの有意味性）については多くを知ることができない。自分の行動がどのような結果につながるのかがわからなければ，本当の動機にはつながらない。実は，自律性があるというだけでは内発的に動機づけられるようにはならないのである。

内発的動機づけを支えるもう１つの柱は有能感である。有能感とは，結果を出すのに必要な行動をうまくこなすことができるという感覚のことをいう。断っておくが，これは客観的な能力のことをいっているのではなく，自分にはできるのだという感覚を本人が主観的に認識しているという状況を示している。たとえ自律的に働けたとしても，自分がその行動でよい結果を出せるのだという思いが

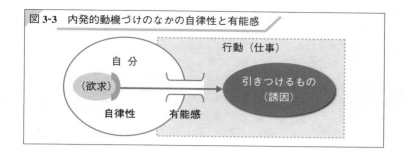

図 3-3 　内発的動機づけのなかの自律性と有能感

行動（仕事）

自　分

（欲求）

自律性　　有能感

引きつけるもの
（誘因）

なければ，どうやってその行為自体を楽しめるだろうか。

　人には本来，生まれつき有能感を得ようとする欲求が備わっていて，赤ん坊がそうであるように，放っておいても有能感は獲得できるとされる。けれども，より効率的に有能感を獲得させようと誰かに課題を提示されるような状況があれば，そこで何らかの統制下に陥る危険が出てくる。それは両親かもしれないし，会社の上司かもしれない。どちらも愛情ゆえの行動だが，それが逆効果になることもある。たとえば，上司がわたしを同期入社社員との競争のなかで育て，そこで有能感を得させようと考えるかもしれないが，過剰な競争のプレッシャーがわたしを統制してしまうおそれがある。すると，わたしはちょっとした成功では有能感を得ることができなくなってしまうだろう。このように，何らかに統制され続けることによって，成功したという感覚，自分はうまくできるという感覚を持てなくなり，意欲を失ってしまうことを学習性無力感という（→第2章）。学習性無力感に陥らないよう，わたしたちは些細な達成感でも満足できるようにしたい。

　内発的動機づけが起こる状況をさらに詳しく示したのが図3-3である。行動それ自体に人を引きつけようとする誘因（楽しさや達成感など）が内在していて，欲求を起点としてその行動に直接的に働きかけることで，人は強く動機づけられている。通常，欲求は自

　1997 年に日本で公開された矢口史靖監督のコメディ映画で，富士の樹海に眠る 5 億円を求めて，お金が好きでたまらない元銀行 OL が遠大な計画を実行に移していくという物語である。

　このコメディ作品の主人公である鈴木咲子は，自他ともに認めるお金好きであり，自分自身，お金のために行動しているという自覚を強く持っている。けれども，本章でも述べてきたように取り憑かれたように仕事に打ち込むその姿勢は，決して「お金が欲しい」という単純な欲求だけでは説明できない。実際，彼女が富士の樹海を探検する

「ひみつの花園」
DVD 発売中
5,280 円（税抜価格 4,800 円）
発売・販売元：東宝

ために地質学を学ぼうとして某大学の研究室に入門するのだが，その助手から「そのお金（5 億円）をみつけて何に使うのか」と問われて彼女は返答できなくなる。咲子もやはり自分自身の欲求を的確に把握できていなかったのだ。しかし，驚きのラストシーンを見れば，彼女を動機づけていたのは何だったのかが，きっとわかると思う。

　かなり滑稽なフィクションではあるが，この作品から学べることは多い。1 つは，内発的に強く動機づけられた者がいると，その周りにいる人たちも影響を受けて元気が出てくる（自律的に生き始める）ということである。人は本来自律的に生きたいと思っているわけだから，近くにそういうモデルがいることで徐々に自分も変わっていけるのかもしれない。次にその一方で，内発的動機はその個人のマイペースさを助長し，時には周りの人たちに迷惑がかかってしまうこともあるという点である。これは管理やコントロールの対象になりえないという内発的動機づけの問題でもある。そして最後に，統制下に置かれた状態から自律性を取り戻すきっかけについての示唆が得られるということである。いったん何かに統制されると，そこから抜け出すのは容易なことではない。このように，この作品は内発的動機づけがいかに強い影響力を持つのかを笑いながら確認できるだけでなく，実に多くのことをわれわれに伝えてくれる。

ら働きかけをするものではないのだが，このとき，自ら働きかけを行おうと仕向けているのが自律性である。わたしたちの周りには魅力的で統制的な誘因が多く存在し，自律性はこれらの影響を回避しようと努めるが，それでもその影響力がより強い状態になると自律性は壊れてしまうので注意する必要がある。

　他方，いかに達成感を求めていて，欲求と誘因が合致していたとしても，自分にはこの行動をうまくできるのだという感覚，すなわち有能感がなければ，その誘因（楽しさや達成感など）を得ることはできない。その結果，その行動（仕事）をしたいとは思わなくなるだろう。ここで，有能感は自分自身と周囲の環境をつなぐ役割を果たしてくれている。有能感があれば，人は新しいことに挑戦するときにも自分はできるという感覚を持てるため，有能感を獲得すればするほど外部世界と多様につながるようになる。しかし逆に，この有能感を獲得できなければ，人は環境との接点を持てなくなり，それが何であれ行動（仕事）しようという意欲をなくすことになる。

　前述のように，人には有能感を得ようとする欲求が常にあり，実際に行動しながら，それを自分はうまくできていると感じることによって有能感をさらに獲得していくことができる。わたしたちは有能感がなければ積極的に行動を始めることができないが，自律的に行動することによってさらに有能感を高めることもできる。この有能感の増幅という一連の現象のなかで，人は徐々にその行動と一体化していくようになる。仕事に没入する，取り憑かれたように働くというのは，このような状況のことをいうのである。

4　会社のなかでの自律性

　さて，わたし自身の仕事意欲の減退がどのような理由で起こって

いるのか，おおよそ見当がついてきた。いまの職場には達成欲求を
喚起してくれるような状況がない，自分の成長に見合った仕事が割
り当てられていない，自律性を守ろうと思っても，そもそも会社と
いう場所は制約が多すぎて，とても自律的に働けない……，などと
明確に意識できるようになったところであらためて考えてみたい。

> **疑問 3-4**
> 会社のなかで自律的に働くことができるのだろうか？

　前述のように，わたしの周りにも仕事に没入して意気揚々と働い
ている同僚がいる。彼らは間違いなく内発的に動機づけられていた
といえる。つまり，場合によっては会社のなかで自律的に働くこと
はもちろん可能なのである。実際に，会社の側でも，1人ひとりの
従業員が高い意欲をもって働けるような職場と職務を設計すること
に非常に大きな関心を寄せている。それが会社の業績につながるこ
とをよく知っているからだ。

職務特性モデル　　仕事それ自体のさまざまな特性が，従業員
の仕事意欲にどのような影響を与えてい
るのかを示す枠組みとして職務特性モデルがある（Hackman and
Oldham [1980]）。このモデルのなかでは仕事の特性は，スキルの多
様性，タスク・アイデンティティ，タスクの有意味性，自律性，そ
してフィードバックによって構成される（図 3-4 参照）。

　まず，会社から与えられているタスクが，どの程度のスキルの幅
を必要とするのか（スキルの多様性）は重要である。簡単なスキルだ
けで終わってしまう仕事であれば物足りなく感じるだろう。次に，
自分の仕事がどの程度完結されていて，ひとまとまりとして全体
を見渡せるような仕事なのか（タスク・アイデンティティ）も重要だ。
自分が会社という大きな機械を構成する歯車の一部だとしても，そ
の機械（仕事）全体がどうなっているのかわからないようだと，や

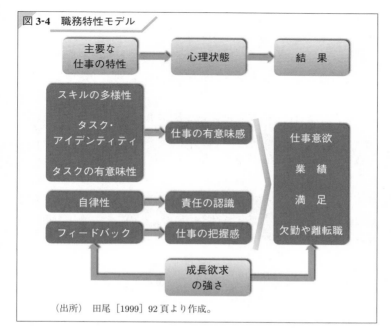

図 3-4　職務特性モデル

| 主要な仕事の特性 | → | 心理状態 | → | 結　果 |

スキルの多様性
タスク・アイデンティティ
タスクの有意味性
→ 仕事の有意味感

自律性 → 責任の認識

フィードバック → 仕事の把握感

仕事意欲
業　績
満　足
欠勤や離転職

成長欲求の強さ

（出所）　田尾 ［1999］92 頁より作成。

はり意欲が下がるだろう。3 つめに，自分の仕事の結果が会社全体に，また社会全体にどのような影響をもたらすのか（タスクの有意味性）を知らなければ，手抜きしてもよいように思えてくる。これら 3 つの仕事の特性は，最終的に働く個人に自分の仕事には大きな意味があるのだ（仕事の有意味感）という心理状態をもたらす。4つめに，仕事のなかでどれだけ自分が思いどおりに行動することができるか（自律性）が重要であることはいうまでもない。これは働く個人に責任感をもたらしている（責任の認識）。最後に，自分の仕事の結果がどうだったのかがすぐにわかるかどうか（フィードバック）も重要だ。これは自分が仕事の過程から結果に至るまでを把握できているという感覚（仕事の把握感）をもたらす。このように，仕事の諸特性が働く個人の心理状態に働きかけ，結果として仕事

意欲を高めたり，業績を高めたり，仕事そのものの満足度を高めたり，欠勤や離転職を減らしたりする。

逆に，会社側は仕事の設計を工夫する，すなわち仕事をうまくつくり込むことで，上記の職務特性をよい方向に変えていくことができる。たとえば，いままでクライアントとの契約書類の整理ばかりしていた従業員には，実際に営業にも出向いてもらって多様な仕事に関わってもらえばよい。要するに複雑な仕事を1人で担当してもらうようにすれば，仕事の全体像も見やすくなるし，なんといっても仕事の引き継ぎの手続きの煩わしさから解放される。完結した仕事を全部1人でやるのだから，ちょっとした問題があっても自分で調整してうまく対応すればよいのだ。そのことで誰にも迷惑をかけることはない。

ところが，同じ仕事をしていても，一部の人たちは非常に強く動機づけられ，そしてわたしのようにいまひとつ意欲が湧いてこない者もいる。職務特性は従業員たちの心理状態を規定するだろうと考えられているが，そこには個人差が存在する。図3-4にもあるように，成長欲求がそれほど強くない人には，より刺激的で複雑な仕事は面倒に感じられ，むしろ働く意欲を下げてしまうかもしれない。

また，会社側は従業員の仕事意欲を高めたいと考えてはいるが，1人の従業員に複雑な仕事をしてもらうことで得られる便益と，そのことで失われる効率性の損失とを天秤にかけ，もし後者のほうが大きいと判断すれば，結局は仕事の再設計はしないだろう。その意味では，職務設計も会社の効率性に依存しているのである。

制約の意味

自律的に働きたいと願う個人としてのわたしの意見は，ルールを用いて効率性を確保したいと考える会社の意図とはやはり対立するしかないのだろうか。わたしはルールの少ない会社を探して転職すべきなのか，ある

いはどこにもそのような会社がないのであれば，いっそのこと独立起業したほうがよいのか，それとも自律的に働くことを諦めたほうがよいのだろうか。

　たとえば，会社のなかにある無数のルールに嫌気がさして，独立起業を志したとしよう。しかし残念ながら，独立することは自律することと同義ではない。むしろ，独立は人を統制してしまうことのほうが多いかもしれない。なぜなら，小さいながらも経営者となった人は，仕事そのものを楽しむことよりも，利益を上げて自分の会社を維持しなければならないという状況に統制されてしまうからだ。そのように考えれば，大きな会社のなかにいるほうが，少々のルールがあったとしても自分の仕事に専念し，うまくすれば没頭することができる。制約のある会社のなかで働いているからこそ，わたしたちは自律的でいられるともいえる。

　あるいは，もし本当に会社のルールの意義について理解し納得がいくのであれば，もはやルールはわたしを制約するものにはならないのかもしれない。そのルールはわたしにとってはすでに道徳であり，行動規範として機能するようになっている。たとえば，罪を犯してはいけないというルールはわたしの日々の行動を制約していない。それはわたしが，このルールを道徳として自然に自分の意思の一部として考えているからである。ただし，心からルールの意義について納得がいかなければ，そのかぎりではないだろう。そのときには，ルールの本当の意義について「気づく」きっかけが必要となる。または実際にはルールのほうが時代遅れで不適切になっている可能性もあるだろう。そのときには，ルールの改正が求められる。

　さらに，ルールには人の行動を制約するほかに，そのルールを乗り越えて新たな価値を生み出すように働きかける機能もあるという。たしかに，人は満足しているときよりも，不満があるときのほうがそれを是正したいという強い意欲と行動につながりやすい。自

律的に会社をよくしたいと考えている人たちにとって，ルールはむしろ触媒としての効果をもたらしてくれるだろう。

エピローグ

　このように考えれば，ルールは必ずしも人から自律性を奪ってしまうというものではない。目の前の困難と向き合う姿勢があるかどうか，それが大切なんだ。これをきっかけに会社のルールをもう一度よく見直してみよう。最初から斜に構えて見るのではなく，それが会社にとってどのように役立っているのかについてきちんと確認してみよう。けれど，それを前向きに受け入れられるようになるには，わたしももう少し大人にならないといけないな……とも思う。

 さらに学びたい人のために

①金井壽宏［2006］『働くみんなのモティベーション論』NTT 出版。
　●代表的な動機づけ理論についてこれまでとくに言及されることがなかった議論を掘り起こしつつも，新たな分類の方法を提示し，そしてどのようにして自分自身を動機づけていくかという持論アプローチを提案しています。読みやすく，実践的で，深く考えるきっかけを与えてくれるでしょう。
②上淵寿・大芦治編著［2019］『新・動機づけ研究の最前線』北大路書房。
　●教育心理学者たちによって書かれた動機づけ理論のテキストです。通常の経営学のテキストではあまり見られない理論も多く，そして詳細に紹介されていますので，いつも会社の文脈で動機づけを考えている人たちには新鮮な内容が盛り込まれています。
③エドワード・L. デシ＝リチャード・フラスト（桜井茂男監訳）［1999］『人を伸ばす力——内発と自律のすすめ』新曜社。

●本文でも紹介された内発的動機づけについて，豊富な事例を用いながら丁寧に説明されています。学術書としてももちろん有意義なのですが，一般の人々が興味を持って読めるようになっています。内発的動機づけを学びたいという人が最初に読むべき本です。

第4章 | 人 事 異 動

会社のなかでキャリア開発？

会社の言いなりでいいんだろうか…？

　仕事意欲が少し落ち込んだ時期もあったが，私は徐々に仕事を楽しむこともできるようになってきた。そのせいだろうか，いままでは足元にも及ばないと思っていた強面の先輩たちとも同等の仕事ができるという自信が出てきたし，何よりも部署のなかで一人前として扱われるようになった気がする。いよいよこれからが本番だと思ったその矢先，不意に課長に呼ばれ，異動の辞令を受け取った。来月から別の部署で働くことになったのである。率直にいうと，私はいま，会社の理不尽さに憤っている。

1 会社のなかの人材管理

　異動の辞令を受ける人たちの思いはさまざまである。もし私がいまの仕事に満足できていない，あるいは職場の人間関係がうまくいっていないのであれば，この異動は気持ちを切り替えるよいきっかけになるかもしれないが，仕事にも職場にも満足できている現状では，この異動には納得がいかない。

> **疑問 4-1**
> なぜ会社は人を異動させるのか？

　そもそも，なぜ会社には人事異動という制度があるのだろうか。仮にそれが転居をともなうようなときには，その費用がかかる。結婚している人であれば，場合によっては家族を残して単身赴任になることも考えられる。現地では家族の住む家とは別に追加的な家賃が発生するし，月に 2，3 度は家族の顔を見に自宅に帰りたいがその交通費も決して安くない。会社にもいろいろあるが，こういっ

た場合に会社が帰省費用を負担してくれることもあると聞く。すると，余計に不思議に思えて仕方ない。会社はそこまでのコストをかけて，なぜ従業員を異動させるのだろうか。

メンバーシップ型雇用
とジョブ型雇用

一概に異動といっても，いくつかのパターンがあるようだ。これまでと何が変わるのかによって，人事異動を分類することが可能である。まず，職務の変化である。たとえば，それまで営業を担当していた人が，商品企画部に異動となるような場合が，それに該当する。次に，勤務地の変化である。東京本社から福岡支社への転勤というケースもあるだろうし，その逆のケースもあるだろう。さらにいえば，同じ地域内の別の支店に勤務地が変わるだけということもあり，この場合は転居をともなわずに済むことも多い。最後に，職位の変化である。いわゆる平社員だった人が課長職に昇進するのも，人事異動の1つといえる。基本的にはこの3パターンだが，組み合わされることもあるので，レパートリーはもう少し多くなる。

異なる職種への異動が行われる理由について考えてみよう。手慣れた仕事から離れ，まだ経験したことのない仕事に従事するというのは，明らかに非効率的である。それにもかかわらず，このような職種間の異動が行われる背景には，多くの日本企業（とくに大手企業）に見られる，いわゆるメンバーシップ型雇用という慣行があるようだ。

メンバーシップ型雇用とは，従業員が特定の職務に対して雇用されるのではなく，職務を明確に規定しないまま企業組織に雇用される慣習のことで，とくに①職務，②労働時間，③勤務地，が限定されない。入社時点で限定されていないのだから，入社後に職務や労働時間，勤務地が随時変更される可能性がある。

他方で，メンバーシップ型雇用の真逆なのがジョブ型雇用であ

表4-1　メンバーシップ型雇用とジョブ型雇用

	職務・労働時間・勤務地	採用基準
メンバーシップ型雇用	限定されない	安心感（信用）
ジョブ型雇用	限定される	専門的能力

り，職務・労働時間・勤務地について明確に契約を交わすものとされる。海外の企業でよく見られる雇用慣行である。原則として，入社後に職務や労働時間，勤務地が変更されることはない。

　仮に，ジョブ型雇用をとっている欧米の企業において，特定の職務で人手が足りなくなった場合は，即時に募集がなされ，その職務に精通した即戦力となる人が採用されることになるだろう。ところが，メンバーシップ型雇用をとっている日本企業では，ある職務で人手が足りなかったとしても，その都度，新規に外部から採用するようなことはあまり行われない。同じ企業内ですでにメンバーシップを獲得している人が，たとえその職務に精通していなかったとしても，別の部署から異動してくることが多い。あるいは，しばらく人手不足のままやり過ごし，翌春に新入社員を迎え入れて補充することもある。メンバーシップ型雇用の企業における外部からの人材採用は，大学や高校，中学の新規卒業者を春期に一括採用し，メンバーシップを付与する形で行われるのが通常である。

　このように，ジョブ型雇用の企業では特定の職務を遂行するための専門性（能力）が重視される一方で，メンバーシップ型雇用の企業では誰がその職務に就くと安心できるのか（信用）がより重視される。これは，最も本質的な組織編成原理の違いかもしれない。したがって，多くの日本企業では，従業員は入社後，すなわちメンバーシップを獲得した後に職務が決定され，第2章でも見てきた

ように，入社後または異動後に上司や先輩からその職務の遂行能力を高めるための教育を受けることになる。

日本的経営

人事異動が行われる理由の1つとしてメンバーシップ型雇用が考えられるわけだが，それでは，なぜ日本の企業社会ではメンバーシップ型雇用が採用されているのだろうか。それには日本的経営という仕組みが大きく関係しているという。日本的経営という言葉は，学生時代に耳にしたことはある。日本で，戦後から徐々に見られるようになってきた組織を管理するための全体的な仕組みであり，実にさまざまな特徴があるのだが，なかでも終身雇用・年功序列制度・企業内組合という3つの特徴は有名である。

第1に，終身雇用を考えてみよう。終身雇用とは，従業員に明白な過失がないかぎりはずっと企業に勤続できる長期雇用のことをいう。終身という言葉を聞くと，亡くなる日まで，と考えてしまうが，日本の多くの企業では定年退職制度があるため，実際には終身雇用は定年退職までの勤続ということになる。

終身雇用として従業員に対する長期的な生活保障を行うためには，企業は解雇を極力避けなければならず，また解雇を避けるためには，人手が足りないからといって個別の職務や勤務地ごとで独自に人材採用を行うことも避けなければならない。あまり多くの人に安易にメンバーシップを付与するわけにはいかず，全社レベルでメンバーシップの管理を行う必要がある。そういった慣習を持っている企業では，業績の悪い事業を縮小または整理するときには，そこの従業員を解雇するのではなく，彼らを異なる事業や人手の足りない職務・勤務地へと異動させる。反対に，新規事業を立ち上げたり，既存事業を拡大したりするときには，人余りになっている他の事業から従業員を異動させるのだ。

第2に，年功序列制度という特徴がある。これは年齢や勤続年

数に応じて給与が増えたり，昇進したりするような評価方法のことをいうのだが，決して能力を無視しているわけではないことに注意が必要である。人は同じ組織内で過ごす時間が長くなるほど，より多くの経験を積み，いつもとは違う異常への対応もできるようになっていく。年功序列制度では，それを人の能力としてみなしているにすぎない。しかしながら，新しい技術や消費者のニーズなど，企業を取り巻く環境の変化が大きく，過去の経験があまり役に立たなくなってくると，この制度の経済的な利点は損なわれ，ただ年齢と勤続年数を優先するという組織の秩序だけが残ることになる。

この年功序列制度が敷かれる企業において，たとえば40歳くらいになると管理職に就くという慣習が見られるとしよう。その適齢の管理職候補者が本社に20名いたとして，けれども本社の管理職ポストが10名分しかない場合，残りの10名には本社以外の勤務地で管理職に就いてもらう以外にない。しかも，そのポストはこれまでと異なる職務かもしれない。

このように，企業が年功序列制度を守ろうとすると，どうしても勤務地や職務，職位が変わる人事異動が必要となってくることがわかる。しかし，そもそもある時期に同期で入社した人たちが適齢になったからといって，そのほぼすべてを管理職に就かせるには，その人の入社時からさらに企業規模が大きくなっていなければならない。年功序列は，企業が大きく成長することを前提とした制度だといえる。

第3に，企業内労働組合という特徴がある。どの国の会社でも，従業員は経営者よりも立場が弱く，待遇に関して交渉するために労働組合に参加しようとすることが多い。欧米をはじめとする多くの国では業界ごとに大きな労働組合が組織されるが，日本では企業ごとに組合が組織されるのが一般的である。業界ごとの組合に比べると小さい企業内組合には固有の特性が見られる。それは，企業と組

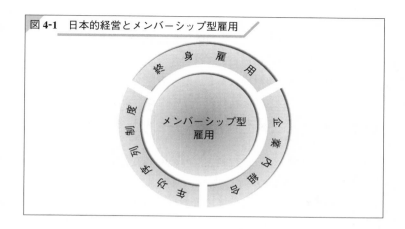

図 4-1　日本的経営とメンバーシップ型雇用

終身雇用

企業内組合

年功序列制度

メンバーシップ型
雇用

合が運命共同体という関係であるため，無茶な要求が出ることが少ないということであり，また給与のベースアップよりも雇用の維持や安定，そして従業員の生活保障が焦点になりやすいということである。そういった特徴のなかから，先に見た終身雇用や年功序列制度が生まれ，定着してきたという。

　ここまで見てきたように，日本的経営という仕組みが用いられている企業では，人事異動を通して人員の調整をうまく行っているという側面がある。けれども人事異動は所詮は帳尻合わせでしかないのかと思うと，私はまた苛立ちを覚えてしまう。

人事異動の効果　　日本的経営はメンバーシップを大切にするあまり，柔軟な採用および解雇が大幅に制限されており，そのために人事異動が必要となってくるのだが，決してそれだけではないようだ。ほかにも，人事異動にはいくつかの効用が存在するという。

　まず，多忙なある部門で長期入院や育児休暇などで休職者が出たときなどには，その人手を補うために他部門のメンバーに臨時で勤務してもらうこともある。そんなとき，この部門から人事異動で移

っていった人に助っ人として戻ってきてもらえれば，戦力が下がることもない。このように，人事異動は人材の代替可能性を高める効果があり，非常事態に備えることができる。

　もっと戦略的な人事異動もある。たとえば，ある広告制作会社が近年の広告事業の収入減を埋め合わせるため，新規に映画制作事業にも乗り出すことにした。このとき，社長は新設の映画部を誰に任せるのかについて悩んだ末に，これまで広告制作において最も稼いできた敏腕プロデューサーに映画部への人事異動を命じた。広告制作への思いが人一倍強かった彼はこの辞令にたいへん反発したが，社長は新規事業で勝負するには最も優秀な人材をそこに投入するという断固とした決意を伝え，渋々納得させた。彼の活躍もあり，数年後にこの映画制作事業の売上は会社全体の半分近くに達するくらいにまで成長し，広告事業の収入減を十分に補ってくれた。このように，人事異動には戦略的な要素もあり，1つの異動が会社の将来に大きな影響を与えることもある。

　あるいは，そこまで戦略的でなくても，従業員という人的資源を有効利用するために人事異動という手段が気軽に用いられることがある。ある家具販売の会社は，新卒で採用された若手従業員に対して，最初の10年間に3回程度の人事異動を行うことを採用以前から公言している。この会社としてはさまざまな職場を経験してもらいたいというだけでなく，第3章で見たように，職場に慣れて仕事意欲が減退してきた従業員に新しい仕事を与えて動機づけるという意図もある。逆に職場になじめない従業員にとっては，2年ほど我慢をすれば新しい職場に移ることができるという見通しが持てるため，そのことが原因で離職を考えることが少なくなる。

　また次のようなケースもある。すなわち，県庁や区役所等の公的組織のなかの，とくに外部の民間企業に業務の発注をするような部署では，そういった外部企業の担当者から過剰な接待を受けて，つ

いひいきをしてしまうことがあるかもしれない。いわゆる癒着である。役所としてはこれを防ぐために発注担当者を数年単位で異動させ，頻繁に担当者を交代させるようにしている。リスク管理を目的に人事異動が行われることもある。

　人材育成としての異動というのもあるだろう。たとえば，一般医薬品メーカー企業に勤め，日々ドラッグストアを訪ねていた営業担当者が，工場の出荷部門へと異動することになったとしよう。出荷部門は日本全国の営業担当者からの発注を受けると同時に，工場の生産担当者と調整を行うのだが，後に再び営業担当に戻った際，生産部門の事情を理解して発注できるようになり，また，全国の営業担当者との人的ネットワークを構築できたことで，より効果的な営業活動を行うこともできるようになった。このように，人事異動を通じて従業員に多様な経験をする機会とともに，会社内に散在する経営資源にアクセスできる機会を提供することで，人材育成を行うことも可能となる。とくに社内で雇用されている従業員が昇進して経営者になることの多い日本の大手企業では，その候補者となる従業員に多様な職務を経験させ，幅広い社内ネットワークを構築させることが，将来の経営者育成にもつながっている。

　私が受け取った異動の辞令も，単なる帳尻合わせではなく，上記のような効果をもたらすものかもしれない。会社は常に生き残りをかけて，意味のある人事異動を行っているということに，私たちも一定の理解を示す必要がある。しかし，実際にはいまの事業はまだ大きな利益を上げているし，いまの仕事は自分に向いていると思っている人も多い。そういった人たちからすれば，この段階での人事異動の辞令には納得がいかないだろう。

2 組織と個人の関係

　会社が私を異動させた理由についてはおおよそ見当がついたが，それでもまだ釈然としない。会社側の都合ばかりで，私の意見を聞いてくれる機会もなかった。少しふてくされていた私は，ふと周りの同僚たちに目を移したときに違和感を覚えた。

```
疑問 4-2
なぜみんな辞令に従うのだろうか？
```

　今回，私は自分への異動の辞令について疑問を感じたが，同僚の多くはそれほど疑問を感じることなく，会社からの辞令を従順に受け入れているように感じられる。いかに会社の側に合理的な理由があるからといって，またメンバーシップを重視しているからだといわれても，個人の側でも言いたいことがあるはずだ。それでも従業員たちを黙って従わせる力を持つ組織の権限とはいったいどのようなものなのだろうか。従業員に給与を支給することによって，換言すれば雇用契約を結ぶことによって組織の権限が成立するものと私たちは考えてしまいがちだが，もしそうだとすれば，今回の異動の辞令についても私はこれほど悩まなくてもよかった。ほかにも何かありそうだ。

　　　　無関心圏　　　　経営学者のチェスター・バーナードは，組織を構成するメンバーはそれぞれの意思決定にもとづいて行動していると考え，権限についても一方的に従業員に従わせるものではなく，従業員にそれが従うに値するものとして受け入れられたときにはじめて成立するものと考えたという（Barnard ［1938］）。つまり，従業員が受け入れなければ組織には権

限は成立しないことになる。もちろん命令に従わなければ出世に影響したり，減俸，場合によっては解雇などといった懲罰もあるかもしれないが，それも含めて組織の権限を受け入れるかどうかを1人ひとりの従業員が決めるというのである。

　このように考えると，辞令や命令が従業員に受け入れられるかどうかが彼らの判断次第であるならば，会社がどれだけ優れた戦略を立てたとしても，会社はそれを計画的に遂行していく見通しが立たなくなってしまう。しかし一方では，従業員の側でも給与をもらって働くからには，常識的な範囲内であれば組織の権限を黙って受け入れようとする気持ちもある。重要なのは，その常識的な範囲が人によって大きく異なるということである。先述のバーナードは，この常識的な範囲のことを無関心圏と呼んだ。より厳密にいえば，無関心圏とは，上司からの命令が部下の個人的な立場として無意識に受け入れられる範囲のことで，従業員たちの無関心圏が大きければ大きいほど，会社は安定して経営を行うことができる優良企業となる。したがって，会社は従業員たちの無関心圏を拡大させるように仕向けることが肝要で，実際に多くの従業員が従順に辞令を受け入れているのだとすれば，おそらく会社側の努力もあって無関心圏が広くなっているのだと推測できる。

　従業員に無関心圏を広げてもらうためには5つの方法がある（表4-2参照）。第1に，1つひとつの辞令や命令を下す場合に，会社の大きな目的や理念と整合性を持たせることである。従業員はある程度は会社の理念に同調しているので，それに見合った辞令や命令には従おうと考えているはずである。けれども，それと矛盾するような辞令や命令が下ったときには，その命令を受け入れたくないと思うだろう。たとえば，「顧客とともに発展しよう」「顧客のためになる提案をしよう」と会社がいつもいっているのであれば，利益率がよいという理由で顧客にはあまり有益でない製品を営業してくるよ

表4-2 　無関心圏を拡大する方法

① 経営理念と命令の一貫性

② 組織内の戦略観の統合

③ 組織の利害と個人の利害の統合

④ 適切な命令者の選定（有能さ，組織人格，
　適切な経営情報の保有）

⑤ 命令者との頻繁なコミュニケーション

うにという命令をしてはいけない。

　第2に，会社が新たに打ち出すビジョンや戦略を，現場で働く
従業員の感覚を取り込んだものにすることである。トップ・マネジ
ャーでもなければ，ミドル・マネジャーでもない，単なる従業員で
あっても，世の中の流れを見て，そしてビジネスの現場に立ち会い
ながら，自分なりにこの会社に必要だと思われる戦略を持っている
ことが多い。会社はそれらと大きくかけ離れた辞令や命令を出さな
いように心がける必要がある。

　第3に，辞令や命令を，従業員の利害と対立しないようにする
ことである。このケースは，まさに私が受け取った今回の異動の辞
令に合致するものである。たとえば，体の不自由な親の介護をしな
ければならないような従業員が遠隔地への転勤を命じられたら，た
とえ会社への忠誠心があったとしてもこの辞令を受け入れることが
できない。これはワーク・ライフ・バランスの問題でもあり，会社
には従業員が仕事と生活をうまく両立できるように配慮する必要が
ある。

第4に，上司と人事部には十分に信頼できる人物を配置することである。さらに，ここでいう信頼の中身については次の3つに気をつけるべきである。まず，上司や人事部は十分に有能でなければならない。たとえば，営業課長だった人が突然に総務部長に就任したとして，その総務部の人たちは職務についてほとんど何も知らない新任部長の命令を，どこまで素直に聞くことができるだろうか。むしろベテラン部員がめいめい思ったように仕事をし，命令に従わないほうが部署全体としてはうまくいくかもしれない。次に，上司や人事部は感情的になってはならず，常に組織人として振る舞わなければならない。たとえば，地方への転勤の辞令が個人的に上司に嫌われたからだと部下が思うのであれば，この辞令は受け入れられない。それが会社にとって最適だと納得できれば，この部下も快く従えるだろう。最後に，上司や人事部の担当者はその職務や役職に就く人が本来持っているべき情報を十分に持っていなければならない。これはその人の能力の問題ではなく，会社がその人にきちんと情報を提供しているかどうかという問題である。課長であれば課長なりの，人事部には人事部なりの情報があって，それを前提にした辞令や命令であれば従うに値すると従業員は考えているが，逆に自分たちと同じような情報しか持っていないのであれば，それに従うまでもないと内心は思っている。

　第5に，従業員が辞令や命令の意義をよく理解できるように，上司や人事部に彼らとより多くのコミュニケーションをとらせることである。従業員が指示されている内容をよく理解できないのであれば，それに従えないとしてもある意味仕方がない。むろん，辞令や命令を受ける側にもしっかりとしてもらいたいが，コミュニケーションが成立しないのは双方に問題があるからである。

　たしかに上記のような配慮を会社側がしているのであれば，周りの同僚たちが辞令に素直に従おうとするのも納得できる。しかし，

少なくとも自分とその周りの小さい範囲についていえば，会社が努力してそのような配慮をしてくれていたような気がしない。みんなが会社の辞令に従うのには別の理由もありそうだ。

長期勤続が
もたらすもの

率直にいえば，私はいまの会社で長く勤めたいと考えているので，会社の辞令にも従うべきだという思いはある。前述のように，ずっと以前から日本の会社には終身雇用という慣習があり，おそらく私だけでなく多くの従業員も長期勤続を考えているだろう。従業員にとって，長期間同じ会社に勤めることにはそれなりのメリットがあるからだ（表4-3参照）。

　1つは安定性の確保である。長い人生計画を立てているなら，たしかに刺激は少なくなるけれども波瀾万丈はなるべくないほうがいい。転職をしようと思うと，その移行期間は大変な作業をともなうし，転職先の会社の事情は入社してみるまで詳細はわからない。いまよりも働きにくい職場かもしれない。要するに，スイッチング・コストがかかってくるということである。いまの会社で長期勤続を選択すれば，そういったコストとは無縁でいられる。

　次に，長期勤続は能力開発を促進する。それぞれの従業員が自分の持っている能力を少しずつでもいいので着実に伸ばしていこうと考えるのであれば，環境はなるべく変わらないほうがいい。多くの人は，自分の能力を伸ばすために転職を考える傾向があるが，職場を頻繁に変えるようになると，そこに適応することにばかり労力を割くことになり，むしろ自分の能力をじっくり伸ばすことができないおそれがある。さらに，転職先が能力主義を謳って長期雇用（終身雇用）を保証しないような会社だと，リストラされないように短期的な業績を上げることばかり考えなくてはならず，やはり落ち着いて能力を伸ばしていくことができない（そういう状況が好きな人もいるだろうが）。そして，何よりも長期勤続によって職場のコミュニ

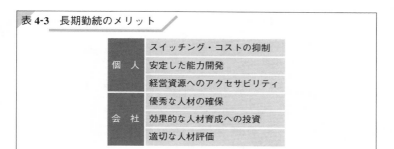

表 4-3　長期勤続のメリット

個　人	スイッチング・コストの抑制
	安定した能力開発
	経営資源へのアクセサビリティ
会　社	優秀な人材の確保
	効果的な人材育成への投資
	適切な人材評価

ティの一員として認められ，徐々に中心へと近づくことで社内のさまざまな経営資源を活用することが可能になる。

　一方，長期雇用は会社にとっても大きな意義がある。従業員が長期勤続してくれるという前提があれば，会社はそのなかにいる優秀な人材に逃げられる心配が少なくなる。もしプロ野球でよく目にするように FA 制度があって，優秀な人材が他社に引き抜かれていくような状況になれば，会社は再び優秀な人を獲得するのにある程度大きな年俸を用意しなくてはならなくなる。そのため，長期勤続を促す策を会社の側も講じているといわれる。その 1 つが「見えざる出資」理論として説明されるものである（加護野・小林 [1989]）。

　日本企業では，会社への貢献と給与が見合わないという状況がよく見られる（図 4-2 参照）。従業員はある一定の年齢を過ぎると労働生産性，すなわち会社への貢献も頭打ちになると考えられている。しかし，賃金曲線を見てみると若いうちは会社への貢献ほどには給与が与えられず，その代わりに中年期を過ぎると会社への貢献が頭打ちになる一方で，給与はずっと増え続ける。つまり，この給与体系は従業員が長期勤続することが前提となっており，給与の過小支払いになっている勤続前期を，勤続後期の過大支払いで埋め合わせる仕組みになっている。従業員にとっては勤続前期で会社を辞めてしまうと損をすることになるので，その意味では，この仕組みは従

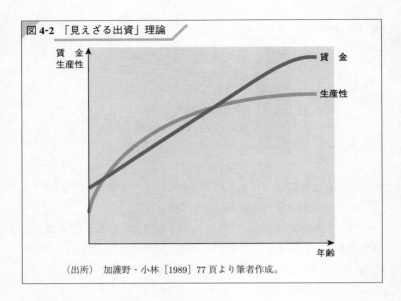

図 4-2 「見えざる出資」理論

賃金
生産性

賃　金

生産性

年齢

(出所)　加護野・小林［1989］77頁より筆者作成。

業員に長期勤続するように動機づけている。

　従業員が長期勤続してくれるのであれば，会社は彼らを育成する
ために思い切った投資を行うこともできる。逆に，彼らがすぐに辞
めて出て行ってしまう可能性があれば，会社は積極的に人材育成
をすることができない。従業員の長期勤続は会社による人材育成の
前提条件にもなっているのだ。また，従業員の長期勤続は長期にわ
たる人材評価を可能にしている。短期的な業績評価は前述のように
従業員から自分の能力を開発していく余裕を奪うだけでなく，会社
の側にも大きなリスクをもたらす。というのも，日本企業は人材の
登用に関して内部昇進が多く用いられ，このときには管理者として
の素質が評価の対象となるが，それは長期的な視点で見る必要があ
る。短期的な視点では，単にプレイヤーとしての業績評価しかでき
ない。

　このような状況で，従業員の気持ちには次のような傾向が見られ

Column ④ 心理的契約 ● ● ●

　新卒者は就職活動時に，採用担当者から入社後の職務内容や会社のなかでの働き方についてある程度は説明を受けているが，それでも非常に雑多なことが多く，彼らはそれらを正確に把握して就職することができない。これは程度差こそあれ欧米企業でも同じことがいえる。ここで，会社と従業員の間には公式な雇用契約のほかに，契約書に書かれていない事柄については，双方が自分にとって都合よく振る舞ってほしいと相手に期待し，そして実際に互いにそれに応えるという暗黙の信頼関係がある。これらは決して文面化されることもなく，あくまで心理的に取り交わされることから，これを心理的契約と呼んでいる（Rousseau [1989]）。

　もし心理的契約が存在しなければ，会社と従業員の間で事前の契約になかったような不測の事態が起こった際，誰もそれに対応しないことになってしまう。会社は慌てて契約更改を図るが，そこで互いに自分が有利になるように交渉しようとすると大変に時間がかかり，結果として会社にも従業員にも大きな機会損失が発生してしまう。しかし，雇用契約のように長期に及んだり，会社と同じ従業員との間でくり返し契約が交わされるような場合には，自然に両者の間に信頼関係，つまり心理的契約が結ばれていくことになる。ワガママをいうと，長い目で見ればどちらも損をすることがわかっているからである。こうして心理的契約が交わされると，不測の事態にも会社と従業員が協力して，速やかに対応できるようになる。

　ところが，自然に交わされることになる心理的契約ではあるが，その内容は決して一様というわけではない。同じ文化を共有する地域や国ごとに一定の傾向があるにせよ，会社が異なれば従業員たちが交わす心理的契約の内容も異なってくる。さらにいえば，個人ごとにも異なってくる。

　会社と従業員の間の心理的契約は，互いの日々の行動の結果として構築されていくものである。たとえば，会社が業績に応じて従業員を評価するようになれば，当初は対立することもあるが，徐々に従業員も会社が首尾一貫してそのように評価し続けることを期待するようになる。反対に，多くの従業員が安定した年功による評価を希望するようになれば，会社も年功で評価することによって，優秀な従業員が安易に転職していかないことを期待するようになる。しかしながら，近年は会社による従業員の期待も多様化してきた。会社は個別に対応した心理的契約を交わすことができているのだろうか。

るようになるという。すなわち，勤続前期の過小支払い分を会社に対する「見えざる出資」として捉え，あたかも自分が会社の株主になったかのように感じ，会社に対して強い愛着を持てるようになる。さらに，いずれは自分も経営者になるかもしれないと少しは思っていて，上から降ってくる経営方針や戦略についても，経営者側の視点からそれを評価し，理解を示すようになり，多少の苦労は受け入れようとする。

　長期勤続を望み，そして株主や経営者の考え方に理解を示す傾向のある従業員が，会社からの辞令になるべく従おうとするのは十分に納得できることである。同様に，私も会社との長いつきあいを希望しているので，ある程度の苦労は受け入れようという気持ちに徐々に変わっていくのだろうか。そうやって会社に染まっていくことに不安も感じる。会社をそこまで信用してもいいのだろうか。もっと大きな視点で，自分のキャリアについてじっくりと腰を据えて考えなければならないようだ。

3 個人のキャリア・マネジメント

　今回の人事異動の辞令を受けて，私はいろいろと考える機会を得た。会社側が私に人事異動の辞令を出した事情もわかったし，周りの人たちが会社からの辞令に従おうとする理由もわかった。そろそろ私自身も踏ん切りをつけなければならないのではないか。会社との関係をよく考えながらも，自分らしく生きていきたいと私はいま思っている。

疑問 4-3
自分のキャリアをどのようにして管理すればよいのか？

自分の職業人生は，会社に決められるのではなく，自分でしっかりとつくっていきたいと考えている人は多い。なかには自分はこのように生きていくのだと，詳細な計画を持っている人もいるかもしれない。しかし，自分に最適な仕事，生き方をどのようにしてみつけるのだろうか。まずはそこから考えていく必要がある。

満足化原理

蟻（あり）がエサを探して歩いているのを眺めてみると，その軌跡はジグザグになっている。蟻は進路の先にどのような障害物があるのかを予測できないので，ただ障害物を避けて進もうという単純な行動をくり返しているにすぎないのだという。希望するエサに一直線にたどり着けない蟻を哀れにも思うが，一方で，最後には何かしらのエサにたどり着く蟻の歩みには力強さも感じる。きっとこのことは人間にもあてはまるのだろう。私たちがいかに最適な選択をしようと考えていても，先に何が起こるかを予測できないので，その選択も結果的にはジグザグになって合理的に決定したようには見えない。私たちも最適な意思決定こそできないが，それでも蟻のように力強く足を踏み出していけば，いつかは満足のいく職業人生になり，後から振り返ったときに「あれはよい意思決定だった」と思えるに違いない。

　将来を完璧に予測できない状況において有効なのは，限定された合理性モデル（→第6章）という意思決定についての考え方だという。このモデルにおいては，探した選択肢のなかで一定の満足基準を満たすものがあれば，実行のためにそれが選択されることになる（Simon［1945］）。人が自分に合った天職を探すという行為も，このモデルによって説明できる。会社の方針が気に入らなくて，勤めている会社を辞めるという決断をする人がいたとしよう。その人はそれこそ天職を探そうと必死になるだろう。そのなかでこれだと思った職があって，そこに転職する。さすがに十分に調査をしただけあって，その仕事は満足できるものである。ところが，この人はしば

らくするとこれは天職ではなかったと気づく。そしてまた天職探しを始める。この人がみつけた仕事は，得られた情報のなかで満足できただけであって，実際には最適な仕事ではなかったのだ。たしかに，これを続ければ少しずつは天職に近づいている気もするが，一方で長期勤続によって得られる能力開発を犠牲にしているのも明らかだ。

　私たちの探索活動も範囲がかぎられていて，個人的な天職探しにはどうしても限界がある。そこで，近年はメディアからの情報に依存する人たちが増えてきた。たとえば，テレビ・ドラマの主人公の職業が格好よく思えたり，雑誌等の年収ランキングの上位の職業に就きたいと考えたりする。あるいは，もともと現職に満足していたはずなのに，そういったメディアからの情報を多分に受け入れてしまうと，いまの仕事が不満に思えてくる。そのような情報に振り回されながら転職活動を続けると，天職に近づくどころか，むしろ遠ざかってしまうことになりかねない。

　このように考えれば，1人では最適な選択ができない天職探しについて，その情報源をメディアに依存してそこから選び取るのではなく，より多くの選択肢を持つ自分以外の信頼できる他者に選び取ってもらうという方法には実は一定の合理性がある。つまり，それは辞令に従うことの合理性である。最適な選択ができないのであれば，私にできることは自分の可能性を広げる努力をすることしかない。狭い選択肢のなかから選び取ろうとするのではなくて，選び取る機会を持ち越して当面は選択肢を増やしていこうと考えるのである。その意味で，人事異動は可能性を広げるよいチャンスになるだろう。人事部はこれまでの配置転換の専門職としてかなりの経験を蓄積してきているので，私に合った仕事が何なのか，私が大きく成長できる仕事は何なのかを彼らなりにきちんと考えて案を提示してくれているはずだ。食わず嫌いだっただけで，やってみるとその異

動先の仕事は私の天職になるかもしれない。

キャリア・アンカー　　ここまで見てきたように，私が最適な仕事の選択を行うことは困難であり，その意味において会社の計画に従うことにも合理的な一面があるといえた。だからといって，会社の計画は完璧に信頼できるわけでもない。結局，自分のキャリアについては自分自身が責任をとらねばならない。ここで，個々人が考えるべきキャリア・マネジメントは大きく2つから構成されている。1つは自分自身で積極的に方向を選択していくキャリア・デザインである。もう1つは会社の育成計画やそれ以外の偶然性に依拠しようというキャリア・ドリフトである。

　キャリア・デザインというのは，職業キャリアについていえば，これまでの仕事生活のパターンを吟味し今後の構想や展望について自ら計画することを意味する。自分のキャリアをどのようにしたいのか，自ら強い意識を持っていることが肝要である。しかし，前述のように，積極的なキャリア・デザインには困難がつきまとう。私たちは最適の選択肢を用意できないし，それでも選択しなければならないという心理状態に追い込まれ思わず安易な情報に飛びついてしまい，本当に自分らしい職業キャリアに近づいていくことができない。

　一方，キャリア・ドリフトというのは，これも前述のように，キャリアの決め方についてより詳しく知っている他者に決めてもらい，それに従って進んでいくことである。たとえば，今回私が受けたように，会社からの人事異動の辞令などはその1つである。私が管理上，キャリア・ドリフトをするということを決めるのであれば，今回の辞令にも進んで従い，そこで何かを学ぼうという積極的な姿勢を持つことが重要となる。心機一転して前向きに新たな仕事に取り組めば，そこで私は意外な自分をみつけられるかもしれない。最初は嫌だったその仕事が自分の天職だと思えるようになる

かもしれない。それは自分でデザインしていれば決して得られなかった意外な収穫である。キャリア・ドリフトをうまく管理することで，私は今後のキャリアの指針となるような大きな選択肢を得られるだろう。

　もちろん，会社に身をゆだねてキャリア・ドリフトしていればすべてがうまくいくというわけでもない。それは自分らしく生きることと同義ではないからだ。重要なのは，自己決定してはいけないということではなく，安易な情報に依存することなく，自分にとってよい方向はどちらなのかということを深く考えながら手探りでみつけていくことである。そうすれば，キャリア・デザインを意識しながら，それでいてキャリア・ドリフトをしてそこから柔軟に学習することができる。

　キャリア・デザインとキャリア・ドリフトをうまくつなげるための手助けとなるのはキャリア・アンカーといわれる考え方だという（Schein［1990］）。自分自身が自覚している才能や動機，価値が発揮される領域のことである。キャリア・アンカーをある程度明確にすることができれば，私たちはキャリア・デザインの指針を手に入れ，どの方向は自分らしく，どの方向は自分らしくないのかを知ることができる。このキャリア・アンカーは，「自分は何がしたいのか」（動機），「自分は何ができるのか」（能力），「自分は何をすることに意味があると思うのか」（価値）という３つを自分自身に深く問いかけていくことでみつけることができる。キャリア・アンカーは大きく表4-4の８つに分類される。どれか１つでなければならないというものではないが，なかでも最も大切にしているキャリア・アンカーはどれになるだろうか。

　これらは，これからキャリアを進めていこうとするときの拠り所となるに違いない。今回，私は少し不本意な人事異動を命じられたが，自分のキャリア・アンカーをしっかりと把握していれば，新し

表 4-4　キャリア・アンカー

種　類	特　徴
専門・職能別コンピタンス	自分の得意とする専門分野のなかで自分の価値を形成し，その分野でさらに専門的な能力を身につけようとすること
全般管理コンピタンス	特定の専門分野にとらわれず，組織の階段を昇って積極的に責任をとるようなゼネラル・マネジャーをめざそうとすること
自律・独立	自分のペースや仕事の仕方を優先するために，会社の方針には合わないことが多く，独立的に働こうとすること
保障・安定	将来にわたる長いキャリアが安定し，生活が保障されていることを優先し，会社に進んで従おうとすること
起業家的創造性	創造的な作業に従事することを優先し，その成果が評価されることに喜びを感じること
奉仕・社会貢献	広く世の中や社会に対して貢献できることに価値を置いていて，それが実現できる職に就こうとすること
純粋な挑戦	専門分野にかかわらず，困難な課題や障害を乗り越えることに価値を置き，自分を試そうとすること
生活様式	私生活や仕事など，さまざまなものを 1 つのライフスタイルとしてうまく調和させようとすること

い職場でも自分らしい仕事の仕方をみつけることができるだろう。もし仮に，その職場の仕事が私のキャリア・アンカーと大きくかけ離れていて，キャリア・アンカーに則した働き方ができないようであれば，そのときは上司や人事部に再転換を要請するか，それがかなわなければ，他の会社への移籍を検討することになる。

バウンダリレス・キャリアと伝統的なキャリア

　もし，いまいる会社のなかでキャリアを進めていくことに迷いが生じた場合，どうすればよいだろうか。そのように考えると，いよいよ転職という選択肢が頭をもたげてくる。しかし，あらため

て転職しようと考えると，大きな不安が頭をよぎる。会社の垣根を越えて進めていくキャリアのことを，バウンダリレス・キャリアと呼ぶらしい。

　バウンダリレス・キャリアとは，バウンダリー（境界）のないキャリアのことで，厳密にいえば境界には会社だけでなく，職務や産業，国といったものも含まれるという。つまり，無意識のうちに自分自身のキャリアに制限をかけているもの，キャリアの範囲を決めてしまっているものは，すべてバウンダリーだといえる。近年まで多くの人たちが，会社のなかでキャリアを進めるのが当然だと考えてきたが，この考え自体が自分自身のキャリアにとっての大きな制約となっていたのかもしれない。ここでは，バウンダリレス・キャリアと比較するため，従来の会社の垣根のなかに閉じこもったキャリアを，伝統的なキャリアを呼ぶことにしよう。

　バウンダリレス・キャリアと伝統的なキャリアを比較した際，大きく3つの違いが見られる（表4-5参照）。1つめは，自分のキャリアを評価する基準である。伝統的キャリアでは，より上位のポストに昇進するのがよいとか，給与が増えるのがよいとか，世間や会社のなかでの一般的な考え方（規範）が基準となってきた。多くの企業人は会社から評価されることを第一に考えてきたのである。これに対してバウンダリレス・キャリアは，そういった社会の規範に左右されず，あくまで自分自身の価値観を基準としている。趣味を大切にする生活ができれば，それだけでよいキャリアだと考える人が，それにあたる。そういう人にとっては，会社からの評価は二の次で，むしろ趣味仲間からの評価が自分の生き方にとって重要になってくる。人的ネットワークの広がりを見れば，伝統的なキャリアを歩む人たちが会社内を中心に狭くなりがちなのに対し，バウンダリレス・キャリアを歩む人たちは社外にも大きく広がり，多様な価値観を許容し，また多様な情報が得やすくなるだろう。

表4-5	伝統的なキャリアとバウンダリレス・キャリアの違い	
	伝統的なキャリア	バウンダリレス・キャリア
成功の基準	規範的	主観的
組織と個人の目標	ズレがある	一致している
キャリアの方向	上　方	複数の方向

　2つめの違いとして，組織と個人の目標の関係が挙げられる。伝統的なキャリアだと，個人の目標が組織の目標とはズレていることが多く，しかし会社には従わなければならないということもあっただろう。環境への意識の高い人が，あまり環境に配慮しない会社に勤めているようなケースが，それにあたる。他方で，バウンダリレス・キャリアであれば，個人は会社の垣根を容易に跳び越えるので，否，字義的には垣根が存在しないので，転職をしながら個人の目標と合致した会社に勤めることになるだろう。前述のように，バウンダリレス・キャリアを歩む人にとっては，自分の価値観にあった生き方，働き方ができていると思えることこそが，自分のキャリアの成功を意味するからだ。

　3つめの違いは，キャリアの方向性である。伝統的なキャリアでは，キャリアは常に上方に向かって伸びていくべきだと考えられてきた。キャリア・アップという言葉がまさにそれを端的に示している。昇進や昇給がなければ，その人のキャリアは停滞していると表現されることもあった。ところが，バウンダリレス・キャリアでは，キャリアの方向性は上方だけではない。水平方向もあれば斜め方向もありえる。たとえ周囲の人には停滞しているように見えたとしても，自分の価値観に沿って生きているかぎり，また働いているかぎり，その人のキャリアは常に前に進んでいるのである。

　そうはいうものの，会社のなかだけでキャリアを進めていくとき

には，給与や昇進といったわかりやすい基準があった。自分のキャリアはうまくいっていると自覚もできただろう。けれども，企業の境界を横断するバウンダリレス・キャリアでは，成功の基準が主観的に判断されるということなので，それがきわめてわかりにくくなり，はたして自分がよいキャリアを歩めているのかどうか不安になってしまうことがある。

そんなとき，バウンダリレス・キャリアを評価する際の指標として考えられるのが3つのキャリア・キャピタル，すなわち①人的ネットワーク（knowing-whom），②価値観（knowing-why），③スキル（knowing-how）である。これらが着実に蓄積されているのであれば，キャリアをうまく進められていると考えてよい。

人的ネットワークが蓄積されれば，仕事をうまく進めていくために必要な情報を得ることもできる。ただし，知人がただ多ければよいというわけでもない。社内の同僚がいかに多くても，彼らはみな同じような情報しか持っていないため，仕事の成果に対してはあまり有効ではないだろう。同僚との差もつかない。他方で，社外の知人がもたらす情報は異質であり，その情報を巧みに活用することで仕事の成果によい影響があるかもしれない（→ *Column* ⑧）。人的ネットワークには量と質の両側面がある。

価値観とは，なぜその仕事をするのか，つまり職業アイデンティティや意義，仕事を進めるうえでの自分なりの考え方のことを指す。自分が従事している仕事に対して思い入れが深まっていかないようであれば，それはあまりよいキャリアとはいえない。さらに，他の人とは異なる価値観を持つことは，新しい仕事の取り組み方にもつながり，仕事の成果にも直結してくるだろう。やはりここでも，量だけでなく質的な側面が重要だといえる。なお，人がどのような価値観を獲得していくかについては，周囲の人々から受ける影響も大きい。すなわち，人的ネットワークに規定される一面もある

だろう。

　最後のスキルだが，仕事で成果を上げるためには，それに見合った知識やスキルを身につけておく必要がある。その業界で求められているスキル，勤務する会社で求められているスキル，あるいは過去に見られなかった新規のスキルというように，スキルも質的に多様である。これまでに積み重ねてきた価値観に応じて，身につけていくスキルも変わってくるだろう。

　あらためて考えてみれば，この3つのキャリア・キャピタルは転職せず，同じ会社にずっと勤め続けるときでも重要なものである。そうか，バウンダリレス・キャリアは決して転職や移籍をするときに必要だということではなく，職業人には常に問われているものなのだ。会社の垣根を越えるのか越えないのか，そんなことばかり気にしている私自身のことが少し情けなく思えてきた。

　総じて，自分のキャリアを管理するために，私はキャリア・デザインとキャリア・ドリフトをうまく組み合わせなければならない。そもそも人生を決める大きな選択は毎年行うようなものではない。キャリア・デザインを頻繁に行っていると人生はぎこちなくなり，逆に間隔が長すぎるとドリフトしすぎてまさに流された人生になってしまう。最初の就職，結婚，昇進といった人生の大きな節目に差しかかったときこそ，大まじめにキャリア・デザインをするべきだ。そのときには，私が積み上げてきたキャリア・キャピタルについて考えてみるのもよいだろう。私自身の価値観が発する声に耳を傾ければ，自ずと進む道が見えてくるのだと思う。

エピローグ

　私のキャリア・キャピタルはどの程度積み重ねられているだろうか。業界の慣習を変えていこうと熱く議論した同世代の取引先の人たちとの人脈は，間違いなく私の重要な財産だ。会社が従業員を異

　1994 年にアメリカで公開された主にアメリカ
の 1960 年代を描いた映画作品。主人公のフォレ
スト・ガンプは知的障害を持っていたが足の速
い子だった。いつもいじめられていたフォレス
トに対し幼なじみのジェニーはいつも「走りな
さい！」と助言してくれた。ジェニーにいわれる
がまま走り続けたフォレストは，その足の速さを
他者に活かしてもらうことでアメリカン・フット
ボールの選手として，そしてベトナム戦争の戦場
において高く評価される。その後も，病院で覚え
た卓球で勲章を得たり，友人に誘われて始めたビ
ジネスでも大成功を収める。この作品はフォレス
トの数奇な半生を描いた物語である。

　この作品には対照的な 2 人の人物が登場する。1 人は主人公のフォレ
ストである。上記のように彼はとくにキャリア・デザインをすることな
く，ただ従順に周りに従うままにキャリア・ドリフトのなかで成功を積
み上げていく。これに対し，幼なじみのジェニーは歌手になるという夢
を追いかけたり反戦活動に没頭するがすべて挫折するというように，キ
ャリア・デザインをして失敗をくり返す。ところがフォレストの半生に
ついて彼はキャリア・デザインをしてきた男性だと感想を述べる人や，
逆にジェニーはキャリア・ドリフトをしてきた女性だという人もいる。
実際によく見てみると，たしかにフォレストは周りの意見に流されてい
るように見えて，重要なところではしっかりと自分で意思決定をしてい
る。彼がエビ漁師になることを決断するのはまさにその代表的なシーン
である。彼はベトナムの戦場で戦死した友人の遺言を実現するためにエ
ビ漁師になるのだが，彼は戦場で得た偶然を活かしたキャリア・デザイ
ンをしていることになる。ジェニーは自分で意思決定をしているように
見えて，実際にはしっかりとした自分を持たずそのまま時代に流される
ようなことが多かった。

　キャリア・デザインとキャリア・ドリフトを組み合わせた彼らのキャ
リアには，どうしてこのように大きな相違が見られるのか。それは 1

つには，キャリア・ドリフトの期間に偶然を得ることができたかどうか
という点がある。少なくともフォレストは良質な人的ネットワークと揺
るがない価値観を構築してきた。他方，ジェニーはそれらを得ることが
できなかった。もう1つは，彼らのキャリア・デザインのタイミング
である。フォレストはキャリア・ドリフトのなかでも最もよい時期にデ
ザインをしているが，ジェニーはそうではなかった（実際には映画では
描かれていないがそう予想される）。あらためてキャリア・マネジメン
トについて深く考えさせられる映画作品である。

動させようとする事情はおおむね理解できるし，たしかに長い目で
見れば新しい部署での経験が自分のためになるのかもしれない。そ
う割り切ったつもりではいたが，少しモヤモヤした気持ちのまま
引き出しのなかの物を段ボールに詰めていると，私の手がふと止ま
る。コンサルティング会社に勤める大学時代の先輩の名刺をみつけ
たからだ。懐かしさとともに，心の奥のほうがなぜだかむずがゆく
なった。元気にしてるだろうか，久しぶりに連絡をとってみよう。

 さらに学びたい人のために

①濱口桂一郎［2013］『若者と労働──「入社」の仕組みから解きほぐ
　す』中公新書ラクレ。
　●かねてからメンバーシップ型雇用を唱える著者の近年の書です。日
　　本独特の就職活動，ブラック企業，非正規雇用といった諸問題の背景
　　に，メンバーシップ型雇用の影響があるということがよくわかりま
　　す。今後の課題についても丁寧に議論されています。
②柏木仁［2020］『キャリア論研究（補訂版）』文眞堂。
　●本章で紹介した理論のほかにも，数多くのキャリア理論が紹介され，
　　網羅されている，テキストのような学術書です。現代は，自分で自分
　　のキャリアを管理する時代です。キャリア・ドリフトを実践するに

しても，自身のキャリアについて考えるために目を通しておきたい1冊です。

③山下勝・山田仁一郎［2010］『プロデューサーのキャリア連帯——映画産業における創造的個人の組織化戦略』白桃書房。

●キャリア・キャピタルの獲得という観点から，キャリア形成のパターンが分類されています。そのキャリアの形成パターンによって評価や成果が変わってくる可能性があるという議論の展開をしている，読みやすい学術書です。

④内田樹［2009］『下流志向——学ばない子どもたち 働かない若者たち』講談社文庫。

●サブタイトルのとおり，独特な教育論を唱える1冊です。経済的な合理性がなければ学習しないという近年の若者の傾向が批判されていますが，この考え方はまたキャリア・デザインにもあてはまります。

…ちゃんとついてきてよ

　ようやく会社にも仕事にも慣れてきたなあと感じたのは，ついこの間のことだったはずなのに，もう10年以上も経ってしまった。そんな時の流れの速さに気づけたのは，わたしに部下ができたからだ。これまで自分の仕事に責任を持って，わたしなりに懸命に頑張ってきたけれど，これからは自分以外の人に仕事をしてもらわないといけない。もし彼らがうまくやってくれなかったらどうしよう……。わが家のお転婆娘を叱るのとは訳が違う。わたしに部下のみんなを叱ることなんてできるだろうか……。こんなに悩むくらいなら，平社員のままでよいとさえ感じてしまう。わたしは，管理者になんかなりたくなかったのに！

1 リーダーシップの意義

　わたしは管理者としての仕事にまだなじめない。いままでの自分の上司のなかには，とてもリーダーシップを発揮できているとは思えないような人もいたが，それでもなんとか部門は動いていた。極端ではあるが，管理者はいなくてもいいのではないかとさえ思えてくる。

> **疑問 5-1**
> なぜ会社のなかにリーダーシップが必要になるのか？

　第3章や第4章でも見てきたように，会社にはさまざまなルールがあり，また戦略を実践するために人事異動等の辞令がある。すべての従業員が会社側の意図したとおりにそれらに完璧に従ってくれるのであれば，ひょっとするとリーダー，とくに中間管理職は

不要なのかもしれない。ところが現実には，それらを従順に受け入れられない従業員も多々存在する。そこで，誰かがルールや辞令の意味を語って伝え，彼らに納得してもらう必要がある。それを行うためにリーダーシップが求められ，それぞれの部門長である管理者がそれを担っている，と考えることもできる。ここでは，リーダーの役割を，①職場をまとめる役割と②部門と組織をつなぐ役割の2つに分けて見てみよう。

職場をまとめるリーダーの役割

そもそもリーダーに課せられている仕事は，責任を負うことになった部門の業績を高めることだろう。以前までの部下のいない状況では，わたしは自分のことだけを考えればよく，自分自身の業績を高めることが目的だったが，管理者ともなれば部門全体の業績に責任を持たねばならない。この目的を果たすためにさまざまな手段を講じることもリーダーの役割である。基本的な手段は大きく2つある。

① 部門の目標を決めて，それを部下に伝える

② 部下が指示どおりに行動しているかを監督する

まず，管理者は部下に従ってもらいたい部門目標やそれを達成するための方法を計画として決めて，彼らにきちんと伝える必要がある。部下の立場からすれば，自分の担当している業務が部門のなかでどのような位置づけにあり，自分が部門全体の目標にどのようにして貢献しているのかを知りたいし，上司がどのような計画を持っているのかを当然把握しておきたい。いや，把握しておくべきである。なぜなら，それが仕事の動機づけにもつながるからである。

しかし，この当然とも思えるリーダーの行動は意外にも軽視される傾向にあるので注意が必要である。というのも，後述する監督行動の負荷があまりに重く，部下に対する指導に忙殺されてしまうからだ。計画を立てて方向性を決めるという大事が，日々の業務に邪

魔されてなかなか実現されないという本末転倒な状況は実によく見られる。

　リーダーがもし計画をうまく立案できていないとすれば，それは会社全体の問題もあるかもしれない。たとえば，自律的でなく，より上位の管理者から半ば強制的に目標や計画を決めさせられたりしている場合や，残念ながら管理者自身にはその計画を実現してやろうという強い気持ちはないが，ある期限までに計画を策定しなければならないので仕方なく形式的にそれを決めてしまっているというような場合である。どちらにせよ，リーダーが心の底から自分の部門のために主体的に立案した計画とはいえない。

　とにかく部下には計画に則って職務遂行してもらわねばならないのだから，上司がその計画自体をきちんと決めることは重要で，そしてその計画を部下に正しく理解し，納得してもらうために密なコミュニケーションをとっておく必要がある。そうしなければ，部門全体が間違った方向に努力を傾けることになり，結果として業績が悪くなってしまうだろう。

　職場をまとめるためのもう1つの手段は部下を監督することである。前述のように，いかに指示や命令が適切であったとしても，部下がそれを実行しないのであれば，予定されている成果を達成することはできない。決められたマニュアルやルールに従って部下が業務遂行するように働きかける必要がある。この働きかけはさらに2つに分類できる。1つは指示どおりに従わない者，その意欲に欠ける者をみつけて厳しく叱りつけ，逆に指示に従って成果を上げている者を褒め称えることである。営業のように，比較的個人の努力や能力が結果に反映されやすい職務を除くと，集団作業というのは各個人の貢献を測定しにくいものである。そのために，部下のなかには意図的に手抜きをしようと考える者も出てくるかもしれない。自分だけは手を抜いてもわからないだろうと，多くの人たちが考え

るようになれば，その1人ひとりの手抜きが最後には部門全体に大きな悪影響を与えることになる。

もう1つの働きかけは，指示に従う意欲はあるものの，指示の意味をよく理解できていなかったり，指示どおりにうまく行動できなかったりと部下が能力に欠けるときに，彼らを指導するということである。会社は優れた人材を採用しているつもりでも，個人差は大きく，そのなかには要領のよい部下もいれば，要領の悪い部下もいる。会社からの指示や命令は個人差を無視して同じように発せられるが，それを管理者は個別に指導することで調整していかねばならない。

部門と組織をつなぐリーダーの役割

リーダーが果たす役割は，自分が責任を負っている部門のなかだけで完結するものではないという。自部門の枠を越えて，会社の上層部から下層部に向かう一連の流れ（そして逆の流れ）のなかで考えなければならない。なぜなら，経営陣ではなくても管理者であれば会社全体の利益を考える義務を負っているからだ。リーダーは自部門をまとめるだけではなく，他部門や，さらにはより上位の管理者にも働きかけをするなかで最良の意思決定を行っていく必要がある。

会社全体が円滑に動くためには，経営陣の立てた戦略にもとづいて，各部門の従業員たちの日々の行動が規定されなければならないだろう。そのために管理者は部下たちの具体的な行動計画を練るのだが，この活動は会社全体の視点から見たときにはコミュニケーション機能に相当する。ここでのコミュニケーションは，会社の戦略と各個人の行動とをつなげるためのものであり，その多くは中間管理職者たちが担うべき役割である。

それでは，中間管理職者はどのようなコミュニケーションをとるべきなのだろうか。社長によって意思決定された究極の目的（企業

Column ⑤　期待理論　● ● ●ーーーーーーーーー

　部下のやる気を高めるために，会社の成果と個人の成果が直結してい
て，努力すれば報われるということを彼らに理解させるのもリーダーに求
められる役割の１つである。その方法にはいくつかあるが，その１つに
期待理論というのがある（Lawler［1971］）。この期待理論は図5-1のよ
うに図示できる。

　部下が努力しようとするのは，その結果として得られるであろう報酬に
期待するからである。このとき，部下はその報酬自体にどのような魅力が
あるのか（報酬の価値），そしてその報酬を獲得できる確率がどの程度な
のか（知覚される確率）を心のなかで計算している。しかし，努力すれば
よいというものでもない。努力をしても本人の能力が追いつかないときに
は業績にはつながらないし（能力と資質），またその努力が間違った方向
に向かってしまうとやはり業績にはつながらない（役割知覚）。さらに業
績が出たとしても，それが期待していたような報酬につながるともかぎら
ない。業績を高めればたしかに達成感は得られるだろう（内的報酬）。け
れども，ボーナスが増えるかどうか，昇進にプラスになるかどうか，ある
いは上司が褒めてくれるかはよくわからない（外的報酬）。それらが同僚
の得ている報酬と比べてどうなのか，と部下はまた心のなかで計算するは
ずだ（知覚される公平報酬）。その結果，はたしてこの一連の行動に満足
できるのか，それとも不満なのかが決まってくる。もし満足していればこ

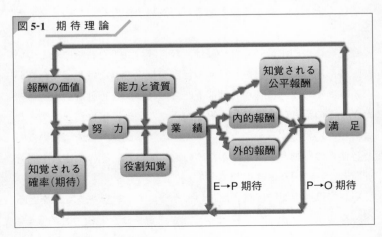

図 5-1　期待理論

の部下は次の仕事をするときには報酬の魅力を高く評価し，不満であれば報酬の魅力を低く評価するだろう。また報酬が得られる確率も，努力すれば業績が上がるだろうという期待（E→P 期待）と業績が上がれば報酬も増えるだろうという期待（P→O 期待）とに区別して考えないといけない（E は effort，P は performance，O は outcome の略である）。これらの期待が総合的に高ければ次の仕事をするときに報酬を獲得できる確率を高く見積もることだろう。いまの仕事の結果は次の仕事への努力に大きな影響を与えるわけである。

　ここで管理者が心がけなければならないのは，報酬の魅力（ボーナスや昇進，達成感など）について部下に語り，彼らがそれを望むように仕向けてやることと，そして E→P 期待と P→O 期待を高めてやることである。とくに後者については，まず E→P 期待を高めるには部下の能力を育ててやり，どの方向に向かって努力していくべきかについてきっちりと指導することが求められる。P→O 期待を高めるには部下を褒めてやることはもちろん，実際に業績を高めた者にそれに見合ったボーナスが支給されるように各部署に働きかけることも必要だ。

　しかしながら，これらの管理者からの働きかけ（統制）が，部下たちから自律性を奪い，第3章で見たような内発的動機づけを弱めてしまうおそれもある。管理者は部下たちの自律性についてもよく観察しておかねばならない。

戦略）はかなり抽象的で，それを実現するには，通常はより具体的な手段をいくつか同時並行で実行することが必要となる。それぞれの手段は担当の役員に割り振られることになるだろう。担当役員は自分に割り当てられた仕事を遂行するため，またそれをいくつかの手段に分割して，自分の直属の部下たち（部長）に割り当てるだろう。そして部長はまたそれを遂行するために課長に……と，会社のなかではこのような作業が上から下へと順々に下りてくることになる。目的はいくつかの手段に分割されて下位者へとリレーされるが，それを引き受けた人にとってはそれはもはや「手段」ではない。それは本人にとっては実現すべき「目的」へと替わってし

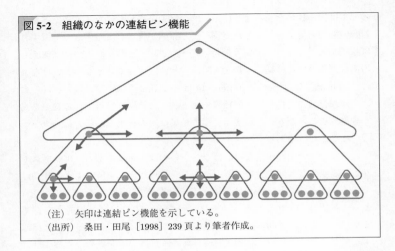

図 5-2　組織のなかの連結ピン機能

(注)　矢印は連結ピン機能を示している。
(出所)　桑田・田尾［1998］239 頁より筆者作成。

まう。逆にいえば，中間管理職にあたる人たちのコミュニケーション役割とは，会社全体の究極の目標（企業戦略）を達成するために課せられた「手段」を，自部門の文脈に置き換えて解釈し直し，それを部下たちに新たな「目的」として割り当てることにほかならない。中間管理職者は経営者 1 人では処理できない仕事の配分作業を分担しているのである。

　図 5-2 のように，会社という組織は，それがどんなに大規模であったとしても，常に多くの小集団が積み重なることで構成されているように見える。ここで，各部門に責任を持つ管理者が，前述のようなコミュニケーションを図ることで会社の上位グループと下位グループ（自部門）とをつなぎ，会社全体を統合し円滑に動かす扇の要となっていることに注意する必要がある。部門リーダーたちのこの組織をつなぐ役割はとくに連結ピンと呼ばれる（Likert［1961］）。彼らの連結ピンとしての行動は，自部門（下位グループ）のなかでは上司となり，上位グループでは上位の管理者の部下となるという重層的な位置づけのなかでくり広げられる。

上層部から降りてきた情報や仕事を自分の担当部署の部下たちに伝え，逆に部下たちから上がってきた情報や改善案を連結ピンである中間管理職者が上層部に知らせる。上位者にも下位者にもそれぞれの希望や思惑があるわけだから，中間管理職者が単なる伝書鳩では困る。厳しい命令を部下に納得してもらえるように努力しなければならないときもあるし，時には部下たちの希望を上位の管理者に認めさせなければならないこともあるだろう。こういった連結ピン機能をうまく果たすことが，ひるがえって部下からの信頼を得て，自部門をうまくまとめるのに有効となるに違いない。

2　優れたリーダー行動

　会社のなかでリーダーシップが求められていることについて納得がいったところで，わたしはすっかりその気になり，早速職場をうまくまとめてみようと思った。ところが具体的に何をすればいいのかがわからずに困ってしまった。

> **疑問 5-2**
> 具体的にどのような行動が部下に影響を与えるのか？

　管理者として，ある役割を果たさねばならないということと，それを実際にうまくできるということの間には大きな乖離がある。この疑問に応えてくれそうな代表的なリーダーシップ理論が 2 つあるというので，ここでそれを紹介しておこう。

**権限委譲の
リーダー行動**

　部下の側からすれば，一方的に命令されるのではなくて，もっと自分たちにも権限を与えてもらいたいと強く感じている者も多い。このような状況で部下に対して権限を委譲すれば，おそらくそ

の部下は仕事にやりがいを感じて満足し，業績も上がるかもしれない。

　有効なリーダーシップとして，とくに権限委譲について言及しているのがミシガン大学の研究者らによって行われたミシガン研究である。ミシガン研究の主要な内容は，ある保険会社を対象に行った観察調査の結果とその考察によって構成されている。ミシガン大学の研究者たちは，同社のなかでもとくに業績のよい部門と，逆に業績の悪い部門をピックアップし，それぞれの部門における管理者の行動を比較した。その結果を示したのが表5-1である。

　まず，下の2つについて，高業績リーダーと低業績リーダーにこのような相違が表れてくることは容易に納得できる。低業績リーダーは部下の失敗に対して罰則を与え，非常に厳しく叱りつけるが，高業績リーダーは部下の失敗を許容し，むしろそれを次の仕事にうまくつながるように指導する。まさに失敗は成功の母だという考え方である。部下の側でも，そういった上司の対応をよく見ているので，高業績リーダーと低業績リーダーがたとえ同じ行動をとったとしても，それについての考え方が大きく変わってきてしまうのだろう。たとえば，締め切りを守れというように上司にハッパを掛けられても，低業績リーダーのもとにいる部下たちは，そもそもその上司の仕事の割り振り方が間違っていたので締め切りに間に合いそうにないのだとか，根本的な計画に問題があるのだと，責任をむしろ上司に転嫁しようとしてしまう。これに対し，高業績リーダーのもとにいる部下たちは，割り振られた仕事を遂行する責任はあくまで自分たちにあるのだということを十分に自覚していて，決して上司にその責任を押しつけたりはしないだろう。

　次に，ミシガン研究において，最も注目されている上の2つの相違点を見てみよう。高業績リーダーは大きな目標だけを部下に指示し，従業員中心の管理をしているが，他方の低業績リーダーは細

表5-1　高業績部門の管理者と低業績部門の管理者	
高業績部門	**低業績部門**
従業員中心の監督行動	職務中心の監督行動
全般的な監督行動	詳細な指示をともなう監督行動
部下と一緒に仕事をしない	部下と一緒に仕事をする
失敗を学習の機会とする	失敗には批判し処罰を与える
部下は圧力を不当と感じない	部下は圧力を不当に感じる

かな指示が多く，職務中心の管理をしているという。ここで，従業員中心というのは，仕事の進め方について，それを遂行する本人に任せるという考え方である。自分以外の誰かに仕事をしてもらうというときに，仕事の内容よりも，仕事をしてくれる人を第一に考えようというわけだ。仕事の進め方を部下に一任するということは，上司は単に部署の目標や計画だけを部下に指示するだけでよい。職務中心とはまったくその逆の状況をいう。仕事そのものを第一に考え，その進め方についても指示するので，当然，細かな指示が多くなるだろう。部下からすれば，もっと自分たちを信頼してほしいと思うに違いない。これはまさに権限委譲の問題である。高業績リーダーは低業績リーダーよりも，ずっと多くの権限委譲を行っている。多くの権限を委譲されている部下は，上記のように仕事に対する責任を強く感じるようになるが，権限があまり委譲されていない部下は，指示を出した上司に仕事の責任を転嫁してしまうだろう。

　最後に，高業績リーダーは部下と一緒に働かず，低業績リーダーは部下と一緒に働く，という違いが見られた。これは一見，上司と部下がコミュニケーションをよくとることができるかどうかという観点では，逆効果のようにも感じる。しかし実際には，上司が部下と一緒に働いてしまうことで，彼らを監督するのに多くの時間を割かれてしまい，部門目標を練るという上司本来の仕事がおろそか

になってしまう。いいかげんにつくった目標は実現できない可能性も高いし、何よりも実行する部下にその目標を気持ちよく受け入れてもらえない。その意味では、部下にも納得のいく魅力的な目標をつくるのは並大抵のことではない。リーダーが上層部と部下の間に立って、自らも主体的に実現したいと願う目標をつくるには、連結ピン機能を発揮し、上層部に対しても、あるいは隣接する部門に対しても積極的に働きかけを行っていかねばならないだろう。なるほど、管理者には管理者の仕事があり、残念ながらあまり部下と一緒に働いてはいられないのだ。

権限委譲の落とし穴

たしかに、具体的な仕事の進め方や、場合によっては部門目標の決定までも部下に関わらせるという権限委譲の考え方は、部下を動機づけることができるので、たいへん有効なリーダーシップのように思われる。けれども、権限委譲にもいくつかの問題があることが指摘されているようだ。

　最も大きな問題は部下の能力について信頼できないときに起こりうる。いかに部下が権限委譲を強く求めていたとしても、その権限をうまく使いこなす能力が欠けているのであれば、部門の業績向上にはおそらく結びつかないだろうし、時には職権を濫用する部下も出てきて会社全体に大きな悪影響をもたらすかもしれない。未熟な部下にさえも権限を委譲するべきかどうかというのは、たしかに大きな課題である。

　そもそも権限委譲のリーダー行動が部下に与える効果には2つある（図5-3参照）。1つは部下本人が仕事に対する責任感を持つように仕向ける効果があり、この責任感が仕事意欲に大きく寄与するというものである。こういった職務満足を軸にして上司と部下の関係を良好にすることで業績向上を図ろうという考え方を人間関係モデルという。

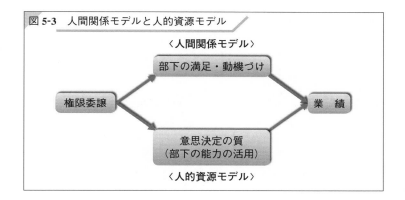

図 5-3　人間関係モデルと人的資源モデル

〈人間関係モデル〉

部下の満足・動機づけ

権限委譲

意思決定の質
（部下の能力の活用）

業　績

〈人的資源モデル〉

　もう１つは，部下たちのほうが上司よりも現場の情報をよく知っていることから，権限委譲がよりよい意思決定を導くという効果で，それが業績に直結するというものである。この考え方は人的資源モデルと呼ばれ，権限委譲は本来，十分な能力を有した部下に対して行うべきであり，彼らのモチベーションを高めるためではなく，彼らの能力を最大限に引き出すことを目的として行われるべきだとしている。そうだとすれば，上記のように力の劣った部下への権限委譲は本人を満足させはするものの，意思決定の質が下がることで業績も下がり，むしろ負の効果のほうが大きいということになるのかもしれない。

タスク指向と
人間関係指向

　権限委譲のリーダー行動だけで部下への働きかけが万全だというわけではない。そのほかに適切なリーダー行動として定評があるのは，オハイオ州立大学の研究者らによって発見されたタスク指向のリーダー行動と人間関係指向のリーダー行動の２つである（Stogdill［1974］）。タスク指向とは，まさにタスク（与えられた仕事）を中心にして部下と接しようとするもので，部下が仕事を遂行していくのに際し必要となる仕事の構造や枠組みについて指示す

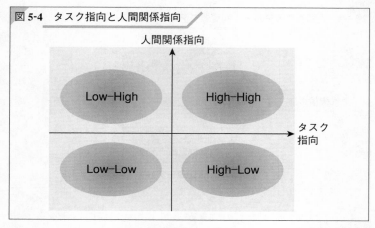

図 5-4　タスク指向と人間関係指向

人間関係指向

Low-High　　　High-High

タスク
指向

Low-Low　　　High-Low

るなど，プロセスの管理を徹底する行動のことをいう。他方，人間関係指向とは各部署のなかで人間関係を尊重し，それを良好にするように働きかける行動のことをいう。このタスク指向と人間関係指向のリーダー行動は異なる次元の2軸として図5-4のように図示されることが多い。

　このように図示することによって，リーダー行動は大きく4つのタイプに分類することが可能になる。すなわち，タスク指向と人間関係指向がそれぞれ High-High，High-Low，Low-High，Low-Low の組み合わせであり，High-High の人はタスク指向と人間関係指向の両方の行動をとっていることを意味し，High-Low の人はタスク指向のリーダー行動はとっているが人間関係指向のリーダー行動をとっていないことを意味している。容易に想像がつくように，この4つのタイプのなかでもとくに部署の業績を高めるのはHigh-High の組み合わせである。つまり，これらの説明に従えば，部下との人間関係を良好にするように気遣いをしながらも，同時に仕事のプロセスの指導を徹底して行うことで優れたリーダーとなることができる。

ただし，このタスク指向と人間関係指向の
両方のリーダー行動を同時に高いレベルで
行うことの現実性については課題も残され
ている。わずか2つのリーダー行動とはいえ，それでも二兎を追
うのは容易なことではない。仕事のプロセスについて熱心に部下に
指導しようと思えば，ついガミガミといってしまいがちだ。仕事の
プロセスについて部下にしっかりと理解してもらうためには，時に
は厳しく叱ることもあるだろう。その際，部下との人間関係を悪く
してしまう可能性もある。逆に部下との人間関係を第一にしようと
考えていると，叱るべきところでつい叱ることができず，その結果
部下が間違った仕事の仕方を覚えてしまうなどということもあるだ
ろう。一方のリーダー行動をきわめていけば，いずれは他方のリー
ダー行動も自然に身につくようになるということもあるのかもしれ
ないが，その時間差はきっと短くはないし，行動の質量ともに十分
とはいえない。その間に部門の業績は伸び悩み，下手をすると業績
が下がってしまいかねない。たった2つの行動ではあるが，これ
を両立して履行できる人は意外に少なく，むしろそれは先天的な才
能を持った人にしか履行できないのではないかとさえ思える。

なんとかしてリーダー行動の二大要因を充実させたいと願うので
あれば，現実的な方法は複数のリーダーによってタスク指向と人間
関係指向のリーダー行動を分担するという形だろう。通常，1つの
部署のなかに2人のリーダーがいると混乱を招いてしまうと考え
られている。命令系統の一元化が達成できないと，かえって組織運
営が非効率になってしまうからだ。しかしながら，わたしたちはこ
れまでにも複数のリーダーの組み合わせでよい業績を収めた事例を
見てきている。

たとえば，歴史上の偉人の話でいえば，幕末時代の京都で活躍し
た新撰組には，人間的に魅力があり，多くの部下からも慕われた人

間関係指向の近藤勇が局長となっていたが，この組織が成果に直結するように規律正しく動くことができたのは，副長でタスク指向の土方歳三がいたからである。同様に，三国志の蜀という国の建国者だった劉備は多くの人民から敬愛された人間関係指向のリーダーであったが，軍隊をまとめる軍師として諸葛孔明というタスク指向のリーダーがいなければ，蜀は三国時代を生き残ることはできなかっただろう。もちろん，会社のなかでも似たような状況があったはずだ。

　これらのリーダーシップのシェアリング（共有）の特徴は，命令系統はしっかりと一元化されていて，権限を持った管理者はあくまで1人だと決められていることだ（新撰組では近藤勇であり，蜀であれば劉備）。つまり，1つの部署に管理者は1人でなければならないが，2者間でうまく調整ができているのであればリーダーは複数いてもかまわないということである。ある管理者が，タスク指向のリーダー行動には自信があるが人間関係指向の行動には自信がないというのであれば，人間関係指向のリーダー行動についてはそれに秀でた信頼できる部下に任せるというのも一案である。

3 臨機応変のリーダー行動

　具体的なリーダー行動について学んだので，わたしは早速タスク指向のリーダー行動を見せようと，仕事の進め方について部下の1人に指示してみた。すると，「そんなことくらい，わかってますよ」と不機嫌そうにいわれてしまった。どうもこの部下にはタスク指向のリーダー行動は通用しないらしい。

　前述のように，権限委譲は能力に欠ける部下に対しては有効なリーダー行動にはならなかった。状況に応じてそれがうまく機能するときと，逆に悪影響を与えるときもあるということだ。いろんなタイプの部下を持つ立場の人には残念な話ではあるが，どうも唯一最善のリーダー行動は存在しないらしい。これだけを押さえておけばよいというポイントがないのである。したがって，ある状況では通用したリーダー行動が別の状況ではまったく通用しないということが頻繁に起こることになる。

　このような状況に追い込まれ，わたしたちが考えなければならないのは，どのようなときに，どんなリーダー行動が適しているのかを探るということだ。ここでは代表的な状況適応の理論である SL（situational leadership）理論を紹介しよう。

<u>SL 理論</u>　　入社時には仕事の仕方もよくわからず，足手まといになっていた部下も，1, 2 年もすれば十分戦力になってくる。30 代にもなればむしろ部門の大黒柱として活躍してくれる部下も出てくる。そんな部下に対し，管理者がいつまでも子ども扱いしているわけにもいかない。部下の成長に合わせてリーダー行動も変わるべきだろう。

　SL 理論では部下の成熟度を意欲と能力の 2 つの高低によって 4 つに分類する（Hersey, Blanchard and Johnson [1996]）。最も部下の成熟度が低い第 I ステージでは部下の能力も意欲も低い状況を想定する。やや成熟してくる第 II ステージでは部下の能力はまだ低いが，仕事に対する意欲はかなり高くなっている。さらに成熟する第 III ステージではかなり部下の能力が高まってきた一方で，仕事に

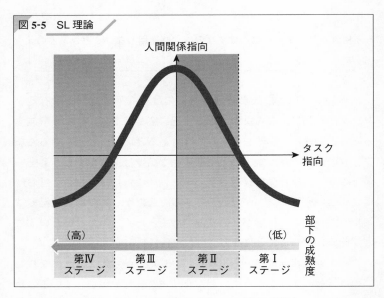

図 5-5　SL 理論

人間関係指向

タスク
指向

（高）　　　　　　　　　　　　　（低）

部下
の成
熟度

| 第Ⅳ
ステージ | 第Ⅲ
ステージ | 第Ⅱ
ステージ | 第Ⅰ
ステージ |

飽きがきたり独り立ちへの不安が大きい。最も成熟している第Ⅳス
テージでは部下の能力と意欲がどちらも充実している。これらの各
ステージに適したリーダー行動をそれぞれ線で結ぶと図5-5のよう
な曲線を描く。

　第Ⅰステージでは，部下は仕事が何なのかもわからずに途方に暮
れているのだから，徹底的に仕事の進め方などのプロセスについて
指導したほうがよい。ここで求められるのはタスク指向のリーダー
行動である。ところが，第Ⅱステージでは，部下は意欲が高まって
きただけに能力が不足していることに対する不安もあり，こういう
ときには引き続き仕事の進め方の指導をしながらも，心理的な側面
もサポートしてやる必要がある。要するに，管理者としてはタスク
指向だけでなく人間関係指向のリーダー行動も同時に求められる。
第Ⅲステージでは，部下は仕事の仕方についてはほぼ完全に理解し
ているので，もはや上司が指導する内容もなくなっている。ただ精

神的にも自立できるように励ましてやるのがよい。ここで求められるのはタスク指向ではなく，人間関係指向のリーダー行動である。第Ⅳステージでは，部下は精神的にも自立し，立派に独り立ちしているので，すべてを部下に任せるのがよいだろう。

　プロスポーツ・チームを考えてみれば，SL理論にはある程度の納得がいくはずだ。万年最下位で優勝という目標を持てない弱小チームの監督には厳しいスパルタ型の監督が適している。いままで勝てなかった試合に徐々に勝てるようになってくると，優勝もねらいたいという意欲が出てくるだろう。逆に強いチームで選手1人ひとりが高いプライドを持っているところにタスク指向の監督は適さないだろう。そんなチームでは選手を励ましてやる人間関係指向のリーダー行動が効いてくる。

　一部門だけでなく，会社自体の成長についても同じことがいえるかもしれない。急速な成長を遂げたベンチャー企業がいよいよ大企業になり，安定成長を模索し始めると，それに適した社長にバトンタッチしたほうがよい。創業者がいつまでも引退せず，会社の成長ステージに見合わないリーダー行動をとり続けるなら，その会社の成長はそこで止まってしまうに違いない。

状況適応理論の問題点　この臨機応変なリーダーシップの問題は，上記の具体例が暗に教えてくれている。プロスポーツ・チームの場合，選手の成長に合わせて1人の監督がリーダー行動を変えるのではなく，むしろ監督を交代させる。1人の管理者が自身のリーダーシップのスタイルを変えて対応するよりも，その管理者のポストを別の人にすげ替えたほうが手っ取り早いのである。管理者にだって得手不得手というのがあるだろう。電化製品は，エコモードやパワフルモードというようにスイッチ1つでモードを切り替えられるが，人間にはこのような器用なマネはできない。

プロスポーツ・チームの監督や会社の社長であれば，それらが直面している状況に合わせて，球団社長や筆頭株主が主導して管理者（監督）を交代させるということでよいかもしれないが，一般の会社の中間管理職でも同様なことができるだろうか。優秀な人事部であれば，多少は管理者と職場の適合についても考慮しているはずだが，その部門の内部の人間でなければ，なかなか不適合には気づきにくいものだ。管理者の側が人事部にそれをいえば管理能力を疑われることになるし，部下の側がいえば単に管理者への反抗と受け取られ，どちらにしても評価を下げられてしまうかもしれない。上級管理者ならともかく，中間管理職者を職場との適合性を基準に次々に交代させていくというのは通常は考えられない。

　この問題の解決策は2つある。1つは，不適合だと思われるその職場において，管理者が適応できるようになるまで，ひたすら待ち続けることだ。適応できるようになるまでの間，その部門ではリーダーシップがうまく機能していないことになり，業績は振るわないだろう。しかし，管理者にそのような経験をさせることは会社としては決して損失とも言い切れない。さまざまな状況の職場を経験することによって管理者にも成長してもらわないといけない。

　もう1つは，一部の部下を交代させるという方法である。1人か2人，信頼できる後輩を自分の部署に呼びたいという部門管理者の願いは人事部にも聞いてもらえるかもしれない。それがかなえばリーダーシップが幾分か機能することになり，業績低下の影響を多少は和らげることができるはずだ。ただし，もしその管理者が呼び寄せたその部下をひいきして，他の部下から不公平だと感じられてしまうようならやめたほうがよいだろう。こういった右腕のような存在がいてくれることで，前述したリーダーシップのシェアリング（共有）も機能しやすくなる。よいリーダーはフォロワー（部下）を選ばないというのはたしかに理想的ではあるけれど，可能であるな

らば，上司だって部下を選びたい。

4 長期的視点のリーダー行動

　幸いにも，わたしは優秀な部下を多く抱えていたので，権限委譲を適切に行い，タスク指向よりも人間関係指向のリーダー行動を駆使することで，上半期は比較的容易に部門目標を達成できた。部門を預かる中間管理職者として，うまくリーダーシップを発揮できていると感じてもいた。ところが，部下たちにはどうもまだ不満があるようで，そのためか仕事意欲も少し減退気味でイキイキとしていない。状況適応理論に加えて，さらにどんな工夫が必要だというのだろうか。わたしはまだ大きな不安のなかにいる。

疑問 5-4
部下をイキイキさせるためにはどのようなリーダーシップが必要なのか？

　本章の冒頭でも説明したように，中間管理職者は責任を負うその部門のなかだけで完結して意思決定をすることができなかった。各部門は会社全体のなかで整合性のある行動をとらねばならず，多くの場合，上層部から課題を与えられ，部門目標もそれにもとづいて決まってしまう。連結ピンとなる中間管理職者の仕事は，上から降ってきた部門目標を実現すべく，それを部下たちに割り振り，それぞれの職務がきちんと遂行されるように監督することだった。

　しかしながら，これらは各部門が現時点で課せられている目標であって，せいぜい1年程度先を示すものでしかない。それだけでは，部門目標を達成した先に何があるのか，この目標を達成することで各人がどのように成長できるのかといった大きな展望が従業員

には見えないままである。そういった展望が見えないかぎり，わたしの部下たちの不安も解消されず，仕事意欲も一定水準を超えることはないし，その意味では，喜んでわたしについていこうという気にはなってくれないだろう。そんな管理者の最後の課題は，長期的視点のリーダー行動である。

展望と育成の
リーダー行動

リーダーは長期的視点に立つことによって展望を持ち，部下を育成することが可能になるという。最初に，部下たちがなかなか展望を持てなくなっている理由の１つは，会社が生産性の向上とコスト削減を図るために，仕事の分業を促進してきたことと関連している。そのなかには単純な作業や気の進まない作業もあって，単に目標を達成するようにいわれてもイキイキとそれに取り組むことが難しい。それぞれの作業に意義があると簡易的に説明を受けているが，最終的には会社の利益につながるというもので，働く個人としては胸躍るような話ではない。

これに対して，部下たちをイキイキとさせる展望には，たとえば，分業化された各作業が単に会社の利益につながるというのではなく，社会全体に大きく貢献することにつながるということを強く感じさせるものがある。あるいは，現在は厳しい仕事環境ではあるが，いまの仕事を丁寧に仕上げていくことでいずれはよい状態に変えていくことができるし，その筋道も見えているというような展望もある。リーダーには，単にいまの仕事や職場の枠内にとどまらず，その先についての魅力的な展望を部下たちに対して提示し，共有していくことが求められている。

次に育成についても長期的な視点が必要である。第４章でも見てきたように，会社のなかで働く人たちはそれぞれ働く目的やキャリアの進め方についての考えを持っている。多くの人たちはたとえ明確でなくても将来の仕事に強い関心を持っていて，いまの仕事も

　1972 年に公開されたアメリカ映画。タイタニック号の遭難を題材にした非常に有名なパニック映画だ。そのなかに，豪華客船が転覆して沈没しかかっているときに，乗客の 1 人であるスコット牧師が逃げ道を探そうと，みんなに呼びかけるシーンがある。他方で，短期的視点にとらわれマニュアルどおりに行動しようとする船長は救助が来るのを待つべきだと言い，多くの乗客たちも船長に従って動こうとしない。最後は，牧師についていった数名だけが生き残るという凄惨な物語だが，ここに展望するリーダーの姿を見ることができる。

ポセイドン・アドベンチャー
写真協力：公益財団法人
川喜多記念映画文化財団

　通常，海上において絶対的な権限を持っているのはその船の船長である。「船長さんの命令」という懐かしいパーティー・ゲームがあるが，これも船長の持つ多大な権限を前提としたゲームだ。その船長が救助を待つべきだといえば，これは会社における社長もしくは直属の上司の命令と同じ意味を持っている。映画のなかでも，たしかに多くの乗客が彼に従って行動したが，結果からいえば彼の指示は大きな誤りで，彼に従った人々のほとんどが死んでしまう。この映画の製作者たちは意図的にこの乗客たちを，上流階級でプライドが高く，権威に弱いという特徴づけをして描いている。船長とともに海底に沈んでいった多くの乗客たちは，船長に強力なリーダーシップを感じていたというよりも，権限を持つ船長の指示に機械的に従ったにすぎない。

　ところが，決して上流ではなく，立場の弱い一部の乗客は展望を示してくれない船長の指示には従わず，スコット牧師に従った。まだ若いスコット牧師は，何か特別な権限を持っていたわけではない。彼自身，たまたま同じ船に乗り合わせただけの乗客の 1 人だ。ただ彼には絶対に生き残るという強い意思があり，そしてこうすれば生き残ることができるという展望があった。彼が船長の指示を無視し，脱出路を探そうとしたときに，何人かの乗客が彼に従ったのは，船長の権限ではなく彼の掲げる展望にこそついていきたいと思ったからであり，ここにリーダーシップの本来の姿を感じることができる。

それに役立つはずだと信じて努力している。そのような部下たちへの働きかけとして，単に部門目標や，それを達成するための方法を伝えるだけでは不十分である。リーダーは部下に対して，いまの仕事だけではなく今後のキャリアにつながっていくような能力の開発を支援しなければならないだろう。

　注意しなければならないのは，短期的視点にとらわれている管理者には上記のような部下の育成が難しいということである。というのも，育成にあたっては上司は部下に困難な課題を与え，時には挫折を経験させることも必要なのだが，短期的視点だと部門目標を達成するための効率的な仕事の進め方にばかり傾注してしまうので，部下にさまざまな経験をさせ，考えさせるという余裕を与えることができない。

長期的視点の獲得　部下たちをイキイキさせるために展望や育成といった長期的視点のリーダー行動が求められているのだが，中間管理職者の多くはそれを実現することが困難な状況にある。一般的に，長期的視点を獲得できる程度は，会社から与えられている権限と責任の大きさに依存するからである。

　各部門を預かるリーダーたちには，その部門の業績を高めるという責任が課せられており，そしてその責任をまっとうするための権限が付与されている。ところが，部下をイキイキとさせるような魅力的な展望は通常は部門のなかで完結するようなものではなく，全社的なものであったり，または社会的なものであったりする。当然ながら，部門管理者にはそれを実現していく権限がない。ここで管理者たちは，権限がないために大きな展望を持つということさえなく，ただ身の丈にあった部門目標（短期的視点）を部下に押しつけるだけになってしまう。このように考えれば，展望のリーダー行動は本来は経営者が行うべきものである。なぜなら，経営者はその展望にもとづいて事業領域や事業目標を設計していく権限を十分に持

っているからである。

　育成についても同様で，部門の業績を高めることに責任を負っている管理者としては，いまの仕事を完遂できるように部下への指導を徹底すればよく，部下たちの将来のための育成やそれにかかる投資は効率的な部門運営を損ね，業績を下げてしまうかもしれない。ここでも管理者は自部門の業績だけを考えた短期的視点に陥ってしまいがちである。やはり従業員たちの長期的な成長や育成の責任は経営者にあり，その育成の役割を多くの場合は人事部が代行してきた。

　長期的視点のリーダー行動は会社の 10 年後に責任を負う経営者が行うべきではあるが，何らかの事情で経営者や人事部がそれをうまく行えないときには，やはり部門管理者がそれを行うことになるのだろう。部下との展望の共有や育成は日々のコミュニケーションのなかで行われるものと考えれば，直属の上司がそれを行うべきというのにも一理ある。そこで，展望と育成のリーダー行動をとろうという責任感の強い中間管理職者は，長期的視点を獲得するためにもともと自分には与えられていない権限を獲得しなければならなくなる。ここで再び管理者は連結ピンの機能を見直し，上方向，または水平方向へと，自身が掲げる展望を部門外の人たちにも共有してもらえるように働きかけることの重要性に気づくはずだ。中間管理職者は，会社という組織全体のなかで連結ピンの役割を求められるため，仕方なく自部門内の部下たちに会社の都合を押しつけざるをえないときもあるが，その一方で，連結ピンとしての役割を逆に利用することによって，部門から出てきた展望を組織全体へと波及していくことも可能になる。連結ピンを通じて会社全体のことを考え行動するときに，はじめて部門リーダーは長期的視点を獲得することができるだろう。

エピローグ

　ただ権限委譲をすればいいとか，仕事のプロセスについて細かく指示をするということならできそうだけれど，将来を展望するなんてことが，はたしてわたしにできるだろうか……。思わずため息をついてしまった。そういったことは社長がしてくれればいいのに。たしかにうちの社長はあまり頼りになりそうもない。でも，部下のみんなには，やはり明るい未来を感じてほしい。結局，わたしが頑張らないといけないのかな。よし，今夜は久しぶりにみんなと飲みに行くか！

 さらに学びたい人のために

①小野善生［2016］『フォロワーが語るリーダーシップ──認められるリーダーの研究』有斐閣。
　●調査や分析までされている，しっかりした学術書です。けれども，さまざまなリーダーシップ研究が紹介されていて，とくにフォロワーがどのようなリーダー像を持っているかによってリーダーシップの影響力を左右するという，リーダーシップ幻想などは興味深いです。

②酒井穣［2014］『はじめての課長の教科書（新版）』ディスカヴァー・トゥエンティワン。
　●中間管理職，しかも課長という役職に特化して論じられた希有な書籍であり，本章の主人公が読めばきっと目から鱗が落ちることでしょう。日本企業の文脈を前提にしている点も身近に感じられ，課長に必要なスキルがまとめられているなど，とても実践的です。

③野田智義・金井壽宏［2007］『リーダーシップの旅──見えないものを見る』光文社新書。
　●現場で数多くのリーダーシップを観察してきた著者と，経営学者としてずっとリーダーシップを研究してきた著者とが対談するような形で

展開される書籍です。本物のリーダーはどのようにして誕生するのか
が語られ，われわれが何をすべきなのかについて深く考えさせられま
す。

第6章 部内をまとめる

集団のダイナミズム

いつもこれで決まるんだよな…

　転職してコンサルティング会社の仕事にもようやく慣れてきたと感じていたら，先輩からの無茶ぶりで，国際関係のプロジェクトを引き継ぐことになった。立場上，私がプロジェクト・マネジャーとなり，自社の部下だけでなく，クライアント企業の担当者も含めてまとめていかなければならない。ただ与えられた仕事をやっていればよかったこれまでとは大きく異なるので，正直，頭が痛い。

　新しい企画を考えたり，大きなプロジェクトを行ったりするとなると，会議を何度も行い，メンバーの意見を聞き，議論をくり返し，メンバー全員の知恵を結集する必要がある。しかし現実には，会議をしても会議は踊るばかりで，なかなか有効なアイデアは出ず，時間ばかりが浪費される。自分で決めたほうが早いが，それではみんなで議論をしている意味がないし，私としてもそこまでの自信はない。なんとかみんなの知恵を結集したいと思うのだが，実際は互いに顔を見合わせたり，好き勝手に意見をいったりするばかりで，まったく決まりそうにない。このままだと時間切れになり，多数決で決めたり，私の一存で決めたりすることになるのは目に見えている。メンバーのなかには，みんなで議論をする意味はないと感じ始めている者もいる。はたしてどうすればメンバーの知恵を出し合い，よりよい結論に導くような意思決定ができるというのだろうか。

1 意思決定のプロセス

　日常の仕事は意思決定の連続であるといってもよい。むしろ意思決定をすることで，さまざまな仕事は，はじめて進んでいくといっ

てよいかもしれない。深く考えずに行った意思決定が，後で大きなトラブルにつながるという失敗を，私は何度もくり返してきた気がする。どの業者から部品を購入するのか，どの業者にこの商品の販売を任せるのか，誰にこの仕事を任せるのか，どんな商品を市場にいつ投入するのか。意思決定のくり返しによって，組織や事業は動いていく。

　仕事のなかでこのような意思決定は，個人が行う場合もあれば，集団で合議のうえで決められることもある。過去に行った意思決定が現在の意思決定に影響することもあるだろう。会社においては当然ながら，より重要な課題であればあるほど，多くの人が意思決定に参加するはずである。最終的に判断するのは責任のある立場の人間だとしても，そのプロセスでは多くの人が関与するのが通常である。もちろん会社だけではない。家族がいるのに，ある日勝手に新しい家を契約してきたら，家族は仰天するはずだ。しかし，仕事の帰りに寄った本屋で雑誌を買うのにわざわざ相談などしない。

　では個人であれ，組織であれ，理想的な意思決定とはどのようなものなのだろうか。

意思決定の完全合理モデル

　仕事にかかわらず，日頃の生活においても物事を決めるという機会は決して少なくない。車を買い替えるとき，次はどの車にするのか。今度の休みにどこへ出かけるのか。今日のランチに何を食べるか。いったいどうやって決めていったら後悔しないで済むのだろう。このような物事を決める際の最も理想的な意思決定のモデルは完全合理モデルと呼ばれ，次のようなプロセスを経て行われるという（図6-1参照）。①意思決定の問題を認識する，②意思決定の判断基準を特定し，そして③その判断基準を比較する，次に④選択肢をリスト・アップし，⑤それぞれの案について判断基準に照らして評点をつける。そのうえで⑥最適な選択肢を選び，決定をする，と

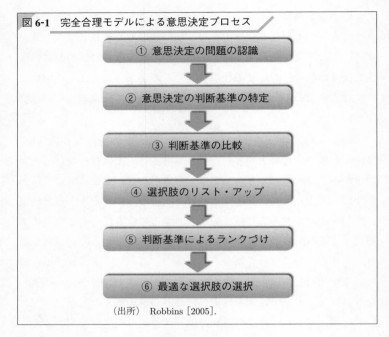

図 6-1 完全合理モデルによる意思決定プロセス

① 意思決定の問題の認識

② 意思決定の判断基準の特定

③ 判断基準の比較

④ 選択肢のリスト・アップ

⑤ 判断基準によるランクづけ

⑥ 最適な選択肢の選択

（出所）　Robbins［2005］.

いうプロセスである。

　意思決定のプロセスの際に，最初に考えなくてはならないこと
は，どのような意思決定の問いを立てるかという，意思決定の問題
を認識する（①）ことである。たとえば，乗用車を買うという意思
決定を考えてみよう。このときに意思決定すべき問題は，たくさん
種類のある車のうち，どの乗用車を買うかというきわめて当たり前
のことである。けれども，まずい意思決定の多くは，この意思決定
すべき問題の認識を間違えることによって起こってしまう。ほとん
ど車に乗らなくても生活できるのに，たまにはドライブしたいから
といって車の購入を考える場合，それは購入しなくてもレンタカー
で十分まかなえるかもしれない。つまり，立てるべき問いはどうや
ってドライブのための車を調達するのかという問題だったのにもか

かわらず，どの乗用車を買うかという意思決定の問題を立ててしまった結果，無駄な買い物をすることになってしまいかねない。

　また，問題の本質が実際は別のところにあるにもかかわらず，その意思決定をしてしまうこともある。たとえば，製品が売れないのは，販売担当者の努力不足であるにもかかわらず，新製品を開発しなくてはならないと考え，新製品開発のプロジェクト・チームを立ち上げてしまうことなどがそうである。この場合，たとえすばらしい新製品開発がなされても，販売担当者の営業努力がなければ，その新製品も売れないという結果に終わってしまうだろう。販売担当者の営業努力を生み出すにはどうしたらよいのかというのが，本来考えるべき問題だったのである。このように，いかに意思決定のプロセスが理想的で最適であろうとも，最初に問題の認識を間違えてしまえば，やはり間違った意思決定になってしまうのである。よい解決案が出ないと悩む前に，まずはその問題認識の仕方がよかったかどうかを考えてみることが大事なのである。

　さて，正しい問題の認識がなされたうえで，完全合理モデルによる意思決定プロセスに従えば，次に意思決定の判断基準を定めることになる。これには，②判断基準を特定することと，③その判断基準を比較して取捨選択をすることが含まれる。車を買うのであれば，ワゴン車なのかセダンなのかといった車種，あるいは価格やメーカー，評判，デザイン，納期などがこの判断基準に挙げられるだろう。そして挙げられた判断基準を比較し，価格によって決めるのか，多少高くとも評判やデザインがよいものを選ぶのか，あるいは両方か，それ以外の基準によって決めるのかを決める。これはさまざまな要因によって決まることになる。転勤した先ですぐに車が使いたいとなれば，価格やデザインよりも納期が重要になるだろうし，お金に余裕のある人は，そもそも価格という判断基準が必要ないかもしれない。

そしてその次の段階は，④問題の解決案・代替案を考え出し，⑤それらの案に評点をつけていくプロセスである。まずは，これまで考えてきた判断基準は考慮に入れる必要はなく，とにかく問題を解決できる可能性のある選択肢を挙げる。車の購入の例でいえば，いま市場に出ている車種をすべてリスト・アップすることになるだろうか。そのうえで，それぞれの車種に関して，価格やデザインの良し悪し，納期や安全性，評判などを判断基準とその優先順位に沿って点数化していく。そして，その評点が最も高い車が最適な意思決定プロセスの結果として出てきた回答であり，最後に⑥最適な選択肢を選ぶことにより意思決定が行われるということになる。

考えられるすべての選択肢を考え，判断基準にもとづいてすべての選択肢に評点をつけ，最も点数の高いものを選択する。たしかに最も合理的な方法だ。私は早速，懸案の意思決定に関して，選択肢を考え始めることにした。少し考えるといくつか解決策が浮かんでくる。しかし，いったいいくつ思いついたらすべての選択肢を出したことになるのだろう。

疑問 6-1
完璧な意思決定は本当にできるのか？

完全合理モデルによる意思決定は，たしかに最もよい意思決定を行うプロセスである。しかし，このモデルによって意思決定するためにはいくつかの条件があるという。この条件があるために，完全合理モデルは現実的ではない問題点を持っているのである。この完全合理モデルが置いている条件，前提は，以下の6つである。

ⓘ 問題がはっきりしていること

ⓙ 選択肢がわかっていること

ⓚ 選好がはっきりしていること

ⓛ その選好は一定であること

ⓥ 時間や費用の制約がないこと

ⓥⅰ 利益の最大化をめざしていること

逆にいえば，この6つの条件が満たされなければ，完全合理モデルによる意思決定はできなくなってしまうのである。まず，何について決めるべきかがはっきりしていることが求められる（ⓘ）。決めるべき問題があいまいでは，そもそも解決案をリスト・アップし，判断基準を決めることが難しくなってしまう。ドライブに行きたいから車が必要なのか，通勤のために必要なのか，それともそれ以外なのか，車の用途が決まらなければ，判断基準を決めることができない。

次に，問題がはっきりしていても，すべての選択肢とその情報を示すことは現実の世界では難しいだろう。いま市場にある新車の車種をリスト・アップすることはできても，中古車であれば，その価格や状態はまちまちであり，とても購入可能な車すべてをリスト・アップすることはできない（ⓘⅰ）。

3番目に，完全合理モデルのプロセスに沿って意思決定するためには，その判断基準がはっきりしていなければならない（ⓘ ⅰ ⅰ）。車を購入する場合でも，価格や性能，デザインなどさまざまな選択のための判断基準がある。この判断基準をすべて洗い出し，そのランクを決めるのは意思決定すべき問題によっては相当難しくなる。家計を預かる主婦としたら価格は無視できない基準だが，実際に車を多く運転するお父さんの立場では，多少価格が高くとも，性能やデザインがよいほうを選びたくなるであろう。基準そのものについても，車の燃費など基準がはっきりしていて比較することが簡単である場合はよいが，デザインの良し悪しや乗り心地などは，人によって異なり判断基準を一概に定めることができない（ⓘ ⅴ）。また，時間が経てばそれが変化してしまうこともある。

さらに，必要な情報をすべて揃えることも難しい。何より，この

ような情報を集めることは困難であると同時に時間とコストがかかりすぎるのである（ⓥ）。新しい商品を企画するというときには，そもそも可能なすべての商品企画案を先に挙げることは無理であることははっきりしている。もちろん，その意思決定がもたらす結果などは予測することすら難しい。完全合理モデルによる意思決定は，たしかに最善の意思決定を行うことができるモデルだが，現実的にはそれに関わるコストを考えると，ビジネスの世界では決して最適とはいえなくない。

　加えて，意思決定者がその意思決定によって得られる利益の最大化をめざしている必要がある（ⓥⅰ）。これは車の購入の例でいえば，自分にとって最も大きい利益をもたらす意思決定をするという前提である。車に関心がなく，ただ移動できればよいと考えている人にとっては，そもそもこのような意思決定はそぐわないのである。

　このように完全合理モデルによる意思決定は，最適な意思決定を行うプロセスであるのは確かだが，問題に関する完全な知識と結果の予測ができなければならないこと，そしてコストを度外視していることなどから，実際のビジネスではほとんど適用することができないだろう。では，やはり私たちは行き当たりばったりの意思決定しかできないのだろうか。

> **疑問 6-2**
> 実際のビジネスの場面では，意思決定はどのようになされるのだろうか？

限定された合理性モデル

すべての選択肢を挙げることは，金銭的・時間的なコストがかかりすぎて，ビジネスの世界では現実的ではないし，よほど限定的な状況でないかぎり，完全な情報を持って意思決定をすることなどできるわけがない，と私も思う。現実の場面はコストや情報など

に大きな制約があるからだ。一方，このような制約された状況における意思決定を前提としたモデルもある。限定された合理性モデルと呼ばれているものだ。

限定された合理性モデルでは，完全合理モデルと異なり，次のようなステップで意思決定がなされる。まず，問題が設定された後，判断基準を定め，その基準に沿って選択肢を探索しリスト・アップする。このステップは，完全合理モデルと似ているが，完全合理モデルが完全な情報を前提にしていたのに対し，限定された合理性モデルでは，完全な情報を前提とはしていない。この完全な情報でないという点が「限定された」合理性モデルと呼ばれるゆえんである。

では制約された情報のもとでは，どのように判断基準と選択肢がリスト・アップされるのだろうか。限定された合理性モデルでは，選択肢は思いついた順に検討される。完全合理モデルでは，すべての選択肢が出揃ってから，判断基準にもとづいてそれぞれに評点をつけ，その後で評点に従って最適な選択肢を選んでいた。ところが，限定された合理性モデルでは，選択肢は考慮に挙がるたびに逐次的に検討される。そしてその検討の基準は，それが最適な選択肢・解決策かどうかということではなく，その選択肢・解決策にとりあえず満足できるかどうかである。再び車を購入する例で考えてみよう。限定された合理性モデルに従えば，まずディーラーへ行くかカタログをもらい検討することから始まる。いくつか見たうちで，価格，性能，デザインなど気に入る車があれば，もっとよい車があるかもしれないが，その車を選び，意思決定は終了する。

しかし実際は，価格や性能などが簡単に折り合うことは少ない。もし，検討したうえで満足できる選択肢・解決策が出なかった場合はどうするか。この場合2つのステップがある。1つは，さらに解決策を探すというステップである。近くのディーラーだけでなく少

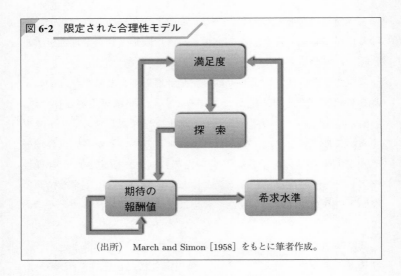

図 **6-2** 限定された合理性モデル

満足度

探　索

期待の
報酬値

希求水準

（出所）　March and Simon［1958］をもとに筆者作成。

し離れたディーラーへ行ってみたり，インターネットを使ってみた
り，新しい選択肢を探すというのが第1のステップである。もう1
つのステップは，満足の基準を下げる（妥協する）ということであ
る。満足の基準を下げたうえで，すでに検討された選択肢・解決策
について再度検討がされる。多少価格が高くてもよいと考えた結
果，これまで諦めていた車種が選択肢のなかに入ってくることにな
る。もし基準を下げることで，満足する選択肢が得られるならば，
その選択肢が採用され，そうでなければ新たな選択肢を探すか，あ
るいはさらに基準を下げることで満足できる解決策を探すことにな
る。

　優れた営業は顧客のことをよく知っているというが，それは顧客
が満足する判断基準，あるいはそれほどこだわっていない基準をよ
く知っているということでもある。たとえ顧客の基準に見合う車が
なくても，「ご家族のことを考えると多少高くとも大きい車のほう
がよいですよ」とか「お子さんが小さいのであれば，安全基準が高

いほうがよいですよ」といって顧客の判断基準を変えることで購入を促すことができる。こちらの売りたい車種の性能を強調するだけでは，売れるものも売れないのである。

　このように，情報が制約されていること，選択肢・解決策が逐次検討されること，そして最適であるかという基準ではなく，その選択肢で満足かどうかという基準であることが，限定された合理性モデルの特徴である。意思決定そのものの質ということでいえば，完全合理モデルが最もよい意思決定のプロセスではあるが，現実的には，限定された合理性モデルが最も効果的な意思決定のプロセスになりうるであろう。

2　集団の意思決定はどのようになされるのか

　あらためて私は懸案事項を考えてみた。限定された合理性モデルで考えれば，選択肢をとりあえずいくつか出して，逐次判断していけばよい。これなら時間のロスも少ないし，最適なものを考えるのは大変だが，満足できるものでよいならそれほど難しくない。たしかに限定された合理性モデルは現実に見合った意思決定方法だ。早速思いついた選択肢について考えてみる。なかなかよい案が出たところで，私はふと思った。この案に自分は満足するけど，プロジェクトのみんなはこれで満足するだろうか。勝手に1人で決めてしまうと，たとえよい案だと思っても後でうまくいかなくなるんじゃないだろうか。また，あるいは自分が考えていなかったアイデアやこの案の問題点が後でみつかるかもしれない。それを考えるとまた意思決定ができなくなってしまった。

　最適であれ，満足であれ，人によって意思決定が異なる場合がある。車の乗り心地やデザインの良し悪しについての意見は，夫婦

では異なることもある。かといって，相談してもめるのを避けて1人で決めるより，やはり相談したほうがよいような気もする。実際の職場では，1つの意思決定に複数の人が参加していることが普通である。では，このとき同じように限定された合理性モデルで意思決定はできるのだろうか。また，もめるくらいなら1人で決めたほうがよいのだろうか。それとも，もめてでもみんなで決めたほうがよいのだろうか。

集団の意思決定と個人
の意思決定のメリット

職場において，意思決定は個人によって行われるとはかぎらない。むしろ組織として目標を追求する以上，組織や集団であることのメリットを活かさねばならない。三人寄れば文殊の知恵というが，組織や集団の意思決定のメリットには4つのことが挙げられるという。

1つめは，意思決定をするときに，より多くの情報や知識が集まることである。集団での意思決定は参加する人が多い分，意思決定に関わる知識や情報が必然的に多くなる。完全合理モデルあるいは限定された合理性モデルで考えてみれば，そもそも情報や知識が多く集まるということは，よりよい解決策を見出すことになるのは明らかだ。

2つめは，集団にはより広い視野からの解決策が集まることである。集団は，異なる価値観による個人の集合でもある。さまざまな専門や背景を持った人が集まれば，同じ問題に対しても多様な視点からの解決策がもたらされよう。

3つめのメリットは，意思決定に多くの人が参加するため，解決策が決定された後の反対が少なく，多くの人に解決策が受け入れられやすいということである。これは集団の意思決定が多様な意見から決められた意思決定であると同時に，多くのメンバーの合意のもとになされた意思決定だからである。

最後４つめに，意思決定のプロセスがコミュニケーションの場となり，職場の意見交換あるいは意見統一の場となるメリットがある。１つの問題に対し，互いに意見を出し，意思決定をすることは，多様な意見を背景にした解決策が得られるだけでなく，そのプロセスにおいてそれぞれの考え方などを理解する機会にもなるのである。何より，多くの参加者が参加した意思決定の場合，その参加者の決定事項に対するコミットメントも高くなる。

　やはり，何でもみんなで決めたほうがよいのか。いや，集団の意思決定によるデメリットも，同様に４つ挙げることができそうだ。

　まず１つめに，多くの参加者が意思決定に参加するということは，個人の意思決定に比べ時間がかかる。情報や知識を集めるのには時間がかからないが，集団のなかで意見をとりまとめ，合意する解決策に至るには，個人に比べてはるかに時間がかかってしまうのは当然のことである。「みんなの意見を聞かなくても，あなたが決めれば早いのに……」。優柔不断の上司にそう思ったことがある人は少なくないだろう。

　２つめに，集団で意思決定をする場合，プロセスのなかで妥協が生じ，最適の意思決定にならないことがある。せっかく，多くの情報や知識にもとづいた解決策が示されても，合意を得るために参加者の意見を取り入れるため，結果としての解決策が妥協の産物になってしまうことがある。すべての人が納得する意思決定は，えてして最も平凡な解決策であることは少なくない。

　３つめに，集団で意思決定をしていても，特定の人や少数の集団内グループが支配的になってしまい，多様な解決策が出されるという集団のメリットが活かされないままに極端な価値観に偏った意思決定になってしまう場合がある。

　最後４つめに，集団の意思決定は責任の所在がわかりにくくなってしまうことがある。集団で意思決定をする場合，多くの参加者

の知識や情報，意見を反映して解決策を模索することはたしかに望ましい。けれども，意思決定への参加者が多ければ多いほど，そしてそのなかで多くの議論が起これば起こるほど，決定したことに対する責任が不明確になってしまう。意思決定に多くの意見が反映されるほど，参加者は自分が決めたという当事者意識が薄くなってしまうのである。

　これらに対して，個人の意思決定のメリットは集団の意思決定のデメリットの裏返しである。その逆もしかりである。つまり，個人の意思決定のメリットは，意思決定のスピードが速いこと，首尾一貫した価値観で意思決定が行われるということ，そして意思決定の責任が明確になるということである。一方，個人で物事を決める場合には，意思決定に関わる多様な意見や情報，知識には制約が多い。そのため，集団の意思決定に比べて，不完全で制約が多い意思決定になってしまう。また，その決定は個人の価値観に拠っているため，多くの人から賛同を得られるかどうかもわからない。何日も考えた提案が会議の場でほとんど受け入れられなかった経験が私にもある。個人の意思決定はこのようなデメリットを持っているが，その分，情報の収集や選択の基準，そして解決策は首尾一貫したものとなり，その責任は明確になるのである。

　これら集団と個人の意思決定のメリットを示したものが表6-1である。表からも読み取れるように，意思決定のメリットは各々の意思決定のデメリットの裏返しでもある。そのため，それぞれの意思決定のメリットだけを得ることはできない。またデメリットを小さくしようと思えば，メリットも小さくなってしまう。集団の意思決定のスピードを上げるために，意見の近い人を集めて議論をしても，集団の意思決定のメリットである情報や知識の多様さはむしろ小さくなってしまい，その結果よい意思決定ができなくなってしまう。

表 6-1　個人の意思決定と集団の意思決定のメリット

個人の意思決定のメリット	集団の意思決定のメリット
スピードが速い	より多くの情報や知識が集まる
首尾一貫した意思決定が行える	より広い視野からの解決策が集まる
責任が明確になる	決定された解決策が受け入れられやすい
	意思決定そのものが職場の融和・交流を促す

　あらためていまの懸案事項を考えると，ここは多少時間がかかってもいろいろな意見を聞いて，問題を解決したほうがよさそうだと私は考えた。しかし，日頃の会議を思い起こすと，みんなで相談してよい意見が出るのかどうか不安を感じなくもない。会議の流れ次第で，どう転がるかわからないし，さんざん議論したうえで決まらないこともある。本当に，集団でも限定された合理性モデルのように決めることができるのだろうか。

> **疑問 6-3**
> 集団の意思決定は個人の意思決定と同じように行うことができるのか？

意思決定の
ゴミ箱モデル

　集団で本当に合理的に意思決定ができるのだろうか。実際の組織では，さまざまな人々が意思決定に関わっているため，組織のなかで意思決定の機会が次から次へと訪れる。そのため組織のなかでの意思決定は，必ずしも上述の 2 種のモデルが示すような整然としたプロセスで行うことができるわけではない。組織によくある意思決定のパターンとして，ゴミ箱モデルを紹介してみよう（Cohen, March and Olsen ［1972］）。

意思決定のゴミ箱モデルは，意思決定には，①意思決定の問題，②解決策，③参加者，④選択の機会の4つの要素が含まれ，その意思決定は決して整然と秩序立って行われないことをいっている。たとえば，営業成績のよくない和食のレストランについて，会議を行っているとしよう。強硬派の部下の1人は，これ以上赤字が続くようなら閉店したほうがよいと言い出した。ひとしきり閉店すべきかどうかを議論していると，いやそもそもいまの店長のリーダーシップに問題があると別の人が言い出した。今度はじゃあ誰が新しい店長に適任かについての議論が始まる。結局，この日は決まらず議論は持ち越しとなった。別の日の会議では，同じ地域でも高級和食チェーン店では業績が上がっているらしいという情報から，そもそも業態が地域とマッチせず，業態とターゲットを変えれば大丈夫だという意見が出される。さらには，そもそもこの経済状況でこれくらいの赤字で済んでいるなら悪くないかもしれないという意見も出てきた。

　このように，会議や議論を経るうちに，問題そのものが変質，移ろっていくことは少なくないだろう。そして，それにより判断基準や解決策も移ろっていく。当初，店を存続するか閉店するかを議論していたのが，新しい店長には誰がよいかという議論になった。また問題が決まる前に，解決策の1つとして新業態に変えるべきだという議論になった。その場に参加している人が入れ替われば，その場での基準も変わっていってしまう。

　このように組織のなかでの意思決定では，問題も解決策も参加者も，いろいろなものがそれぞれに部屋のなかに漂っているような状態になる。これはまるでゴミ箱のなかのようだと考えられたのである。このようなゴミ箱モデルにおいて意思決定は，完全合理モデルや限定された合理性モデルのようではなく，決定の機会が訪れたときに，漂っていた問題と解決策と参加者が偶然つながり，意思決定

がなされることになる。

　完全合理モデルや限定された合理性モデルは，そのプロセスに違いがあるものの，問題の認識から解決までが順序よく段階を追って行われる。それに対し，意思決定のゴミ箱モデルの特徴は，意思決定に関わる要素である意思決定の問題，選択基準，選択肢がそれぞればらばらに存在することである。そのため，正しい意思決定の機会に，正しい問題と解決策が正しい人によって選択されるのであれば，その意思決定はよい意思決定になるが，場合によっては，間違った機会に間違った問題と解決策が適切でない人によって選択されてしまうこともあるのである。

　ゴミ箱モデルによれば，意思決定は必然的になされるのではなく，意思決定の機会（たとえば会議の時間切れのとき）に，その場にいた人によって問題が認識・解釈され，それに関わる解決策から適当なものが選ばれることによって行われる。「そろそろ何か決めないと」「じゃあいま出ているところでは，これがよさそうだな」「いいんじゃないですか，ずいぶん議論もしましたし」。こんなふうに決まってしまうのである。

　このようなゴミ箱モデルの意思決定は次のようなことを組織にもたらすという。1つめは，問題が存在しないにもかかわらず，解決策が提示されることである。一見，ばかげたことのように思うが，議論をする前に，すでに答えが用意されていることはないだろうか。いままでも問題であったにもかかわらず，あまり議題に上がらなかった問題が，解決策がみつかるやいなや，突然議題に上がり始めるようなことは，仕事の場でも日常でもあるだろう。

　2つめは，選択が行われても問題が解決されない場合があることである。そもそも問題とは別に選択肢が提出されているため，それらが結びついて意思決定がなされるものの，本来の問題が解決されるとはかぎらない。難しい問題の場合，知らぬ間に会議の議題が変

わり，何かしら意思決定がなされ会議は終わるが，もともとの問題
は解決されないまま終わってしまうことも少なくないだろう。

3つめは，問題がきちんと取り上げられないまま残ることである。意思決定のゴミ箱モデルは，完全合理モデルや限定された合理性モデルとは異なり，問題が認識されることによって，意思決定がスタートするわけではない。そのため意思決定すべき問題があったとしても，選択の機会がなければ，いつまでもその問題が残り続けてしまうのである。何か新しい趣味を始めようと長年思っていても，機会がないままでいる人もいるのではないだろうか。そろそろ趣味の1つでもと思っていても，何かの機会がなければ，その趣味を探すこともしないままになってしまう。同様に，組織にある問題も，いくつかは解決されるが，いくつかは残ったまま組織の片隅に置かれたままになってしまうのである。

3 集団の失敗

私は，いまのプロジェクトに関してはきちんとメンバーを決め，問題をはっきりさせたうえで議論を進めていくつもりだ。無駄な議論をくり返すようならば，まず実行できるものは実行して考えてみようとも考えている。しかし，また以前の手痛い失敗が頭に浮かぶ。3年前のあの案件，あれだけ気心が知れ，知識も経験もある人たちで決めたのに，どうしてあんなひどい計画になってしまったのだろうか。集団の意思決定は，時に個人の意思決定とは異なるプロセスを経るだけでなく，時にひどい意思決定をしてしまうことがある。

　集団の行動パターンが，必ずしも個人の行動パターンと一致しないことは日常経験でも理解できる。ここまで取り上げてきた意思決定の例でいえば，食事へ出かける場所を決めるにしても，自分1人で決める場合と多くの人で食べに行く場所を決める場合ではずいぶん異なる。また，集団の持つ特徴によっても異なるであろう。特定の人しか意見をいわない集団と，誰もが自分の意見をいうような集団，あるいは互いをまだよく知らない集団と，互いの好みを知りつくしている集団とでは，食べに行く場所を決めるプロセスは異なるだろう。とくに，よく意見を交わし，相互にやりとりが盛んな集団の場合には個人とは異なる集団の力学が働くという。この集団の力学は，うまく作用すれば個人を束ねただけのものよりも大きな力を発揮するが，間違えれば1人分の力さえ出せないこともある。まさに，「三人寄れば文殊の知恵」となるか「船頭多くして船山に上る」となるかの，両極端なケースが見られる。というのも，集団というのは，単なる個人の集合ではなく，集団に属する個人が相互作用を持つことで集団独特の行動パターンを起こすからである。ここではグループ・シンクと呼ばれるグループ独特の症状と，グループ・シフトと呼ばれるグループの意思決定の特徴について見てみよう。

グループ・シンク（集団浅慮）

個人よりも集団のほうが優れている。そう考える人は少なくないだろう。集団の力を信じているからこそ，人と協力し，組織をつくり，事業にあたっている。1人ではできないことも集団であればできることはたくさんある。けれども，集団は集団だからこそ誤ったことを起こしてしまう可能性もある。これだけのメンバーが

揃いながらなぜこのようなミスを犯してしまうのか，という経験はないだろうか。あるいは，会議の席上，異議を挟もうと思っても言い出せない雰囲気になったことはないだろうか。集団はある状態に陥ると，合意や全員一致であることが支配的な考え方となり，現実的で有力な解決策やアイデアを踏み潰してしまったり，異議を唱えることが難しくなったりしてしまうことがある。グループ・シンク（group think：集団浅慮）と呼ばれる状態である。

　集団がグループ・シンクに陥っているときには，4つの兆候を示すといわれる。それらは，①集団のメンバーが自分たちの予測や考えに反対する意見をもっともらしい理屈で説き伏せようとする。②多数派が望む結論に向かうように，反対派または懐疑派の人々に圧力をかける。③全員一致に見せかけるために，反対派または懐疑派の人々は異議や疑いを発せず，自分の懸念の重要性を小さく見積もってしまう。④メンバーの沈黙は全員一致であると解釈する，の4つの兆候である。私が所属する集団でもこのような兆候が少なからず見られるような気がする。そういった集団は，グループ・シンクに陥っている可能性が高く，意思決定において次のような欠陥をもたらしてしまうようだ。

　グループ・シンクの症状
　① 問題評価の不完全さ
　② 情報収集の不十分さ
　③ 情報処理過程における偏向
　④ 考案される選択肢の少なさ
　⑤ 選択肢の評価の不十分さ
　⑥ 好ましい選択肢に対するリスクの検討不足
　⑦ 最初に否定された選択肢の再評価がなされない

　グループ・シンクに陥った集団では，問題評価が不完全にしかなされない。その結果，意思決定に関する情報収集も不完全になって

しまう。また，得た情報に関しても，偏った捉え方をしてしまう。たとえば，営業成績のよくない和食レストランについての会議を行っているとき，グループ・シンクの症状に陥っている集団では，店長に問題があるはずだという先入観があると，従業員のモチベーションの低下や店の活気といった情報ばかりを収集し，周囲の顧客の変化や，メニューや価格に対する顧客の不満といった情報にはなかなか目がいかなくなってしまう。仮に顧客の不満といった情報があったとしても，店長にその原因があるように考えてしまうだろう。

　さらに，実際に意思決定をする場合には，検討される解決策が少なくなったり，その解決策への評価が不十分になってしまう。グループ・シンクに陥った集団は，特定の価値観に縛られているため，考慮される解決策そのものが少なくなると同時に，解決策についても評価が不十分になってしまう。和食レストランの例でいえば，最初の議論から店長を代えるという意思決定に偏り，メニューの見直しや業態の変更などの議論はほとんどなされなくなってしまうのである。また，最初に否定された解決策は，議論が移り変わっても再度評価されることはなく，見直されることもない。これは特定の価値観が支配的となっているため，異議が挟みづらくなるからでもある。とくに集団のなかで好ましいとされる解決策に対しては異議を挟みづらく，たとえ好ましい選択肢にリスクが含まれていても，それについての検討が不十分にしかなされなくなってしまう。このような症状を起こす意思決定は，当然の帰結として誤った意思決定になってしまう。たとえば，スペースシャトル・チャレンジャー号の爆発事故の前に，爆発の原因となった部品を製作した会社の技術担当役員は，発射を見合わせたほうがよいことを示唆していたにもかかわらず，会社の役員会議では，その不具合の可能性は軽く見られ，NASA への発射中止の進言はなされなかった。

　では，どのような集団がグループ・シンクを起こしやすいのであ

ろうか。グループ・シンクに陥りやすい集団の特徴としては，集団の凝集性が高いこと，リーダーの価値観に偏りがあること，外部から孤立していること，時間的プレッシャーがあること，秩序立った意思決定手続きの規範がないこと，が挙げられる。

　集団の凝集性とは，集団のまとまりや価値観の一致度のことである。凝集性の高い集団は，特定の価値観に縛られやすく，グループ・シンクに陥りやすいという。とくに，自分たちの集団が有能であると感じているほど，他者や他の集団を軽視することになり，グループ・シンクに陥りやすい。スポーツにおいて絶対的な力を持った集団が負けるのは，自分たちが有能であるという価値観でまとまった結果，対戦相手の情報を十分に検討しなかったり，自分たちの弱点を軽視したりするからである。またリーダーの価値観に偏りがある場合，リーダーに近い意見は採用され，遠い意見は軽視されたり無視されたりするために，グループ・シンクに陥りやすくなってしまう。つまり，リーダーの影響力が強ければ強いほどグループ・シンクに陥りやすくなるのである。

　外部からの孤立や時間的プレッシャーといった集団の外的な要因も，グループ・シンクを起こす原因となる。機密情報の会議など，メンバーが固定化され，外部からの情報が入りにくい場面では，閉鎖的になりグループ・シンクが起きやすい。時間的プレッシャーがあるときも，よい結論を導き出すことより，結論を時間内に決めることが目的となり，集団にコンセンサス（同意）を促す圧力となってしまう。意思決定の締め切り間際に，これまでの議論がひっくり返るような根本的な欠陥を思いついたとしても，それを発言することには躊躇されるであろう。また，まだ意見をそれぞれ持っていたとしても，時間のために表面的なコンセンサスが図られてしまう。

　秩序立った意思決定の手続きの規範がないことも，グループ・シ

ンクが起こりやすくなる要因である。手続きが定まっていないと，リーダーの意見や特定の強い主張が意思決定に大きな影響を与えることになる。たとえば，最終的に意思決定をする際に，リーダーに一任されるようになったり，異議がないことが反対がないことだと判断され，意思決定がなされてしまう。集団のなかに，きちんと秩序立った形で手続きをとるという規範があれば，上記のような強引な意思決定の手続きがとられることは少なくなるはずである。

グループ・シフト
（集団傾向）

グループ・シンクに陥っていなくとも，集団の意思決定は極端なものになりやすいという傾向がある。このような集団の特性はグループ・シフト（group shift：集団傾向）と呼ばれる（Wallach, Kogan and Bem [1962]）。個人の意思決定に比べて，集団は議論を重ねるにつれ，より極端な意見が出てきやすい。その集団の議論のプロセスのなかでつくり上げられた支配的な意思決定の規範を反映し，保守的な集団はより慎重な意思決定になり，攻撃的なタイプの集団はより大きなリスクを冒すような意思決定を行う。ただし，どちらかというとリスクの高い決定をすることが多い。

集団が極端な意見になりやすいのにはいくつかの理由がある。まず，議論を重ねることにより，互いが親しくなるからである。集団ではメンバー同士の気心が知れるにつれ，議論のなかでだんだんと大胆で向こう見ずになってしまう。また，集団では議論を重ね，多くの人の意見が取り上げられるにつれ，最終的な意思決定への責任が拡散するからである。集団による意思決定においては，個人はその決定に対しての責任意識が希薄になる。さらに，その意思決定がたとえ失敗に終わっても，自分1人が責任を負うことはまずないため，より大きなリスクをともなった極端な意思決定に向かいがちになるからである。

Column⑥ 集団圧力 ●●●━━━━━━━━━━

　人は，本当はそう思っていなくても，周囲の人に同調して意思決定をしてしまうことがある。たとえば，味噌ラーメンを食べたいと思ってラーメン屋さんに行ったのに，周りの人がみんな醤油ラーメンを注文していたら，自分も醤油ラーメンにしてしまうことはないだろうか。このように人は確信を持っていても，周りの人の影響で意見を変えてしまうということがある。この影響を集団圧力と呼ぶ。

　心理学者のソロモン・アッシュは，次のような実験を行い，この集団の圧力を確かめた（Asch［1951］）。まず，5～7人からなる集団をつくり，参加した人は以下の図のようなそれぞれ3本の直線と1本のモデルの直線が描かれたカードを見せられた。この3本の直線のうち，1本だけモデルの線と同じ長さになっている。その違いはそれほど微妙なものではなく，通常であればほとんどの人が同じ長さの直線を正しく選ぶことができるような長さの違いである。

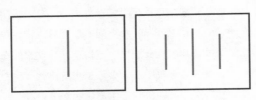

　実験では，参加者1人ずつ順番に，3本の直線のうちどの直線が別のカードの1本の直線と同じ長さなのかを答えてもらう。実は，参加者5～7人のうち，「真」の被験者は1人であり，残りの参加者はすべてサクラなのである。「真」の被験者は，最後か最後のほうで回答を聞かれる位置に置かれる。サクラの参加者は，3回質問されるうちの最初の2回は正しい答えをいっていくが，3回目ではわざと同じ不正解の回答を選択する（真の実験）。アッシュはこのような状況のとき，「真」の被験者が，周りに影響されて自分も不正解の回答をしてしまうのか，それとも自分を信じて正しい回答をいうのかを実験したのである。

　同様の実験を1人の人に何度かくり返し行ったところ，すべての真の実験のうち，37％において「真」の被験者は周囲の意見に影響されて誤った回答をしたのである。また，被験者の75％が，何度か行われた実験のうち1度は誤った回答をし，被験者の5％はなんとすべて誤った解答

をしてしまったのである。同調せずに最後まで正しい回答をしたのはたったの 25％ であった。しかし，サクラの参加者が 1 人でも正しい答えをいうと，誤答の確率はぐっと下がることも実験されている。人は間違っているとわかっていても，周りに同調してしまうことがあるが，1 人でも仲間がいれば自分の意見をいうことができるようになるのである。会議でも，全員が同じ意見のときに 1 人で違う意見をいうのは勇気がいるが，1 人でも自分に同調する人がいるとずいぶん心強いものなのである。

4 集団の罠から逃れるためには

重要な案件を個人で決めるのも視野が狭くなるといった問題がある。その一方で，集団で決める場合にも問題が起こるとなると，いったいどうしたらよいのか，私はほとほと困ってしまった。それでも，やはりみんなの知恵を出してこの懸案事項を解決する必要がある。しかし，いまのメンバーで知恵を出し合い解決することができるのだろうか，日頃の議論を思い出すと少し自信がない。いったい，うまく集団の意思決定のよさを引き出すためにはどうしたらよいのだろうか。

> 疑問 6-5
> どのようにして集団の意思決定のよさを引き出せるだろうか？

集団の意思決定をするうえで，集団の罠から逃れる 4 つの視点（会社，リーダー，メンバー，プロセス）があるという。

まず，より上位の会社のレベルでは，相互に関連のない集団を複数つくり，同じ意思決定課題を行わせることで，結果的に偏らない複数の解決策が生まれることになる。また，価値観に偏りのないリーダーを任命したり，トレーニングしたりすることによって，組

　前者は 1957 年に公開
された社会派のハリウ
ッド映画で，父親を殺
害した罪に問われてい
る少年の裁判において
陪審員として集まった
12 人が激論を交わしな
がら集団としての意思
決定を行っていくとい

十二人の怒れる男
写真協力：公益財団法人川喜多記念映画文化財団

12 人の優しい日本人
Blu-ray 好評発売中
5,280 円（税込）
販売元：オデッサ・エンタテインメント

う物語である。後者はそのパロディとして 1991 年に公開された日本の
コメディ映画で，復縁を迫る以前の夫を車道に突き飛ばして殺害した罪
に問われている元妻の裁判において，やはり陪審員として集まった 12
人の日本人がやや無気力に参加しながらもなぜか適切な集団意思決定が
できてしまうという物語である。現在の日本には裁判員制度があるが，
当時はそのような制度はなく，当然ながら，仮に日本に陪審員制度があ
れば，という「もしも話」となっている。

　どちらの作品にも共通しているのは，12 人という小集団のなかに見
られる集団力学が全体の意思決定に大きな影響を与えているというこ
とである。多数派が少数派に大きな圧力を掛けるシーンがよく見られ，
たとえば少数派が人種的にマイノリティであったり，よい職業に就いて
いないというような，先入観をともなった人的要素を多数派は持ち出し
てくる。ここに，早く審議結果を出せば解散して帰宅できるという時間
的プレッシャーが加わり，議論はまさにゴミ箱モデルの様相を呈してく
る。それでもオリジナル版では少数派の陪審員が多数派の論理には疑問
が残ることを的確に指摘するというような，あくまで多数派に立ち向か
っていく強い個人の姿が見られるが，パロディ版では少数派の陪審員は
フィーリングという理由だけで論理的な多数派に対抗していて，むしろ
自分の意見は間違っているのではないかとさえ感じている。日本のパロ
ディ版は，よりグループ・シンクが起こりやすい状況であることがわか
る。

　これらの小集団には，同時にグループ・シフトも起こっている。オリ

ジナル版の 12 人は作品名が示すように事件について怒っていて，容疑者の少年がいかに不良であるのかという議論（有罪）へと向かっていく一方で，パロディ版の 12 人も作品名どおり，もともと穏やかな人たちが多く，容疑者の元妻がどれだけ可哀想なのかという議論（無罪）へと向かっていく。このあたりを見るかぎりは，集団における意思決定について，文化や国民性などによる相違が色濃く出ているようにも感じられる。

最後に，オリジナル版は 1 人の論理的な陪審員が周りを説得していく形でグループ・シンクに陥らずに済むが，パロディ版では 1 人ひとりの感情や小さな違和感が結集することで最良の意思決定につながっていく。その意味では，パロディ版のほうが集団による意思決定の意義（メリット）についてもよく描かれているといえるだろう。

織のなかで誤った集団の意思決定を減らすことも可能になるだろう。

次に，意思決定を預かるリーダーのレベルでは，議論をするうえで批判的な評価を行う人に意見を求めることや，意見に対して多くの批判的な評価がなされるように議論をリードすることによって，グループ・シンクを避けることができる。さらに，外部の専門家などに積極的に議論に参加してもらえれば，いつものメンバーの偏った意見で議論が終わるようなことがなくなる。何より，リーダーは自身の価値観に偏ってしまわないように努め，自分の意見が支配的な意見にならないように注意する必要があるだろう。

集団のメンバー 1 人ひとりも，グループ・シンクを避けるために，自分たちの集団の目的をきちんと意識することや，他者の意見に対して偏見を持たずに評価することが求められる。常に自分たちの議論を振り返り，時には外部者にも評価してもらうことを通じて，偏りのない議論がなされているかどうかを確認する必要がある。

最後に，議論のプロセスとして，次のような工夫をすることがで

きる。第1に，問題を議論するための集団内集団を作成し，それぞれで同じ意思決定の課題を議論するという方法がある。第2に，議論の途中で他社などが同じ状況でどのような意思決定を行っているのかを学ぶことで，相対的に自分たちの解決策を検討するという方法がある。第3に，最後の意思決定を行う前に，途中で棄てられた解決策について，再度考えるような時間を設けることなどもグループ・シンクを避ける有効な方法である。

　集団は，個人の集合を超えた力を発揮することもあるが，うまくマネジメントしないと，個人の集合を大きく下回るような力しか発揮できないことがある。意思決定にしても，通常は気づくような解決策の欠点であっても，誰かが気づくだろうと注意散漫になったり，意見に流され気づいていても指摘できなくなったりしてしまう。ある実験では，綱引きをしているとき，それぞれの個人は精一杯綱を引いているつもりでも，実際は自分1人で引くときの7割程度しか引けていないという結果が示されているという。しかし一方で，多くのイノベーションや技術開発が，個人の力だけではなく，それをサポートするスタッフや複数の人間のアイデアが結実して，はじめて実現される。同じ能力の個人によって編成された集団であっても，集団のマネジメント次第で，集団の生み出す付加価値は大きく異なってしまうのである。

エピローグ

　これまで会議での意思決定がうまくいかなかった元凶は私だったのかもしれない。なかなかアイデアや意見が出なかったり，結果として不完全なままで議論が終わってしまったりするのは，会議に参加しているメンバーに問題があるのだと思っていた。しかし実際は，会議の冒頭で自分の意見を明示するような私の進め方にこそ問題があったのだ。今回のようにアイデアそのものが重要になるプロ

ジェクトに関しては，少数の意見が圧し殺されないように，また会議が一定の結論に傾いていかないように，会議の内容ではなく，会議のプロセスを適切にマネジメントすることが，プロジェクト・マネジャーである私の役割だったことに，いまごろ気がついた。だが大丈夫だ，締め切りまでまだ時間がある！

 さらに学びたい人のために

① M. H. ベイザーマン＝D. A. ムーア（長瀬勝彦訳）[2011]『行動意思決定論——バイアスの罠』白桃書房。
- ●少し骨太の本ですが，意思決定に関わるバイアスについて，著者のさまざまな実験や知見をもとに書かれた本です。自分自身による，あるいは組織における合理的な意思決定が，いかに難しいかということを，あらためて考えられる書籍です。

②若林満監修／松原敏浩・渡辺直登・城戸康彰編 [2008]『経営組織心理学』ナカニシヤ出版。
- ●グループ・ダイナミクスについて，わかりやすく理論が紹介されています。集団の意思決定だけでなく，自律的チームや集団内のコミュニケーションについても理論が紹介されています。

③ A. ザンダー（黒川正流・金川智恵・坂田桐子訳）[1996]『集団を活かす——グループ・ダイナミックスの実践』北大路書房。
- ●グループ・ダイナミクス論の第一人者による著書の翻訳です。集団行動に関するさまざまな知識・知見だけでなく，タイトルどおり，グループの力を活かすための実践的な方法や具体的なやり方などが書かれています。少し学術的な部分もありますが，実践にも役立つ書です。

第7章

内と外で学ぶ

個人と組織の学習メカニズム

仕事は教科書だけでは…

会社にも許可をもらい，ワタシはビジネススクールに通うことにした。これまで自分なりに仕事を覚え，うまくやる方法を身につけてきたつもりだけれども，今後のキャリアを冷静に考えたとき，本当にこのやり方でいいのかどうかが気がかりだったからだ。これまでは，仕事のなかで上司や先輩から褒められたり叱られたりしながら，経験をとおして学んできた。それは決して間違っていないとは思っている。ただ，近頃はどこか限界も感じるようになってきた。ワタシはもうこれ以上学べないのではないか，キャリアもここで停滞してしまうのではないか，と。

そんな複雑な思いを抱えたまま経営組織論の教室に入ると，どこかで見覚えのある顔があった。かなり昔だと思う。もしかして大学を卒業する前，本屋でワタシと同じ本を買った，あの悩み多き就活生ではないか！ 覚えているはずないだろう，と思いつつ話しかけてみたら，まさか覚えてくれていた！ ワタシも変人だが向こうも相当な変人だな。

1 仕事における学び

仕事を始めたばかりのときを思い出しても，大学時代までの学びだけですぐに仕事ができるわけではなかった。仕事人としてステップアップしようと思えば，仕事人生には学びが常につきまとうことになる。MBA の取得をめざしてビジネススクールに入学したのもそんな思いからだし，仕事から学ぶことと仕事から離れて学ぶことが両方必要だと思ったからだ。

仕事をしながら，仕事をとおして学ぶことを，OJT（on the job

training）と呼ぶのに対し，仕事とは離れて学ぶことを，Off-JT と呼ぶ。Off-JT には，電車のなかや休日に勉強をするなどの自己研鑽だけでなく，仕事時間外での異業種交流会への参加やビジネススクールへの通学といったリカレント教育が含まれる。OJT が，仕事をしていれば自動的にその機会をともなうものであるのに対し，Off-JT は，自らに学ぶ意欲がなければその機会は生まれない。そのため，企業側が研修などを行い，Off-JT の機会をつくることも少なくない。

> **疑問 7-1**
> われわれは仕事においてどのように学んでいるのか？

学習の 3 つのモード　労働時間を考えれば，OJT の重要性が大きいことは一目瞭然である。そのため，仕事をするなかで学べる人とそうでない人では，知らぬ間に大きな差ができていることになる。では，OJT をはじめとする仕事のなかでの学びは，どのようになされるのであろうか。仕事のなかでの学びには，大きく 3 つの学習のモードがある。それらは，指導による学習，模倣による学習，経験による学習である。

指導による学習は，上司や先輩，あるいは同僚などのアドバイスから，適切な仕事行動を学ぶモードである。仕事によってはマニュアルや具体的な手順などが書面で示され，そこから仕事のやり方などを学ぶことがあるが，これも 1 つの指導による学習だといえる。指導による学習は，上司や先輩など指導する側が学習者の仕事に対して行うという点で，学習者にとっては受動的な側面がある。つまり，指導する意志がない上司や先輩，あるいは指導する能力がない上司や先輩のもとでは，指導による学習はあまり起きない。

模倣による学習　模倣からの学習は，他の人の姿を真似ることで学ぶモードである。真似をするという

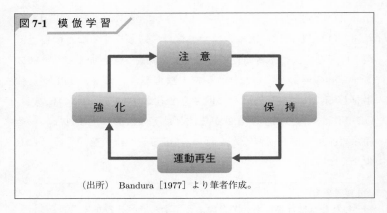

図7-1 模倣学習

注 意

強 化

保 持

運動再生

(出所) Bandura [1977] より筆者作成。

と悪い印象があるかもしれないが，模倣による学習も，仕事のうえでは重要な学習の1つである。また，模倣というと，とくに身体的な模倣をイメージするかもしれないが，クレーム処理の仕方であったり，顧客への対応や職場のなかでの振る舞い方などを，模倣によって習得することもある。模倣からの学習は，他者からの学びであることから社会的学習と呼ばれ，図7-1のようなサイクルで起こるといわれる。

　第1の段階は，注意である。注意段階は，手本となる人に注意を払うプロセスである。模倣による学習において，模倣する相手を選ぶことは最も重要なことの1つである。学習することを踏まえれば，自分にできないことをできている人，よりよくできている人を選ぶことが必要である。ところが，一般的に人は，（模倣する対象として）魅力的で，くり返し観察ができる人を手本に選びやすく，自分との関係性が深い重要な人，あるいは自分と似た人を選ぶ傾向があるといわれる。幼い子どもが，スポーツなどでよく，スター選手や自分と似たタイプの選手を模倣しようとすることを考えてみればわかるであろう。次に，第2の段階は，保持である。これは，注意した対象を記憶する段階を指す。そして，第3の段階である

運動再生においては，記憶した手本を思い出しながら自分で再現する。最後に，第4の強化は，それをくり返し行う段階となる。このとき，見返りや褒美といったポジティブなフィードバックがあることにより，くり返しが促進される。そうして，手本と同じようにできるようになると，次の手本に注意を移し，再び模倣学習が行われていく。

　模倣による学習は，必ずしも新しい何かを生み出す学習ではない。しかしながら，経営組織において組織に入ったばかりの人や，異動によりこれまでの仕事経験が直接的に活きない人にとって，模倣による学びは有効であるといえる。

　経験による学習　　3つめの学習モードは，経験による学習である。これは，経験を通じて学んでいくことを指す。経験による学習も，模倣による学習と同様に，4つの段階からなるプロセスを通じて行われる（図7-2参照）。

　第1段階は，具体的な経験から始まる。しかし，これまでと変わらない経験では，効果的な学習は生じない。これまでに経験したことがないなど，質の高い経験をすることが，よりよい学習につながる。

　ただし，経験しさえすれば学習につながるわけではない。同じような経験を積んでも，成長に差が出ることは少なくない。経験による学習において，経験の質とともに大事なのは，経験を内省することであり，これが第2段階になる。内省とは，現場を離れて自分の行動や経験，出来事の意味を多様な観点から振り返り，意味づけることである。この内省のプロセスにおいて重要な点は，内省を未来指向で行うことと相互作用をともなうことである。未来指向とは，ただ振り返るだけでなく，「次はこうしよう」といった形で次からの行動につなげるように振り返ることである。また，相互作用とは，自分1人で内省を行うより他者からのフィードバックや対

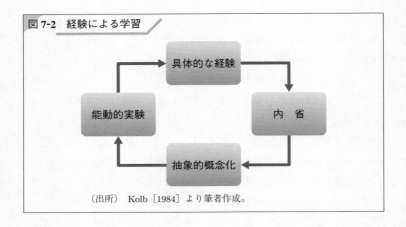

図 7-2　経験による学習

具体的な経験

能動的実験

内　省

抽象的概念化

（出所）　Kolb［1984］より筆者作成。

話をとおして振り返るのが有効だということである。他者からのフィードバックや対話をとおすことで，多様な視点から自分の行動を振り返ることができる。その結果，1 人での内省では気づけない点に気づくことができ，内省から得られることが多くなる。

　第 3 段階は，抽象的概念化である。これは，経験と内省から得られたものを一般化することを指す。この一般化の段階を経なければ，同じような状況でないと使えない学びということになってしまう。たとえば，接客で礼を失して失敗してしまった経験を踏まえて，次の同じお客さんに対する接客の機会ではしっかりと礼儀をつくして接客をするというところでとどまるのではなく，他の顧客を含め，仕事を円滑に進めるうえでは礼儀をつくすことが大事だと捉えたほうが，多くの場面において経験を活かすことができる。

　最後の第 4 段階は，能動的実験である。これは，抽象的概念化で得られた知見を実際に試してみることを指す。経験からの学びを，頭のなかだけにとどめるのではなく，実際の新しい場面において実践することで，さらなる学習が生まれることになる。そして，この新しい能動的実験が次の具体的な経験となり，再び学習のサイ

クルは回ることになる。

　経験による学習の最も大事な点は，経験をするだけでとどめないということである。手痛い失敗や質の高い経験からより多くのものを学ぶためには，経験を内省し，そこから多くのことを得ようと考えることが重要である。そのためには学習者だけでなく，内省を促したり，フィードバックを与えたりといったような周囲の人々の助けも有効なのである。

2　実践共同体

　振り返れば，経験から得たものはやはり大きかったなとワタシも思う。先輩や上司からのアドバイスはたしかに役に立つが，自分自身の手痛い失敗から得た学びは大きい。一方で，ビジネススクールにいると，Off-JT での学びの大きさも感じる。OJT はどうしても，自分の組織や仕事に結びついている分，視野の狭い学びになりがちだが，Off-JT など仕事から離れての学びでは，いままで気づかなかった視点に気づくこともある。ただ，ビジネススクールでの学びを振り返ると，自分も学ぶが，議論をとおして仲間も自分から学んでいることが多いようだ。学校での学びというと，教える人がいて教わる人がいるものだとばかり思っていたが，教え合う，同じ場にいることで学ぶといった学びもあるのだなと感じる。

> **疑問 7-2**
> 学びが促される場にはどのような特徴があるのか？

　このような，特定のことに興味を持つ人々が集まり，そのなかでの持続的な相互交流を通じて知識や技能が学ばれる集団を，実践共同体と呼ぶ。実践共同体では，相互交流のなかから模倣による学習

や指導による学習も生じやすい。実践共同体における学びの特徴の1つが，相互に学び合うということである。高校や大学といった教育機関での学び，あるいは会社での先輩などからの学びにおいては，教える側と教わる側の関係が固定的であるのが通常である。たとえば教育機関では，教師が教える側であり，生徒や学生が教わる側である。これに対して実践共同体での学びは，教える側と教わる側が相互に入れ替わる。共同体に参加する参加者の言動から自らが学ぶこともあれば，自身の言動が他の参加者の学びにつながることもあるし，自分の手本となる人がいることもあれば，自分が他の人の手本となることもある。

　こうしたなかには，状況的学習が起こる実践共同体もある。状況的学習とは，広く，さまざまな社会的活動に参与することをとおして得られる知識と技能の習得実践のことを指す。われわれは直接的に教わるだけでなく，同僚が教わる場面に同席することで間接的に学ぶこともある。あるいは，一緒に作業するなかで，ちょっとアドバイスされたり，少しだけ経験させてもらったりすることを通じて，さまざまなことを学ぶ。このように，同じ場で活動することで広く学ぶことを，状況的学習と呼んでいるのである。

　状況的学習は，一緒に仕事をする場面において起こりやすいが，実践共同体とは，一緒に仕事をする仲間だけにかぎらない。社内で行われるさまざまな勉強会，ビジネススクールや異業種交流会のような組織を越えた交流の場も，実践共同体といえる。ただし，共同体的側面が重要であることから，一度かぎりの学びの場は実践共同体とは呼ばない。したがって，実践共同体の条件として，以下の3つを挙げることができる。

　1つめは，協働の感覚があることである。協働の感覚とは，自分たちの共同体がどのような価値を持ち，どのような目的で活動しているかを，きちんとメンバーが理解していることを意味する。職場

　2018年公開の日本映画。外村直樹は幼い頃から，成績優秀な弟に劣等感を感じると，幾度となく生家の隣にある深い森に迷い込んでは，しばらくすると必ず路を見つけ出して戻ってくる子だった。高校生になった外村は，体育館のピアノの調律に訪れた板鳥宗一郎と出会い，調律師になることを決意する。専門学校を出て，板鳥の勤める楽器店に調律師として就職した外村は，個性的な先輩たちに優しく，時に厳しく見守られながら，徐々に自信をつけていく。そんなとき，得意先の姉妹がピアノを弾けなくなったのは自分の調律したピアノのせいではないかと，外村は責任を感じてしまう。

「羊と鋼の森　通常版」
DVD 発売中
4,180円（税抜価格3,800円）
発売・販売元：東宝株式会社
©2018「羊と鋼の森」製作委員会

　専門学校では，調律師として身につけるべき知識がある程度体系化されていて，それらを学習することによって実際に調律師という職に就くことが可能となる。しかし，ピアノを調律するためには実に多くの項目があり，その組み合わせによって演奏者の求める音色をその場で紡ぎ出していく必要がある。その意味では，知識を持っているだけでは調律師の仕事はままならない。実践共同体での学習を通じて調律師は育てられる。

　外村が勤める江藤楽器店には，調律師のあこがれであるコンサート・チューナーも務める板鳥のほか，3名の調律師が在籍しており，見習い期間中の外村に対して，単に調律師としての技術だけでなく，調律師として生きるということがどういうことなのかについて示唆を与えてくれるが，そこに明確な答えはない。先輩たちは，外村の青臭い考え方を否定するけれども，彼らだって調律師として生きていく道を手探りで探し続けているのである。新参者である外村が壁にぶつかり悩む姿から学ぶべきことも多い。

　ピアノが弾けなくなり，深い森に迷い込んでしまった姉妹が自分で路を見つけ出せるよう見守り続けた外村は，着実に実践共同体での学びを深めているといえるだろう。

であれば，当然ながらこれらの価値や目的は明確であるが，仕事外の場だと，その価値や目的があいまいであることは少なくない。たとえば定期的に集まって食事をしているような共同体があったとして，それだけでは明確な目的のもとで活動しているとはいいがたい。しかし，それが若い商店主の会といったように，参加者同士で今後の小売商のあり方について意見交換をする集まりなのであれば，実践共同体的な側面を持つことになる。

2つめは，相互依存の関係性を持つことである。相互依存の関係がある共同体では，参加する人々の関係は一方通行ではなく，双方向になる。別の言い方をすれば，参加する人々が互いに必要な存在であるということである。共同体に参加する人々が相互に必要な存在であるほど，当然ながら互いに学ぶことが多くなり，教え合う必要も多くなる。なぜなら，相互依存の関係においては，教え合うことによって仲間が成長することは，自分にとっても利益があることになるからである。

3つめは，レパートリーの共有である。実践共同体においては，それが長期的に続いていくに従って，学び合いなどから，共同体における規範・規則やルーティンなどのレパートリー（知識の集積）が生まれてくる。実践共同体的な側面を持つ職場では，さまざまな仕事をうまくこなすためのルールややり方が共有されている。実践共同体の参加者は，これらを共有することによって，新たな学びを得ることになる。

_3_ 個人の学習と組織の学習

　MBAの取得をめざす友人たちと話していると，ビジネススクールで学んだ知識をもとに会社に提言してもなかなか受け入れてもら

えないという，ビジネススクールあるあるな悩みが挙がる。半ば諦めて転職しようとする友人や，自分で起業しようとする友人もいるが，せっかくビジネススクールで得られた知識を，いまの会社にもなんとか活かしたいものだ。

疑問 7-3
個人の学習はどのようにして組織の学習へとつながるのか？

個人がさまざまな学習をしても，それが組織の学習とならなければ，組織の力にはなりえない。なぜなら，その学習した個人が組織を離れてしまえば，学習した知識も組織から失われてしまうからである。また，組織のなかにある知識も，個人がその知識を知らなかったり，知っていても実践していなければ，当然ながら組織の力とはなりえない。個人の学習と組織の学習がうまく回っていくことが，組織の持続的発展につながるのである。

組織学習サイクル　このような個人の学習と組織の学習は，組織学習サイクルとして，図 7-3 のように示される。たとえば，これまでは店頭において自社の製品のよさを売り込むことで顧客の購買を促していたが，ある経験から，そもそも顧客がどのようなことを製品に望んでいるのかを理解したうえで製品のよさをアピールしたほうが，顧客も納得して買ってくれることがわかった。そこで，顧客がどのような機能を持った製品を探しているのかなどについて聞くことから始めることに変えた，という事例があったとしよう。ここでは，個人の信念（考え方）が変わり，個人の行動が変わっている。もし，変わった後の行動を後輩にアドバイスするといったことを通じて，それが職場のなかでスタンダードになっていったとすれば，個人の行動が組織の行動へと広まっていったといえる。実際，店頭で多くの店員がそのように行動した結果，売上が上がるといった環境の変化が生じたとする。そのこと

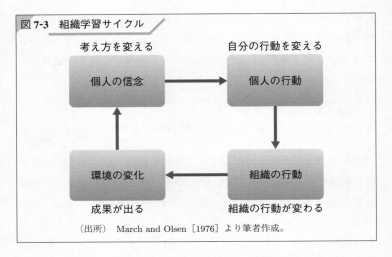

図7-3　組織学習サイクル

考え方を変える　　　　　　自分の行動を変える

個人の信念　→　個人の行動

環境の変化　←　組織の行動

成果が出る　　　　　　組織の行動が変わる

（出所）　March and Olsen［1976］より筆者作成。

は，製品のよさもさることながら，それを顧客の要望とマッチさせることが大事なのだという考え方を浸透させることになって，それぞれの個人の信念を変え，さらには他の店舗でも，新たな知識にもとづく行動を生むことになる。こうして，個人の学習が組織の学習となり，それが次の個人の学習を促すのである。

　このように，組織の学習へとつながった学習成果は，組織のなかで組織ルーティンとして機能する。組織ルーティンとは，組織の力の源泉となるような，組織特有の行動プログラムのことを指す。上に挙げた例でいえば，来客者の対応において，いきなり自社製品のよさを売り込むのではなく，まず顧客がどういったことで困っていて，どういった機能がある製品を求めているのかといった要望を聞いてから，製品について的確に説明する，というようなことが組織のなかで共有された行動として，みなに行われているのであれば，それは組織ルーティンであるといえる。

　こういった行動プログラムは，マニュアルやルールなどの形で明文化されたものとして，参照できるようになっていることもある。

料理店でいえば，秘伝のレシピや調理法なども，組織ルーティンの1つということができる。一方，ファストフード店などでは，マニュアルがきちんと整備されているために，アルバイト店員でもすぐに十分な仕事ができるようになっている。まさにそのマニュアルこそ，組織の学習の賜物であるといえる。

　しかしながら，個人が得たよき学びが組織に反映されないことも少なくない。その理由は，この組織学習サイクルが，さまざまな理由から回らなくなってしまうからである。

疑問 7-4
なぜ組織は個人の学習を活かせないのか？

不完全な組織学習　個人の学習が組織の学習へとつながらないのは，組織学習サイクルがうまく回っていかないからと考えることができる。これを，不完全な組織学習という。不完全な組織学習には4つあり，それぞれ，役割制約的な学習，傍観者的学習，迷信的学習，あいまいさのもとでの学習と呼ばれる（図7-4参照）。

　役割制約的な学習は，個人の信念（考え方）が変わったにもかかわらず，個人の行動が変わらないケースである。すでにマニュアルなどがきっちりできあがっている場合，新しい方法でやったほうがよさそうだと思ったとしても，従来のマニュアルどおりに仕事を行うことが強く求められているもとでは，それを実行することができないことがある。それゆえ，新しい行動が生まれない。

　傍観者的学習は，個人レベルでは新しい行動が生まれていたとしても，それが集団や組織に広がらず，組織の行動として定着しないケースである。たとえ組織のなかの一部の人間が新しいやり方を試したり行動を起こしていたとしても，傍観者のように自分とは関係のない話だと考えて，これまでどおりの行動を続けることはよくあ

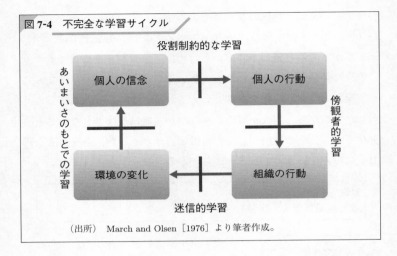

図7-4 不完全な学習サイクル

役割制約的な学習

個人の信念 → 個人の行動

あいまいさのもとでの学習

傍観者的学習

環境の変化 ← 組織の行動

迷信的学習

（出所）　March and Olsen［1976］より筆者作成。

る。

　また，組織の成果は複雑な要因に影響されるため，ある行動が変化したことが，組織の成果（環境の変化）をもたらしたと誤解してしまうことが少なくない。たとえば，実際は景気がよくなったことが売上の増加という環境の変化をもたらしていたとしても，同時期にたまたま商品のレイアウトを変えたりしていると，そのことが功を奏したと認識してしまうかもしれない。このような誤った認識は，誤った学習につながることになる。これを迷信的学習と呼ぶ。

　最後は，あいまいさのもとでの学習である。先に述べたように，環境の変化はさまざまな理由やそれらが複合して起こる。それゆえ，環境の変化があったとしても，その捉え方によって，個人の信念や考え方への影響には違いが出る。上の例でいえば，景気がよくなったために売上が上がったのだと考えれば，個人の信念は変わらないであろう。しかし，（実際にそうだったかは別として）レイアウトを変えたことによって売上が上がったのだと捉えると，陳列を変えたりレイアウトを工夫することも売上に影響するという考えを学べ

るのである。ただし，人間はこれまでの図式で状況を理解すること
が多いため，新しい学びを起こす可能性がある環境の変化であって
も，従来と同じ枠組みで理解してしまい，新しい学びにつながらな
いということはめずらしくない。

4 学びほぐし

　ワタシには，ビジネススクールで聞くことすべてが新鮮だった。
企業戦略，組織マネジメント，マーケティング，ファイナンス。講
義だけでなく，同級生との議論で他社の事例などを知れば知るほ
ど，まだまだ自分の職場や会社には可能性があると思えた。自分の
学びを組織の学びとするには難しさもあるが，少しずつでも進めば
いいと思い始めてきた。そんなときに，組織論のクラスで，ある同
級生が「結局，大事なのは知識だけじゃなく，こういうふうに考え
るという部分なんだよね」と，ボソッといった。

> **シングルループ学習と
> ダブルループ学習**

　新しいことを学んでもあまり成果につなが
らない理由の1つに，シングルループ学習
をくり返していることがある。シングル
ループ学習とは，これまでの経験や知識にもとづいて，自分の行
動を修正することである。これに対してダブルループ学習とは，も
ととなる経験や知識そのものを修正することをいう。

　たとえば，反復することが効果的な勉強方法だと考えている人
が，自分の成績悪下を修正しようとしているとする。同じ問題をく
り返し解いても成果が上がらなかったという結果を踏まえて，今度
は同じ問題ではなく似た問題をくり返し解くようにしたというの
は，基本的な考え方を変えずに行動を修正している点で，シング
ルループ学習である。一方，反復することではなく，1つの問題をじ

っくりと解くことで理解を深めたほうがよいと根本的に考えをあら
ためて、良問に取り組み、それを解説も十分に理解するまで学んで
いくといった形に勉強方法を修正したとする。これは、もととなる
学習に対する考え方が変わっていることから、ダブルループ学習と
いえる。

　われわれは経験し、そこから学習することをくり返すうちに、物
事の捉え方や考え方自体が固定化されていく。行動の修正も、その
固定化された考え方にもとづいてなされることになり、学習がシン
グルループ学習にとどまってしまうことがある。上に挙げた例のよ
うに、反復学習には一定の効果があるが、同時に限界もある。その
考え方だけにもとづいて勉強するのではなく、長年しみついたもの
の考え方や捉え方そのものを変えることも必要である。何かを学ぶ
ことがシングルループ学習だとすると、何かの学び方を学ぶのがダ
ブルループ学習である。

　シングルループ学習も重要な学習のあり方ではあるが、それによ
って得た知識は陳腐化しやすい。また、考え方そのものが時代と合
わなくなっていれば、いくらシングルループ学習をくり返しても、
その効果は薄い。たとえば百貨店は近年、大きな業態変革を起こし
ている。これまでは、多少価格が高くとも品質の高い接客と目利き
のバイヤーが選んできた商品によって業績を上げてきたが、通販サ
イトの充実などによって、従来の強みであった接客と目利きの意義
が薄れてきた。このようななかで、新しい接客のあり方や商品知識
を学んでも、あまり業績にはつながっていかない。むしろ、百貨店
の強みが活かせるところはないかという点に対して新たな学びを得
ることのほうが、より効果的かもしれない。

失敗からの学習不全

うまくいっていることを変えていくこと
は、たしかに難しいが、手痛い失敗をして
も、組織として学習できないことがある。本来、失敗は最もよい学

習の機会であるにもかかわらず，組織は失敗から学べないことがあるのである。その理由は，われわれの思考のバイアス（偏り）にある。

　そもそも，人は失敗したことをあまり振り返りたいと思わない。失敗から学ぶのが大事とわかっていても，自分や組織の手痛い失敗を，いま一度見直すことは，多くの人にとって避けたい行動である。ゆえに，たとえ振り返ったとしても，丁寧に深くそれを行うことは心理的に難しい。

　また，人は失敗を自分のせいだと考えたくないことから，さまざまな理由で失敗を仕方のないものだったと捉えてしまう。新製品が予想もしなかった失敗に終わったとして，後から思えば自分たちの製品コンセプトに問題があったことが明白でも，ライバル社が同時期に競合商品を出してきたのは運が悪かった，導入にあたって考えられないようなトラブルが相次いだといった，自分たちの外側にある要因も含めることで，失敗を特殊な例だったと考えたくなる傾向があるのである。

　さらに，失敗した人に次の機会が与えられないことも，失敗から学べなくなる理由の１つである。事故など，何らかの過失によって組織に損害を出した場合，その人が担当から外されたり，まったく関係のない部署に異動させられたりすることがある。経験による学習の項で説明したように，たとえ経験をうまく内省し，概念化できたとしても，それを活かす機会が訪れなければ，新しい学び（失敗を克服する方法）を得ることはできない。さらなる失敗をおそれて，失敗をした人に次の機会を与えないことは，組織としての学びを逸していることにもなるのだ。

学習の難しさ：
アンラーニング

実は，学習の難しさは，新しいことを学ぶことの難しさだけでなく，これまで培ってきた経験や知識を捨て去ることの難しさに

もある。以前からの考えがあるかぎり，新しい知識は活かされにくい。このように，過去の成功経験に縛られて，新しい知識やその活用方法を獲得できなくなることを，コンピテンシー・トラップ（有能さの罠）と呼ぶ。

環境が変化していくことを踏まえれば，たとえ現在の環境に適した知識やその活用方法を得ることができたとしても，その知識と活用方法でずっと成果を上げられるわけではない。環境が変化すれば新しいノウハウを得なければならず，そのためには，これまでの知識やノウハウを意図的に捨てる必要がある。これを，アンラーニング（学習棄却）と呼ぶ。ただし，捨てるといっても，これまでの知識やノウハウを忘れるのではなく，これまでの知識やノウハウをいったん横に置いて，新しい知識やノウハウを学習するのである。それゆえ，アンラーニングは「学びほぐし」とも呼ばれる。学びほぐしには，これまでの経験から得られた知識やノウハウを，あたかも体に合わなくなったセーターをほどくように解きほぐし，一度糸玉にした後に，再びいまの体に合わせて編み上げる，といった意味合いがある。

ちなみに，このアンラーニングにも，表層的なアンラーニングと深層的なアンラーニングがある。シングルループ学習とダブルループ学習のように，使えなくなった表層的な知識やノウハウをアンラーニングするだけでなく，それらの知識やノウハウの基盤となるような考え方や価値観そのものをアンラーニングすることが，よりよい学びにおいては重要になる。前々項の例でいえば，これまでの勉強方法をやめて新しい方法で勉強するというアンラーニングだけでなく，学び方についての考え方自体からアンラーニングする必要があることもあるだろう。

　思わぬ人と思わぬところで出会ったからか，ビジネススクールで学んだからか，就活中に手にした経営組織のテキストをまた読み出した。入社直後の章などは当時のことを懐かしく思い出しながら読んだ一方で，こんなふうに 1 つの会社でずっとキャリア・アップする人ばかりじゃないよなとか，国際的な仕事やマネジメントについてあんまり取り上げられてないなとか，起業なんかはどう考えればいいんだろうとか，あの頃は思わなかった感想も浮かんできた。「この本もそろそろ新しくしたほうがいいんじゃないかな」。ワタシはそんなことを思い，再び仕事で疲れた体に鞭を入れながら授業課題のレポートに向かった。

 さらに学びたい人のために

①中原淳［2021］『経営学習論——人材育成を科学する（増補新装版）』東京大学出版会。
- ●一口に育成といっても，若手からマネジャーまで，あるいは中途採用者の育成など，実際の経営には多様な育成の局面があります。本書は，経営組織内でのさまざまな育成における，それぞれ固有の問題や育成のヒントを，実証研究から解き明かしています。
②松尾睦［2011］『職場が生きる 人が育つ「経験学習」入門』ダイヤモンド社。
- ●人は経験によって学ぶとはいえ，実際のところ，どのように経験から学習していけばよいのか，あるいはそれを組織や職場は支援できるのかといった課題について，著者自身の研究から導き出された，よりよい経験学習を説く入門書です。
③ピーター・M. センゲ（枝廣淳子・小田理一郎・中小路佳代子訳）

[2011]『学習する組織——システム思考で未来を創造する』英治出版。

●「学習する組織」の端緒となった書籍です。学習する組織に必要なものは何か，また，それはどうやってなしうるのか。実践的な解説書です。

第8章

トラブル発生

コンフリクト・マネジメント

こんなことしている場合か!?

　最近，わたしの部署ではもめごとがたえない。そもそもきちんと分業ができていて，それぞれが組織の目標に向かってその役割を果たしていれば，コンフリクトなんて起こらないはずなのに。また，課長になってからというもの，他の課と協力して行わなければならないプロジェクトも増えた。みんな同じ会社に長く勤める社員同士だというのに，会議ではそれぞれの主張をするばかりで，まったくプロジェクトが進まない。あらためて社内を広く見渡すと，職場内，部署間など，いろいろなところにもめごとやもめごとの種があることに気づく。でも，誰だってもめごとを好んでなんかいない。みんな自分の仕事に一生懸命なのに（一生懸命だから？），もめごとが起こっているのだと思う。ストレスのせいか，また今日も娘にあたってしまった。自己嫌悪……。

1 コンフリクトとは何か

　共通の目標や目的に向かって，事前の約束がきちんと取り交わされ，その約束がきちんと守られるのであればもめごとなどは起こりようがないはずだ。しかし現実には同じ会社あるいは同じ部署で，共通の目標に向かっているのにもかかわらずコンフリクト（対立）は起こってしまう。なぜ同じ会社に所属しているのに，なぜ同じ部署で同じ目標に向かっているのに……，とわたしはいつも哀しく思う。

　また起こっているコンフリクトもさまざまである。ちょっとした行き違いによるもめごともあれば，昔からの因縁など根が深いものもある。どのコンフリクトも，ほうっておけばなんとかなると見過

ごしているわけにはいかない。なかには，業務に深刻な影響を及ぼしているものもあるからだ。けれども，それらのコンフリクトがいったい何が原因なのか突き止めなくてはならない。それによっては対処の方法も管理の仕方も変わってくるだろう。

> **疑問 8-1**
> コンフリクトにはどのようなタイプがあり，どこで起こるのだろうか？

コンフリクトの定義・タイプ・レベル　　コンフリクトは一般的には，2つあるいは3つ以上の個人や集団の間に生じる対立的ないし敵対的な関係のことをいう。まず，4つのコンフリクトのタイプを紹介しよう（図 8-1 参照）。

　(1)　**目標コンフリクト**　　目標コンフリクトは，個人もしくは集団が他の個人もしくは集団と異なる目標を追求しようとしているときに起こる。たとえば，事業を進めるときに，短期的な利益を第一に考えているケースと，短期的利益を犠牲にしても長期的利益を考えているケースとでは，具体的な戦略や施策，アプローチが異なってくる。この場合，どちらの目標が本当に追求すべきものかということで，対立が起こる。このようなコンフリクトを解消する1つの方法として，両者の目標の統一や重視されるべき目標の合意により，同じ目標を共有することが挙げられる。

　(2)　**認知コンフリクト**　　認知コンフリクトは，個人や集団が他の個人もしくは集団の意見や考えと一致しないときに起こる。たとえば，新製品が成功するためには，広告や宣伝などのマーケティングに重点的に投資をすべきなのか，あくまで製品力の強化に力を入れるべきなのかといったときに起こるコンフリクトである。この場合，新製品を成功させるという目標は共有しているのにもかかわらず，それに対するアプローチの考え方，あるいは成功の認識が異な

るために対立が起こっている。選挙の際，同じ党であっても各議員の勝利の捉え方は異なることがある。ある議員は過半数がとれればわが党の勝利だといい，ある議員は議席を減らした以上敗北だというケースがある。同じ結果を見ても，その捉え方によってその後の政党運営の考え方は異なり，運営の是非をめぐって両者の間にはコンフリクトが起こりやすいだろう。このような認知コンフリクトを解消する方法としては，議論をとおして，認識のギャップをあらためて確認し，目標に対する認識の統一を図ることが挙げられる。

(3) **感情コンフリクト**　　感情コンフリクトは，個人や集団が他の個人や集団と感情的にそりが合わないときに起こる。とくに感情コンフリクトは個人間で起こることが多いが，集団間においても営業グループと開発グループの間，あるいはインフォーマルにある組織内の派閥の間にも遺恨などの過去の経験から，コンフリクトが起こることがある。このようなコンフリクトは，感情に根づいているため解決することは難しい。そのためうまく和解をさせられないならば，そもそも一緒に仕事をさせないことも1つの解決策である。

(4) **行動コンフリクト**　　行動コンフリクトは，個人または集団が他の個人や集団にとって受け入れがたい行動をしたときに起こる。礼儀にそむくような行動や，言動によるコンフリクトがこの例として挙げられよう。このようなコンフリクトは，そのような行動をとった個人や集団に対して，きちんと注意あるいは謝罪を要求することが重要だろう。

　なるほど，コンフリクトが何によって起こるのかということがわかるだけでも，コンフリクトにうまく対応できそうな気がしてきた。認知コンフリクトが起こっているときに，再度目標を声高に叫んでも，そもそもその目標へのアプローチが異なるのだから，コンフリクトは収まらないだろう。コンフリクトのタイプを見極めることが，コンフリクトの解決には重要なのだ。

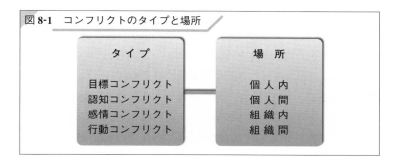

図8-1　コンフリクトのタイプと場所

タイプ	場所
目標コンフリクト 認知コンフリクト 感情コンフリクト 行動コンフリクト	個人内 個人間 組織内 組織間

　コンフリクトは，集団同士で起こるばかりでもない。たとえば，わたしはいつもランチのメニューを決めるときに，食べたいものが2つあって困ってしまう。1人の個人のなかでもコンフリクトは起こる。2つの好ましい選択肢があるとき，どちらにしようか迷うようなコンフリクトは，接近―接近コンフリクトと呼ばれている。一方，食べたいメニューはないけれど，いま食べておかないと後でお腹がすくから何か選ばなければならないといったようなコンフリクトは，回避―回避コンフリクトと呼ばれる。さらに，食べたいけれど，食べると太るから食べるわけにもいかないというコンフリクトは，接近―回避コンフリクトという。

　個人間のコンフリクトは，2人以上の個人がある事柄に対して同意できないときに起こる。一見集団間のコンフリクトに見えるものも，よくよくその内容を見ると個人間のコンフリクトであることもある。たとえば，営業部門の営業方針に生産部門が不満を漏らして，そこにコンフリクトが起こるのは，集団間コンフリクトのようにも見えるが，実は営業のトップと生産のトップの仲がもともと悪いからだった場合，根は個人間のコンフリクトにある。個人間のコンフリクトであれば，いくら集団の利害調整をしたとしてもこのようなコンフリクトはなくなりはしないだろう。

　組織内コンフリクトは，同じ組織内の集団間で起こるコンフリ

クトである。典型的なものとしては，開発と営業の間に起こるコンフリクトである。組織内コンフリクトは，より上位の目標が同一でも，資源の少なさや上位の目標を達成するための下位の目標が異なるケースで起こる。たとえば，開発も営業も会社としての利益目標は共有しているが，そのために開発はより高付加価値の製品をつくるための予算を要求し，営業は大々的にキャンペーンを打つための予算を要求するだろう。会社に潤沢な予算があれば別だが，どちらかの要求しか飲めない場合，両者の間に（目標は同じにもかかわらず）予算をめぐってのコンフリクトが起こってしまう。組織内コンフリクトは，多くのメンバーがコンフリクトに関わることになるために，結果として複雑な問題になることが多い。

　組織間コンフリクトは，同じ市場に参加している企業間で起こるようなコンフリクトのことである。プロ野球の世界で，ドラフト制度やFA制度をめぐって球団の間でコンフリクトが起こるのも，組織間コンフリクトの例である。また，産業が異なる場合でも，組織間コンフリクトは起こる。たとえば，緑地化や自然保護を訴える団体とリゾート地を開発しようとする土地開発業者の間では，土地の利用をめぐってコンフリクトが起こることがしばしば見られる。

　コンフリクトをこのように整理すると，わたしの職場で起こっているもめごとも，かなり整理できそうだ。コンフリクトのタイプだけでなく，その対立が誰と誰の間で，あるいはどの集団とどの集団の間で起こっているのか，ということを間違ってしまえば，コンフリクトの解決には至らない。わたしはあらためて自分の職場や仕事を考えてみた。たしかにもめごとといってもそのタイプはずいぶん違う。思い返せば，コンフリクトが起こる関係も水平的であったり，個人間あるいは組織間であったりとさまざまである。これまでの対処は，コンフリクトの結果として表に出てくる具体的なトラブルにばかり目がいっていたが，トラブルによっては，その根っこに

あるコンフリクトのタイプやその場所にまで目を向けないと，結果としてコンフリクトが次から次へと出てきてしまうのかもしれない。

　しかし，とわたしは思った。そもそもどうして同じ会社のなかでコンフリクトは起こるのだろうか。たしかに小さな感情的なコンフリクトは起こってしまうだろうが，目標コンフリクトや認知コンフリクトはみんなが仲良くしていれば起こらないのでないだろうか。

> **疑問 8-2**
> コンフリクトはなぜ起こってしまうのだろうか？

コンフリクトの源泉　コンフリクトをいかに解決するのかという問いを考える前に，コンフリクトがなぜ起こるのか，コンフリクトの源泉について考えてみよう。そこには，コンフリクトが発生する潜在的な要因と，具体的にコンフリクトを起こす要因とがあるという。

　コンフリクトが発生してしまう潜在的な要因の1つめは，資源の希少性である。ここでいう資源は，金銭的な資源にとどまらない。ビジネスの機会や人的資源，生産設備なども資源に含まれるだろう。研究開発にまつわるコンフリクトは，どの分野に集中的に投資するのかというような金銭的資源の希少性から生まれることが多い。資源が無限にあれば，どの分野にも投資を行うことができるが，投資できる資源はかぎられているために，その意思決定をめぐってコンフリクトが起こるのだ。また，新製品を投入する際に起こる部門間のコンフリクトは，金銭的資源の問題でもあると同時に，ビジネス・チャンスという機会がかぎられていることにも問題がある。1つしかないビジネス・チャンスにどのような製品を投入するかということで，それぞれの意見が異なり，コンフリクトが起こるのである。

2つめは，自律性の確保への欲求である。組織のなかの個人あるいは集団はパワーや自律性を確保しようという欲求がある。けれども自律性を確保することは，時に他者あるいは他部署の自律性を阻害してしまう。たとえば，技術開発部門が自分たちで若い研究者を雇うために人事権を得ようと思えば，それまで採用を担当していた人事部とコンフリクトが生まれるだろう。

　3つめは意図関心の分岐である。たとえきちんと分業がなされていても，徐々に共通の目標は変容し，それぞれがそれぞれの目標を持つようになってしまう。あるいは新しいプロジェクトを行う際に，そもそも共通の目標がないまま分業がなされてしまうことがある。このような場合，互いが自分の都合で行動するようになり，協力関係を持たなければならないときにコンフリクトが起こってしまう。

　組織のなかで正しく分業がなされていたとしても，資源の希少性，自律性の確保への欲求，意図関心の分岐によって，コンフリクトは生まれてしまう。組織にはこのように潜在的にコンフリクトを生んでしまう条件が備わっているのだ。つまり，組織というのはコンフリクトを生む素地を最初から持っているということである。

　では，具体的にはどのような要因がコンフリクトを生み出してしまうのだろうか。ここでは個人的要因と構造的要因に分けて考えてみよう。

　個人的要因で最も素朴なものは，パーソナリティの相違，価値観の相違，態度などの個人差である。当事者間に個人差があればあるほどコンフリクトは発生しやすくなる。そもそも価値観や性格が異なるほど，両者の間にはコンフリクトが起きやすくなる。逆に，個人間に相違がないメンバーほどコンフリクトは発生しにくくなる。それは価値観や性格が近い人同士ほど，初期の段階から親近感を感じやすく，コミュニケーションがとりやすいからである。これは日

常的にも理解しやすい話だ。また，トラブルを生みやすい性格も，コンフリクトを生む。それは攻撃的な性格を持つ人ばかりではない。たとえば，内向的な人はコミュニケーションがとりにくく，誤解を生んだり，意思疎通がうまくいかず，コンフリクトを起こしやすい。同様に社会的スキルが低い人もコンフリクトを起こしやすいといわれる。社会的スキルとは，コミュニケーション・スキルなどの対人関係スキルや新しい状況への適応能力などである。このような社会的スキルが低い人は，新しい状況において，自分の役割やその場に適応することが苦手であったり，同僚と気心を通じさせるまでに時間がかかるため，コンフリクトを起こしやすくなる。社会的スキルが低いために，些細なコンフリクトが大きなものになってしまう場合もある。普段口数の少ない人が，何を考えているかわからず，時に発する発言が誤解を生んでしまうというケースを，わたしは何度も見てきた。

　権威主義的な性格の人やあいまいなことに対しての耐性が低い人も，意見の相違に耐えることができないためにコンフリクトを起こしやすいといわれている。あいまいなことへの耐性が低い人は，議論をしていてもすぐに白か黒かを決めようとしたり，敵と味方をすぐに色分けしたりすることからコンフリクトを起こしやすい。

　一方，コンフリクトは個々人の性格や特性だけでなく，構造的な要因によっても引き起こされるという。それらの要因としては，仕事の相互依存性，利害関係の対立や競合，組織内関係の未熟さなどが挙げられる。まず，仕事が相互依存的である場合，つまり自分の仕事をやり遂げるためには他者とのやりとりが必須になる場合，当事者同士は仕事をやり遂げるために緊密な関係を持たねばならない。たとえば，商品企画を担当する部署は，たとえ企画ができたとしても，製品開発部門の協力がなければ企画は実現しないし，生産部門の協力がなければ製品を市場に送り出すことができない。その

ために両者の間には緊密な関係がなければならないが，互いの都合に気を配ったり，調整やコミュニケーションを行わず，自分に合わせて仕事をしてもらおうなどと考えていたりするとコンフリクトが起こりがちになる。ヤマアラシという動物は体中に身を守るためにトゲが生えているが，ヤマアラシ同士仲良くしようと接近すると互いのトゲが体に刺さってしまう。これをヤマアラシのジレンマという。悩ましいところだが，仕事が相互依存的である以上，両者は緊密な関係になり，コミュニケーションなどの接触の頻度が増していく一方で，頻度が増せば増すほどコンフリクトが起こりやすいともいえる。

　部署の特性によっては，必然的に利害関係の対立や競合が起こってしまうこともある。たとえば，生産部門と営業部門は，それぞれが自分の仕事をきちんとやろうとすればするほど，互いの間にコンフリクトが起こる。生産部門は品質保持や在庫を避けるために過剰で性急な生産を嫌がり，計画どおりの生産を好む。しかし，営業部門は欠品などにより売り逃すことがないように，数量的に余裕を持たせたり時間的に非常に厳しい生産を要求するために，両者の間にはコンフリクトが起こってしまう。また，現場に全体的な視点から指示を送る本社部門と「現場のことは現場がよくわかっている」と考えている現場の間にもコンフリクトが起こってしまう利害関係の対立や競合という構造的要因がある。

　意思決定の手続きや調整の手続きが組織のなかで整備されていないこともコンフリクトを引き起こす要因である。仕事の役割分担がきちんとできていなかったり，命令系統があいまいだったり，問題が起こったときの解決のプロセスが共有されていなかったりといったような，組織や集団のルールややり方がはっきりしていないことはコンフリクトを発生しやすくするだけではなく，小さなコンフリクトをより大きくしてしまうことになる。「お役所仕事」といわれ

るように，役所では個々の仕事の役割は明確になされ，文書での報告や記録が残っている（一部の組織は重要な文書を簡単に捨ててしまうこともあるようだが）。あるいは，政策などはしかるべき地位の人の許可なくしては決定されないというルールがある。このような官僚的な組織は，時に問題が多いが，コンフリクトという視点から考えると，手続きが煩雑で時間がかかるものの，きわめてコンフリクトが起こりにくい組織だともいえる（→第3章）。

2 コンフリクトのプロセス

　一口にコンフリクトといっても，そのタイプや起こる場所によってずいぶん性質が異なることがわかった。また，そのコンフリクトを引き起こす要因がいくつもあることもわかった。あらためて，わたしの職場でいま起こっているコンフリクトを振り返ってみると，なんとか解決しなくてはならないコンフリクトがいくつか頭に浮かぶ。早い段階で手を打っておかないと，本格的なコンフリクトになってからでは収拾のつかないものもありそうだ。そう考えると，コンフリクトにもその状態の段階があるように思える。あまり早い段階でコンフリクトに対処しようとすれば，寝た子を起こすことになりかねないし，もちろんコンフリクトが決定的なものになってしまえば組織への影響は計り知れない。そうなれば，たとえその場は解決しても後にしこりを残すともかぎらない。

疑問 8-3
コンフリクトはどのように解消することができるのか？

　まずコンフリクトが実際どのようにして表面に出てくるのか，そしてどのようにして収束するのか，コンフリクトのプロセスを見な

がら解消あるいはその対処について触れていくことにしよう。

コンフリクトは，不満（frustration），概念化（conceptualization），行動（behavior），結果（outcome）の４つのステップを経るという（図 8-2 参照）。まず第１のステップは不満の段階である。コンフリクトのほとんどは，ある目的を達成しようとしたときに起こる他者や他のグループに対する不満から始まる。たとえば，新製品を開発するためには，どのプロジェクト・チームも予算が必要である。ところが，予算がかぎられているために，同じように新製品を開発するチーム間で予算の取り合いが起こる。結果として十分な予算が配分されなかったチームでは，配分されたチームあるいは配分を担当した上司やマネジメント層に対する不満が起こるだろう。また，自分が十分な業績を残したと思っているのにもかかわらず，上司から十分な評価がなされないときは，上司に対する不満が起こるだろう。あるいは，製品の納入に関して，営業部門は売りたいときに生産部門が十分に生産できていないと不満を持つし，生産部門は事前にどれほどの量が必要なのかを通知してほしいと不満を持つだろう。このような不満がコンフリクトの始まりとなる。逆にいえば，たとえ個人間あるいは集団間に意見の不一致があったとしても，両者の間に不満が起こらなければそれは顕在的なコンフリクトには発展せず，潜在的なコンフリクトとして存在するだけとなる。

第２のステップは概念化の段階である。ここでは，不満であったコンフリクトが問題として認識され，加えて不満を持つ当事者の相手への要求や思っていることが認識される。つまり，第１段階で感じられた不満がより明示化，具体化される段階である。先に挙げた営業部門と生産部門の生産に関するコンフリクトでは，営業部門はこちらの要求どおりに生産部門が生産をしないことが問題として認識される。一方で，生産部門は営業部門が随時注文を出してくるために生産計画が狂うことが問題として認識される。このよう

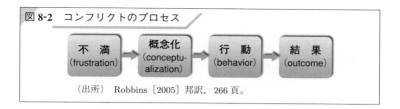

図8-2 コンフリクトのプロセス

不　満
(frustration) → 概念化
(conceptu-
alization) → 行　動
(behavior) → 結　果
(outcome)

（出所）　Robbins［2005］邦訳，266頁。

に，それぞれの当事者に問題が認識されるうえで，営業部門では生産部門に対して注文どおりに遅れずに生産してほしいという要求が，生産部門では営業部門に対して，計画的にきっちりした数字をもって出してほしいという要求が認識される。このように問題がはっきり認識されることによって，具体的なコンフリクトの解決が模索されることになる。この概念化の段階をきちんととおらないと，いったいどのような問題がそこに存在し，それぞれの当事者がどうしてほしいのかということが明確にならず，効果的な解決策が生み出されないことになる。感覚的な不満や両者の溝がいったいどのようなものなのかを明確にすることが，コンフリクトをよりよく解消する重要なステップだということができる。

　第3の段階は，行動の段階である。ここでは明示的になったコンフリクトを解消するための手段が実行に移される。一般的にはコンフリクト解消の方法としては，競争，協調，妥協，回避，適応の5つがあるという。コンフリクトの当事者あるいは管理する立場にある人は，状況を見定め，どの方法を用いることが最も適しているのかを判断しなくてはならない。

　この5つの方法は，図8-3のように相手に対して協力的か否か，自己主張が強いか否かという2つの軸で表現することができる。まず，自分の主張を譲らず，協力的でない場合，解決の手段は競争という形がとられる。これはそれぞれの主張をとおし，その是非を外部者に判断してもらうような解決の仕方である。たとえば，予

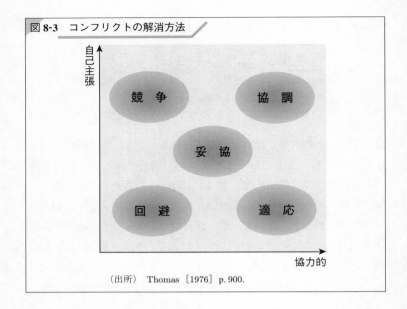

図8-3 コンフリクトの解消方法

自己主張

競争　　　　協調

妥協

回避　　　　適応

協力的

（出所）　Thomas［1976］p. 900.

算の配分をめぐって2つのチームがコンフリクトを起こした場合，コンペのようにそれぞれの企画を持ち寄り，より上位者に判断してもらうことで予算の配分を決めるようなケースである。

　2つめの協調は，両者が自己の主張をしながらも協力的にコンフリクトを解決しようと考えるときにとられる方法である。生産部門と営業部門とのコンフリクトであれば，注文と生産のやり方を見直し，互いに新しいルールをつくることで，両者にとってよりよい解決方法を考えるような場合である。協調はコンフリクトの解消方法としては最も理想的な形であるといえるが，おのおのの主張を満たす解決策を考えることは簡単なことではなく，また時間もかかってしまう。

　3つめの方法は妥協である。これは互いに自己主張を少し抑え，調和点を求めるような方法である。また，妥協は相手が譲歩するな

らこちらも譲歩するという点で，必ずしも全面的な協力とはいえない方法である。たとえば，対等合併をした2つの会社が，もとの会社名を残した合併後の会社名について，英語の表記はA社が先で，日本語の表記はB社を先に表記するような形で収めるのは，この妥協によるコンフリクトの解消といえる。

4つめの方法は回避である。回避はコンフリクトを無視したり，解決を放置したりする方法である。日本でよく使われる先送りは，回避による解消行動の1つだといえる。回避は，コンフリクト解消の1つの手段ではあるが，コンフリクトが再び起こることがあり，たしかに根本的な解決とはいえないかもしれない。しかし，解決が困難であるコンフリクトの場合，無理に解決を試みることで，かえってコンフリクトが大きくなるケースもあるため，あえてコンフリクトの存在を無視し，回避をすることも重要な解消手段だろう。また，感情的なコンフリクトの場合，時間が解決することもある。とりあえず回避という手段をとることによって，当事者が冷静になりコンフリクトが解決することもあるだろう。

5つめの方法は適応である。これはどちらかが相手の主張を飲み，自分の主張を取り下げ相手の主張に従う解消方法である。系列関係にあるような場合，小さなコンフリクトは譲歩することで長期的な関係を維持することが企業にとって結果として有効な方法となるだろう。回避や適応の手段に見られるように，コンフリクトの解消は，必ずしも自分の主張をとおすことがよい解消方法になるとはかぎらない。とくに，組織内や集団内で起こるコンフリクトの場合，当事者同士はコンフリクト解消の後も長期的に関係を持つことになるからである。そのためにも，白黒をはっきりつけることが常によいとはいえない。

これらの解消方法にもとづく行動によっては，再びコンフリクトのプロセスが概念化の段階に戻ることもあるので注意が必要だ。お

互いがコンフリクトの解消のためにコミュニケーションをとることで，互いに認識していた問題が実は別の部分にあったことがわかる場合もある。たとえば，技術開発部門内で予算の取り合いを行っている技術グループ間のコンフリクトでは，問題点はどうやってかぎられた予算を配分するのかということではなく，技術開発部門に予算が十分に配分されていないことかもしれない。その場合，両者でいまある予算をどのように配分するのかというコンフリクトを解消するのではなく，より多くの予算を技術開発に配分してもらう主張を共同で行うという方法が本当は望ましいだろう。このように，具体的なコンフリクトの解消を行う段階で，あらためて問題の概念化が行われる場合もある。

コンフリクトのプロセスの最後は，結果の段階である。コンフリクトに対してさまざまな解決策がとられるが，その結果はコンフリクトの当事者に対し，満足や不満足といった結果をもたらす。もし，片方の当事者だけが満足な結果になれば，その不満は潜在的に残ることになり，不満足な結果に終わった側とすれば，再び最初の段階の不満へと戻るだろう。また，先送りなど解決が十分になされなくても同様に次のコンフリクトのスタートとなってしまう。コンフリクトを解消しなければならない立場からすれば，いち早くよい解決法を導かなければならないが，間違えた解消をしてしまえば，それはさらなるコンフリクトを生んでしまうのである。

3 コンフリクトのない集団はどのようにつくるのか

わたしの周りにあるコンフリクトの段階は，どの程度だろうか。不満の段階の，まだ顕在化していないコンフリクトもあれば，すでに表面に出ているコンフリクトもあるように感じる。表面に出てい

るコンフリクトはすぐに何らかの対処をしなくてはならないが，な
んとなく不満だというレベルのものをいますぐ取り扱うべきかどう
かは悩みどころだ。けれども，その解消方法を間違えれば，さらな
るコンフリクトを生むかもしれないと思うと，なかなか積極的に手
が打てなくなる。もぐら叩きゲームのように，解決したと思うと，
次のコンフリクトが生まれてくる感覚だ。

　それにしても，どうしてこんなにコンフリクトが多いのだろう
か。堂々巡りをしているようだが，同じ会社で同じ目的に向かって
いるはずなのに，どうしてこんなにもめごとが起こるのだろうか。
最近のわたしの仕事はコンフリクトの解決ばかりで，将来のこの部
門のことなどなかなか考える時間がない。多少は仕方がないとして
も，根本的にコンフリクトを減らすことを考えねばならないと思っ
ている。いったいそんな方法があるのだろうか。

疑問 8-4
コンフリクトのない組織はつくれるのか？

　コンフリクトの解消というのは，コンフリクトが起こったときに
どのようにそれをマネジメントするのかという視点である。しか
し，そもそもコンフリクトが起こらないような構造，潜在的なコン
フリクトが生じないような組織にすれば，コンフリクトの解消ばか
りに時間とエネルギーがとられなくて済むはずだ。コンフリクトが
ない組織というのは難しくとも，コンフリクトが少ない組織にする
ことはできるだろう。現に，異動前の部署では同じような状況でも
コンフリクトになりにくく，たとえ起こったとしても解決が協調的
な形で収まることがほとんどであった。それはメンバーが組織の価
値観や目標を共有していて，各人が相互に好意を持つような職場だ
ったことが大きな理由だろう。組織のなかの個々人が，組織の目標
と自分の目標を同一と考え，組織のメンバーに愛着を持つような状

態であれば，潜在的なコンフリクトは減り，解決も容易になされると思う。

　このような組織の目標と自己の目標の同一視，あるいは組織への愛着のような組織や組織のメンバーに対する好意的な心理状態は組織コミットメントと呼ばれる。組織コミットメントには，上記のような一体感や組織への愛着を示すような積極的な心理状態と，しがらみや組織に依存するような消極的な状態とがある。前者をとくに情緒的コミットメントといい，後者を継続的コミットメントという。ここでは，コンフリクト・マネジメントとしての組織コミットメントとそのマネジメントについて見てみよう。

組織コミットメントの概念

　まず，組織コミットメントの概念とその背景について触れておこう。組織コミットメントは，一般には「組織と従業員の関係を特徴づけ，組織におけるメンバーシップの継続あるいは中止の決定に関する心理状態」（Meyer and Allen ［1997］）と定義され，もともと離職や転職を予測する変数として取り上げられてきた。離職や転職は，それまでの組織内での教育コストが無駄になってしまうこともあり，会社にとっては組織に居続けてもらうことが重要な人事戦略の問題だった。組織コミットメントを強くすることが，組織にとって従業員の定着率を上げる方法だったのだ。

　このような組織コミットメントは，大きく2つのタイプに分かれる。1つは，組織への愛着や一体感のような情緒的コミットメント，もう1つは，組織を辞めるに辞められないというような関係，たとえば給料をもらっているから残らねばならないといったような継続的コミットメントである。

　情緒的コミットメントが強い個人は，組織の目標や価値観と自分のそれとが非常に近い人である。あるいは，組織の目標や価値観を自己に内面化している人である。経営トップの考え方が深く浸透

していたり，会社の理念や進む方向に対して強く共感していたりする人という言い方もできる。組織に長く居続ける傾向も強く，メンバー相互に愛着を持っているため，たとえコンフリクトが起こったとしても，互いにコミュニケーションをとり，前向きに対処しようという意欲が集団内には起こる。気に入っていて長く世話になろうと思っている組織で，もめごとを大きくしようという人はいないだろう。むしろ，コンフリクトを相互によりよい形で解消しようと努力するのが自然である。このように，情緒的コミットメントが強い組織・集団においては，その内部ではコンフリクトは発生しづらく，仮にコンフリクトが発生したとしても，前向きに解消しようという努力がなされる。

　すなわち，集団のメンバーが同質的であるほど，メンバー間の親近感が生まれコンフリクトも起こりにくいのである。多民族の国家や多宗教の国家においてコンフリクトが多いのは，そもそも価値観が異なる人々が同居しているからである。徳川時代の儒教やローマ帝国のキリスト教のように，宗教や思想という共通の価値観を与えることで，もめごとの火種を少なくすることができるだろう。

> **疑問 8-5**
> 情緒的コミットメントが強い組織や集団はいかにしてつくるのだろうか？

組織コミットメントのマネジメント：同質性マネジメント

　情緒的コミットメントを強くするためには，組織あるいは所属する集団の雰囲気をよくすることや，豊かな仕事を与えることが有効だといわれている。職場の雰囲気がよいことは，そこに所属している人に感情的な愛着を促す。居心地のよい職場には自然に愛着が湧くものである。またそのような職場では，コミュニケーションが活発に行われ，従業員同士の関係も良好であるため，仲間意

識や仲間との一体感も強くなる。具体的には，チャレンジ意欲に燃え，互いを認め合うような組織風土が組織や集団への愛着や一体感をもたらすという。

　さらに，仕事の自律性が強く，責任を強く感じさせる仕事に就いている人ほど，情緒的コミットメントが強くなるともいわれる。というのも，裁量権が大きい人や責任を強く感じる仕事をしている人は，組織から重要視されているからである。人間関係と同じように，自分が相手（組織や集団）にとって重要な存在であると感じると，その相手に対して好意的な感情が生まれるのが自然だろう。自分を大事にしてくれる人に対しては，自分もできるかぎりのことをしようと思うはずだ。逆に，自分がいなくてもかまわない，あるいは自分の代わりなどたくさんいると思わせてしまうと，その人の組織への情緒的コミットメントは弱くなってしまう。仕事の場面で「君に任せた」「これを任せられるのはあなたしかいない」といわれれば，ほとんどの人は意気に感じるに違いない。このように，職場の雰囲気や仕事の与え方によって，メンバーの組織への愛着や一体感はマネジメントすることができるのである。

　直接個人に働きかけない方法としては，理念や価値観を強くメッセージとして組織に浸透させる方法がある。これには，強いカリスマ的なリーダーが，組織の理念を組織内・集団内に訴える方法や，理念や価値観にもとづいた行動や規範を実践させていくなどの方法がある。理念や価値観を用いて，組織へのコミットメントを強くする方法は2つの点で有効である。

　1つは，直接理念や価値観をくり返し伝えることで，従業員が理念や価値観を意識し，それに対する共感を促すことである。また，そのような理念や価値観を行動基準やルールとして体現することも，従業員が理念や価値観を常に意識することにつながり，組織への情緒的コミットメントを促すことになる。日本の工場では，安全

に関する看板や貼紙を工場の各場所で見ることができる。それは安全運動に関するスローガンであったり，具体的に注意すべきこと，守ることであったりする。それを見るたびに自覚する従業員は少ないだろうが，安全に対する工場の考え方が直接スローガンという形で示されたり，具体化された形での掲示などをくり返し目にしたり，それを実践することで，知らず知らずのうちに安全に対する意識が変わり，安全に関する価値観を工場のなかで共有することになる。

理念や価値観を用いる方法のもう1つの有効な点は，理念や価値観を強くメッセージとして打ち出すことによって，それに合わない人が自発的に退出していくことである。会社によっては，社歌や社是を朝礼の機会にくり返し唱和させることがある。このような理念や価値観を示したものを前面に押し出すことによって，その会社の理念や価値観に合わない人，ついていけない人は自発的に去っていくだろう。結果として，理念や価値観に共感を持つ人，情緒的コミットメントが強い人が多い集団となる。

このように，従業員の組織コミットメント，とくに情緒的コミットメントを強くし，従業員の価値観や方向づけを揃える方法は，同質性マネジメントと呼ぶ。同質性マネジメントを行うことのエッセンスは，メンバーの価値観が揃うために，意思決定やコミュニケーションがスムーズに行われ，その結果，組織内の個人間，集団間にコンフリクトが起きにくくなるということである。スポーツ・チームでも，大会が近づき，共通の目標に向かっているときにメンバーの間でのもめごとは少なくなるが，大会が終わり次の大会まで時間があるときほど，チーム内はごたごたしやすくなる。

けれども，同質性マネジメントを行うと，組織内でのコンフリクトは減少するが，他の組織や集団とのコンフリクトはかえって起きやすくなる。自分が所属する組織に対するコミットメントが強いほ

ど，その価値観を共有しない他の集団の人に対しては，否定的・攻撃的になるからだ。また，同じ組織内でも変革を起こす場合など，新しい価値観が登場したときには，激しい抵抗が起きてしまい，大きなコンフリクトを生じさせてしまう。変革時に，古い価値観を大事にする集団が新しい価値観の集団との間でコンフリクトを起こしてしまうのは，以前の組織に対する情緒的コミットメントが強いからである。

4 コンフリクトとダイバシティ・マネジメント

　わたしは自分が入社した頃を思い出していた。たしかに新人の頃は，毎朝社歌を歌ったり，部屋の壁には社是が貼ってあったりした。先輩からも，仕事の心構えや会社の考え方などをいろいろ聞かされた。最初は恥ずかしかったが，それがいまの自分の組織や職場への誇りにつながっていたようにも思う。ところが，社内全体が忙しくなったからか，いつしかそういう習慣などはなくなってしまった。もしかしたら，あれも1つの同質性マネジメントだったのかもしれない。自分の学生時代のクラブを思い出しても，目標やめざす方向がはっきりしているときは，それほど問題がなかったし，クラブの雰囲気もよかった。そう考えると，メンバーのコミットメントを高めてコンフリクトを減らすのは，コンフリクトに対する有効な方法だと思われる。しかし，だ。本当にコンフリクトが起こることは悪いことなのだろうか。互いに意見をぶつけることで新しいアイデアが出ることもある。わたしは再び考え込んでしまった。

> **疑問 8-6**
> 本当にコンフリクトはないほうがよいのだろうか？

もめごとのない職場というのはたしかによい職場である。もめごとが起こることで，意思決定やアクションが滞り，業績に悪い影響を与えることもある。そもそも，職場内や組織内でコンフリクトが多いことは，働いている人にとってストレスになる。けれども，コンフリクトが起こり，そこで議論やコミュニケーションを経たことで，よりよい意思決定やアクションをとることができたこともある。失敗は成功の母であるとはいうが，コンフリクトが新しいアイデアのスタートになることもあるではないか。意見の相違があるときには，そこに新しい意見や考え方が潜んでいる場合も少なくないからである。コンフリクトはなくすべきなのか，それともあってもよいものなのか，コンフリクトについてどう考えたらよいのだろうか。ここでは伝統的な見解，人間関係論的な見解，相互作用論的見解の３つの見解を見てみよう。

コンフリクトに関する３つの見解

　コンフリクトに対する伝統的なアプローチは，コンフリクトは悪であるというところからスタートしている。コンフリクトは，集団あるいは組織がうまくいっていない証拠であり，コミュニケーション不足やリーダーシップの欠如，メンバー間の信頼関係の不足がもたらす結果としてのコンフリクトだと考えられてきた。つまり，コンフリクトは組織に異常があるために起こる症状であり，コンフリクトがあるということはそれ自体が問題であると同時に，組織の内部に問題を抱えている証拠だと考えられてきたのである。そのため，コンフリクトをもたらしている要因を検討し，いかにしてコンフリクトの発生を防ぐのか，あるいは避けるのかということが重要になる。頭が痛いという症状は，それ自体が気分を害し，さらにストレスを生むと同時に，何か体内で問題が起こっていることの表れでもある。そう考えれば，いち早く問題点を探し出し，健全な組織にすること，コンフリクトが起きない組織にすることが重要な

のである。

　2つめの人間関係論的なアプローチでは，コンフリクトは集団や組織で活動するかぎり，必ず存在するものであるとして考えられているという。そのため，コンフリクトの発生を抑えるのかということよりも，発生したものにどう対処するか，あるいはコンフリクトを受け入れてどう活動を進めていくかということに主眼を置いている。伝統的アプローチが，コンフリクトをなくす予防的なアプローチをとるのに対し，人間関係論的なアプローチでは処方的・治療的アプローチをとっているということができる。

　3つめの相互作用論的アプローチでは，コンフリクトは善であり，その存在は奨励すべきことであると考えられている。それは，調和的で協力的な集団や組織は，停滞しがちで，改革や変化に対して無関心あるいは鈍感になりがちだからである。市場や環境の変化に合わせて組織や自分も変わっていく必要があり，いつまでも同じやり方では時代に遅れてしまうことがある。そのためにも，違和感や環境とのギャップを敏感に感知する必要がある。相互作用論的アプローチでは，コンフリクトはそれらのギャップを感知するきっかけになると考えている。自覚症状のない病気は気づいたら深刻になってしまうことが少なくない。痛みや体の異常があるからこそ，人は自身を気遣い，健康でいられる。相互作用論的アプローチでは，リーダーはコンフリクトを抑えるよりは，むしろ集団や組織内に常に適度なコンフリクトを起こし，集団を活性化させると同時に，致命的な組織的問題を事前にキャッチすることが重要であることを主張している。

　会社において，コンフリクトが善であるのか悪であるのかを定めるのは，それほど意味はないかもしれない。重要な点は，よいコンフリクトと悪いコンフリクトを見極めること，つまりそのコンフリクトが組織の業績にどのような影響を与えるのかということであ

る。たとえ当事者が不快な思いや不満を感じたとしても，結果として会社の業績が上がるのであれば，そのコンフリクトはむしろ積極的に受け入れる必要があるだろう。もめごとが起こるから，新しいことを言い出せないとするならば，それはある意味で組織が重大な病にかかっていることを意味しているかもしれない。このように組織によい影響を与えるコンフリクトは生産的コンフリクト，逆に悪い影響を与えるコンフリクトは非生産的コンフリクトと呼ばれる。

コンフリクトが非生産的になるケースとしては，誹謗中傷や感情的な行き違いにより，コミュニケーションが不足し，意思決定が遅れたり，意思決定の首尾一貫性が損なわれたりすることが考えられる。コンフリクトが存在することによって，同じ組織のメンバーでありながら，協力関係にならず，むしろ足を引っ張り合うような関係になってしまうようでは，無関係である場合よりも，組織により重大な悪影響を与えることになってしまう。このような非生産的なコンフリクトは，一刻も早く何らかの対処をしなくてはならないだろう。

コンフリクトが生産的に働く例としては，意思決定において異質な意見が出されることで，より新しい価値が生み出されるケースがある。集団のまとまりがよすぎるために，かえって意思決定がゆがんでしまうことがある（→第6章）。価値観や考え方を共有し合っているほど，みんなが同じ問題を見過ごしたままになってしまうことがある。自分たちの組織や集団が当たり前だと思っていることに対して，疑問を投げかけることは，しばしばコンフリクトを起こす。けれども，このような異議がグループの意思決定のゆがみを回避することにつながる。また，コンフリクトが起こったとしても，それが協調的に解決されることをとおして，新しいアイデアや考えが生まれることもある。たとえば，営業部門と生産部門が納期に関してコンフリクトを起こしたときは，企業の生産体制や情報伝達のあり

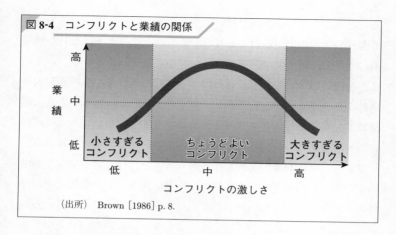

図8-4 コンフリクトと業績の関係

業績 高／中／低

小さすぎる
コンフリクト

ちょうどよい
コンフリクト

大きすぎる
コンフリクト

低　　　　　　中　　　　　　高

コンフリクトの激しさ

（出所）　Brown［1986］p. 8.

方について考えるよい機会になるかもしれない。食品偽装やリコール隠しなどの企業をめぐる事件も，現場の人がコンフリクトを起こすことを承知で異議を申し立てていれば，大きな問題になる前に解決できたかもしれない。

　図8-4は，組織の業績とコンフリクトの量の関係を示したものである。組織のなかがギスギスするほどのコンフリクトの存在は，当事者間でのコミュニケーション不足をもたらしたり，組織で働く人の精神衛生上もよくない。一方で，コンフリクトが少なすぎることは，組織が活性化されていない状況ともいえ，先に挙げたように組織の業績に悪い影響を与える可能性がある。

ダイバシティ・マネジメント：異質性マネジメント

あらためてわたしは考えてみた。では，いったいコンフリクトをどのようにマネジメントしていけばよいのだろうか。コンフリクトのマネジメントとして，同質性マネジメントは有効な手段の1つではあるが，生産的コンフリクトが起こらなくなってしまうという問題も持っている。ここまで見てきたように，コンフリクトは必ずしもなければよいというものでもない。生産的コンフリクトを増

やし，一方で非生産的コンフリクトを減らしていくマネジメントが求められているのである。しかしそもそも，別の問題として，同質性マネジメントを行うこと自体がいまは難しい状況にあることに思い当たった。近年，職場の多様性が増している。少子高齢化は，高齢者や女性の就労人口を増やしている。結果として職場には年齢差や性差といった多様性がずいぶん生じていて，それがコンフリクトを引き起こしやすい土壌をつくっている。さらには，製品やサービスの多様化・複雑化にともなって，さまざまな意味で組織のメンバーを多様にする方向へと促している。いまの状況を考えると，同質性マネジメントだけでやっていくのは難しい。

このような職場における多様性をマネジメントする方法はダイバシティ・マネジメントと呼ばれる。多様なものを一様にするという点では，同質性マネジメントも1つのダイバシティ・マネジメントと呼ぶことができるが，ここではコンフリクトを積極的に捉える意味での異質性マネジメントに注目したい。

異質性マネジメントには，るつぼ型とサラダボウル型があるという。るつぼとは薬品を溶かすすり鉢である。るつぼ型のマネジメントは，メンバーの多様性を解け合わせ，新しい価値を生み出そうとするアプローチである。ちょうどいろいろな色を混ぜ合わせることによって新しい色が生まれるようなイメージである。このようなるつぼ型のアプローチをとる場合，リーダーは良質のコンフリクトを起こし，そこでの議論がより多くの多様性を巻き込むシナジー効果を持つように働きかけ，さらに多くの生産的コンフリクトに転化させることが求められる。そのなかから集団独特の新しいカラーをつくり出すことも求められる。

一方，サラダボウル型のアプローチは，メンバーの多様性を活かしながら異質性をうまくつなげていくことによって目標を成し遂げようとするアプローチである。これは，それぞれの色をうまく合

　1997 年に公開された日本のコメディ映画。主
婦の応募した脚本がラジオドラマ化されることに
なるが，その生放送の直前に女優の脚本の修正要
求を認めてしまったばかりに，次々とストーリー
の整合性がとれなくなり，まったく収拾がつかな
くなっていくという物語。このラジオドラマを制
作するために集まった人々の目標がそれぞれ異な
っていることは明らかで，トラブルの多くは，目
標コンフリクトもしくは感情コンフリクトとして
位置づけられる。専業主婦の脚本家は日常に刺激
を求めている。プロデューサーは波風立てずに無
事にこなすことを考えている。人気にかげりが見

「ラヂオの時間 スタンダード・エディション」
DVD 発売中
3,080 円（税抜価格 2,800 円）
発売元：フジテレビ　東宝
販売元：東宝
©1997 フジテレビ　東宝

える女優は自分の存在感をアピールしたい。編成部長はスポンサーさえ
怒らせなければそれでよい。ディレクターは与えられた仕事をただ淡々
とこなしたい。そして，それらの各自の勝手な思いとその行動に対して
他者は感情的に反応しようとする。

　当初，プロデューサーはこのコンフリクトに対し，いくつかの対応策
（競争や妥協）を講じるが，女優がそれに応じないばかりか，他のメン
バーも加わってかえってコンフリクトが大きくなってしまう。生放送を
続けられない状態にまで悪化したときにはじめて，それでもよいドラマ
をつくりたいという思いに向かって，コンフリクトは協調的な解消へと
動き出すのだ。

　興味深いのは，コンフリクトが表面化する過程では，脚本の設定が
次々と変わっていく一方で，コンフリクトが解消される過程では，その
ストーリー展開がかえって魅力的になっていくことである。つまり，コ
ンフリクトがドラマを洗練させる触媒効果を果たしていたのである。与
えられた役割を淡々とこなしているときには忘れられていた共通の目標
（よいドラマをつくること）が，コンフリクトをきっかけにしてあらた
めて思い出され，また息を潜めていたメンバーたちの活気や情熱も，そ
れによって取り戻されるのかもしれない。

わせることによってできあがるモザイク画のようなイメージだろうか。サラダボウル型のアプローチでは，リーダーは目標に即して，メンバーの特性を活かした役割分担，分業を適切に行うことが求められる。各メンバーが自分の役割を自覚し，その役割において自分の特徴をフルに活かすことによって，集団の業績の最大化をめざすのである。そのためにも，リーダーはそれぞれのメンバーが集団や組織の成果のどの部分を担っているかを彼らに自覚させ，それぞれの特性が持つ優位性を組織のなかでいかに活かしていくかを考えることが求められる。

　元サッカー日本代表チームのある監督は，代表メンバーを選出する際に，当初は特定のプロチームの選手を中心に選んだ。すでに一緒にプレーしている選手のブロックを組み合わせることによって，個々の選手がばらばらになってしまうことを避けたのである。しかしながら，チームづくりが進むにつれ，代表メンバー間の関係ができあがってくるとともに，自分のサッカーをメンバーに浸透させ，特定のチーム中心ではなく，能力の優れた選手を他チームからも選び，新しいカラーを持つ日本代表チームをつくっていった。つまり，当初はサラダボウル型を志向し，徐々にるつぼ型のアプローチをとっていったのである。

　また，どちらのアプローチであっても各メンバーが多様性を積極的に受け入れる価値観を醸成することが重要である。そもそもメンバーに多様性を受け入れる姿勢がなければ，ダイバシティ・マネジメントはうまく働かない。リーダーは，メンバーがまず自分と異なる価値観や考えに対して聞く耳を持つように働きかけることが重要である。何より，リーダー自身が自分と異なる多様な価値観や考えを柔軟に受け入れる姿勢が求められる。

　ダイバシティ・マネジメントって結構有効なんだなあ。職場を見渡すと，わたしが入社したときと比べて，たしかにいろんな人たちが一緒に働くようになっている。わたしが若いときに経験したような同質性マネジメントでは，いまの人たちには反発を招くだろうし。かといって，みんなを同じ価値観に染めてしまったら，背景や価値観が異なるからこその人材のよさがなくなってしまう。どうせすべての衝突は避けられないのだから，生産的なコンフリクトをもっと拾ってあげるほうが，結果的にはよいのではないかな。

　でも，ダイバシティ・マネジメントだってそんなに簡単じゃない。メンバーが固定されるプロジェクトのような場面では有効でも，職場や会社全体でそういったマネジメントを行うのはかなり難しいと思う。多様な価値観を受け入れる土壌づくりには，とても時間がかかるだろうし，コンフリクトもたくさん起こるはず。その点では，同質性マネジメントのほうがコミュニケーションや意思決定は速くできる。もちろん職場内のコンフリクトが解決できたとしても，職場間・部署間の問題は，全社的に活動しないと解決はしないだろうけど……。

　お互いの意見を尊重し合いながら，大きな目標に向かってみんなが協力するような職場や会社，そして，非生産的コンフリクトが起きずに生産的コンフリクトばかりが起こるような会社であれば，何の心配もしなくていいのに……。さて，今日もまたコンフリクトだらけの会議に，いざ出陣とまいりますか！

① リチャード・L. ダフト（髙木晴夫訳）［2002］『組織の経営学——戦略と意思決定を支える』ダイヤモンド社。
- 組織論のアメリカの定番の教科書です。意思決定やコンフリクトについて本書に登場するいくつかの理論が紹介されています。また，関連するパワーや組織内政治などについても紹介されています。

② 鈴木竜太［2002］『組織と個人——キャリアの発達と組織コミットメントの変化』白桃書房。
- 組織コミットメントの詳細な紹介がされています。また，日本の調査を踏まえ，日本のホワイトカラーの組織との関係とその変化を，組織コミットメントの観点から実証的に明らかにしています。

③ ピーター・T. コールマン = ロバート・ファーガソン（鈴木有香ほか訳）［2020］『コンフリクト・マネジメントの教科書——職場での対立を創造的に解決する』東洋経済新報社。
- コンフリクトに関する書籍は，あまり多くありません。本書は，この分野の研究をもとに，コンフリクトをいかにマネジメントしていくかという点に関する状況診断や方策をも含めてまとめられた，実践的な書籍です。

第9章

いざ組織の再編成へ

組織デザイン

設計は完璧なんだけど…

　相談したいという連絡があったので，私はクライアント企業を訪ねた。ビジネススクールでも苦楽をともにした彼女が勤める大手飲食チェーンの会社だ。聞けば，店舗間の情報伝達が遅れ気味で，無駄なコストも発生しているという。この会社は創業以来，安定的に成長し，年々従業員数も増えている。近年は新しい事業も展開するようになってきたにもかかわらず，組織の形はこれまでほとんど変わっていない。ゆがみが出てきても決して不思議ではない。

　組織を再設計するというのは，企業経営の根幹に関わる仕事であり，やりがいも大きいが，責任も重大である。転職していなければ，こんな大きな仕事はできなかっただろう。経営コンサルタントとしての私にとって，間違いなく大きな転機になるはずだ。やや緊張しながら，担当者との顔合わせが行われる応接室のドアを開けると，そこには彼女もいた！　まさか，こんな形で再会することになるとは……。

1 組織における分業

　これから私が取り組まねばならないのは，この会社が全国に展開する飲食店の，日々の仕事をいかに効率的に行えるようにするのか，ということである。コミュニケーション経路も整理し，無駄なコストが発生しないようにしなければならない。

> **疑問 9-1**
> 日常の業務をしっかりこなすためには，どういう仕組みが必要か？

　会社の仕組みを検討するにあたって，まず重要なのは分業の仕方だろう。私はふと大学時代のことを思い出した。友人たちと貸別荘を借りてパーティをしたが，それぞれが好きな食材を買ってキッチン（厨房）というかぎられた空間で好き勝手に料理してしまったという体験である。買い物は割高になったし，作業はまさに混沌としていた。しかも，結果としてできあがった食べ物は肉料理ばかりで，みんなで苦笑いをした記憶がある。

　もちろん，プロである飲食店ではこのような極端な問題は起こらない。互いに調整し合って分業体制をとっている。調理全般に詳しい料理長は適切な指示を出してくれる。また，買い出しに慣れた人，包丁の扱いに長けた人，火を扱うのが上手な人が集まって，互いに調整し合って役割分担を行う。さらに得意な料理ごとに，肉料理，魚料理，デザートという分業で作業が進む店舗もある。

　このように，料理に詳しい料理長がその権威を背景に指示を出し，残りの人が動くというような分業のことを垂直分業という。一方，同じ目線で作業を分担するという分業は，水平分業という。さらに，水平分業は，異なる役割をこなす機能別分業と同じ役割をこなす並行分業とに分けられる（図9-1参照）。

　私は，会社が所有するフレンチ・レストランの組織図を参照しながら，分業一般について考えてみることにした（Smith［1950］）。

分業別の分業　垂直分業とは，階層レベルごとに固有の機能や役割を割り振るという分業形態である。部長クラスには部長クラスの役割を，課長クラスには課長クラスの役割を，という具合である。階層別分業の典型といえば，考える人と行動する人との役割分担である。たとえば，フレンチ・レストランであれば，総支配人が基本方針を考え，料理人や給仕担当のギャルソンたちは，それを実現する役割を担う。一般の会社でい

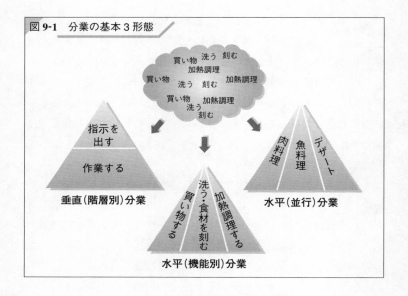

図 9-1　分業の基本 3 形態

（図中ラベル）
買い物　洗う　刻む
加熱調理
買い物　洗う　刻む　加熱調理
買い物　加熱調理
洗う　刻む

指示を
出す

作業する

垂直（階層別）分業

買い物する
洗う・食材を刻む
加熱調理する

水平（機能別）分業

肉料理
魚料理
デザート

水平（並行）分業

えば，経営方針を定める上層部と実務を担う現場の従業員との役割
分担を思い浮かべればよい。

　階層別の分業がうまくいくと，一般のメンバーは与えられた作業
に没頭できる。その一方で，組織の上層部は指示を出したり，考え
たりすることに専念できる。その適材適所が成り立っていれば，組
織としてのパフォーマンスは上がるし，船頭多くして船山に上ると
いうようなことも起こらない。とくに，全体を見渡せる優れた人物
というのは希少なので，そういった人が指示役に専念できれば人的
資源を有効に活用できる。

　　　　　　　　　　　　　　　　次に，もう 1 つの分業として，水平分業
　│　機能別分業　　＼　がある。水平分業というのは，通常，同一
階層内における役割分担のことを指す。フレンチ・レストランでい
えば，料理長であるシェフが厨房を担当して，同格の給仕長である
メートルが食堂を担当するという分担である。

水平分業には2つの方法がある。1つは機能別分業といって，異なる役割をそれぞれが受け持つような分業である。フレンチ・レストランだと，料理を担当するシェフ，給仕を専門とするギャルソン，ワインのサービスと管理を担当するソムリエなどの職種がある。会社であれば，開発，生産，販売といった分け方が機能別分業にあたる。レストランにしても会社にしても，こういった機能がすべて揃って完全になる。1つでも欠けるとサービスが成り立たないというのが機能別分業の特徴である。

　機能別分業のメリットは，大きく2つある。1つは，適切に分業することによって，より安い費用で必要なスキルを持った人を雇うことができるという点である。これを経済的スタッフィングという。文武両道というのが世の中で評価されることからもわかるように，何でもできる人はめったにいない。どちらもできる希少な人材を2人ないし3人雇うよりも，どちらかしかできない人を別々に雇ったほうが候補者が多いし安上がりである。レストランでも，肉料理が得意な人，魚料理が得意な人，デザートの専門家をそれぞれ雇ったほうが，すべての料理が得意な人を3人雇うより安上がりで済む。

　2つめのメリットは，専門技能の推進である。技能というのは，通常，時間とともに習熟して高いレベルに達するものである。ここで，料理を学ぶときに，素材をさばいて，熱を加えて，味をつけて，皿に盛るという一連の作業を一度に習得しようとすれば大変な負荷がかかる。それぞれをサブタスクとして切り分け，ある時期には特定のサブタスクの習得に専念することによって効率的に学ぶことができる。料理担当でも，肉料理担当，魚料理担当，デザート担当というように複数のサブタスクに分けたほうが，技能を短期間で習得して，できるだけでなく，それを継続すれば一生かかって習得できる技能レベルも上がっていく。

並行分業	水平分業のもう１つの方法は並行分業である。これは，同じような機能を同時並行

的に行う分業である。たとえば，この飲食チェーン店は，東京では
青山，早稲田，三鷹あたりに，神戸では六甲にフレンチ・レストラ
ンを所有しているのだが，各支配人は，それぞれの店舗において同
様の作業を行っている。典型的な並行分業だといえる。

　並行分業のメリットは，共通でかかる費用をみんなで負担できる
という点である。言い換えれば，経営資源の共同利用とも表現でき
る。レストランでいえば，広告費をかけて培ったブランド・イメー
ジをすべての店で活用するとか，全店舗共同で食材を安く購入する
とか，新作料理に費やした費用を分担し，そのレシピを共有すると
いうことである。

　ところで，並行分業は，機能別分業とは違って，それぞれが相対
的に独立している。つまり，店舗間はあまり連携する必要がなく，
他店の仕事の出来栄えに過度に左右されずに自店舗の仕事をこな
すことができる。たとえば，どこかの店が震災に見舞われたとして
も，それ以外の店は営業し続けることができる。4 店舗分の売上に
は達しないにしても，売上がゼロになるわけではない。並行分業の
アウトプットは，それぞれのアウトプットを単純に足してできあが
るものである。この点が，1 つでも欠けるとアウトプットがゼロに
なる機能別分業との違いである。

　また，並行分業だと競争意識も生まれやすい。同じ機能を同時並
行で行うわけだからアウトプットも比較しやすい。相応のインセン
ティブを与えれば，切磋琢磨させることができる。青山・早稲田・
三鷹・神戸の支配人たちは，並行分業だからこそ売上額や利益額で
競い合うことになる。これは，協力を前提としていないという意味
では典型的な分業のメリットとはいえないかもしれないが，組織デ
ザインという面ではきわめて重要なポイントである。

私たちは，学生時代にも仲間と作業を分担するということを日常的によく行ってきた。そのせいか，つい気軽に考えてしまいがちだが，実際の会社での分業というのは，その仕事を遂行することに対して個人に責任をとってもらう，という重い話なのである。うまく仕事ができなければ給与やボーナスが減額されたり，担当から外されたり，最悪の場合は解雇されたりすることもある。他方，そうやって責任をとる個人の視点に立てば，課せられた仕事を首尾よくやるためには，それに見合った権限がほしいということになる。要するに，会社における分業は，役割だけでなく権限と責任もセットにして行われるものなのである。

フレンチ・レストランでの分業でいえば，パティシエには顧客においしいスイーツを提供するという役割が課されているが，それを実現するために会社はどこまで権限を認めるかをも設定しなければいけない。会社がパティシエに対して，高価な食材を自由に購入して使っても構わない，必要であれば自分でアシスタントを採用しても構わない，といった大きな権限を認める場合，会社はよい結果が出なければ解雇という重い責任をとらせるだろう。反対に，食材は全社で一括購入した安価なものしか使用させない，アシスタントは付けない，というように，会社があまり権限を認めない場合は，よい結果が出なかったとしても，支配人からの注意といった程度の軽い責任をとることで済まされるだろう。これは，分業する際の会社のスタンスで決まるものである。前者のようなスタンスをとる会社は分権的な組織と呼ばれ，後者のようなスタンスは集権的な組織と呼ばれる。

実際，次のようなケースもある。高級シティホテルに出店しているフレンチ・レストランのスタッフには，いつも最上級の接客を課しているため，全社のなかでもとくに優秀な者しか配属されない。

あるとき，顧客が誕生日のお祝いを目的にレストランに来たのだと気づいたスタッフの1人は，自分の判断で高価なシャンパンを無償で提供した。その顧客は大いに喜び，その後も頻繁にその店を利用するようになったという。この店舗のスタッフには，顧客のためであれば5万円までは自分の判断で使用しても構わないという権限が与えられていたのである。この店舗は，かなり分権的な組織だといえるだろう。

2 分業されたタスクの調整方法

さて，私はあらためて会社全体を見渡してみた。すると，必ずしも分業の恩恵を活かし切れていないような気がする。これは，分業がまずいのではなく，ばらばらのままで統合できていないからまずいのだ。過去の経験を振り返っても，学校や職場のクラブ活動やサークルで，みんなに役職を割り振っておけば後は自動的にことが運ぶと考えている人が多いようだが，それは誤りである。よくよく考えてみると，仕事をするのは人間であって，頭のなかや紙のうえに描かれた組織図ではない。それゆえ，いくら仕事を割り振っても，割り振られた人が「期待どおり」働いてくれなければ，困ったことになる。私はハッとした。

疑問 9-2
箱をつくって割り振れば，それで十分か？

事前の調整方法としての標準化

期待どおりの成果を上げるためには，最終的に，割り振られたサブタスクは再び1つに合わせられなければならない。レストランであっても，刻まれた野菜，仕込まれた肉，それにソースが

別々にあっても、それだけでは料理にならない。ちゃんとフライパンの上で加熱して1つにする必要がある。事前に、どのように調理して仕上げるかがわかっていれば、その期待に沿ってサブタスクをこなすことができる。逆に、刻み方、仕込み方、ソースの味などについての指示が明確に出されていなければ「期待どおり」になるはずもない。

そんなことは当たり前だといわれるかもしれない。けれども、担当者を設けたが期待どおりの働きをしてくれずに失敗したという経験はないだろうか。事前に、会社としての期待を明確な形で伝え切れていたのだろうか。「それくらい自分で考えろ」という姿勢では、うまくいくとはかぎらない。分業だけして、後はお任せというわけにはいかないのである。

それゆえ、何らかの形で期待どおりになるように調整する必要がある。そのための有力な方法が「標準化」なのである（沼上[2004]）。標準化には3つのアプローチがある。1つめは、インプットの標準化である。インプットする素材や原材料、さらには作業する人材を画一化することによって、同じ味が出せるようにするというアプローチである。肉の等級とワインの種類を決めることによって、ある程度は期待どおりになるかもしれない。しかし、標準化の方法としては弱い。例のフレンチ・レストランでも、原材料を統一するだけでは標準化はできないはずだ。

2つめは、スループット、すなわち作業プロセスの標準化である。調理でいえば、分量や配合ならびに調理法について記したレシピを示すことを意味する。肉とワインの量はもちろん、仕込み方やその時間の詳細を示せばうまくいく可能性も高くなる。一般の会社でいえば、作業マニュアルなどがこれに該当する。

3つめは、アウトプットの標準化である。これは、生み出されるアウトプットのスペック（性能）を定義することで事前の調整を図

ることである。肉の仕込みでは表現しにくいが，ナイフを入れたときに抵抗なく切れるジューシーな肉にしてほしいと示せば思いどおりの調理ができあがりやすい。要するに，最終的にどのようなものが欲しいかを詳細に定めるわけである。

これら3つのアプローチは，いずれも相互排他的ではないので，組み合わせることができる。標準化によって，サブタスクが完了すれば自然に調和のとれたものになる。その意味で，標準化とは，あらかじめ「期待どおり」になるように調整するものなのである。そして，いつもの「期待どおり」をパターンとして標準化すれば，その都度取り決めて伝えるという面倒を回避できる。

事後の調整方法としてのヒエラルキー

物事は「こうすれば，ああなる」という予測可能なことばかりではない。そもそも，すべてのタスクを標準化できるほど正確に原因と結果を予測することは不可能である。そして，予測の精度があまりにも低くなると，標準化そのものにも意味がなくなる。標準化されたとおりにタスクをこなしても「期待どおり」の結果が得られなくなるからである。事前の調整には自ずと限界がある。

このことに気づき，私は発想を変えてみた。分業には調整が必要であるが，そもそも，事前に何が起こるかわからない場合もある。すべてを事前の調整に委ねることはできないので，むしろ，事後的な調整の可能性を探るべきである。標準化は予測可能な範囲にとどめて，後は事後対処に任せたほうがかえって効率的である。

さて，事後調整の最たる手段がヒエラルキー，すなわち階層制である（沼上 [2004]）。ヒエラルキーとは，組織をつくる際に，上位と下位との関係を序列化するという原理のことで，英語読みでハイアラーキーともいわれる。もともと，キリスト教で天上の天使たちの序列を示していたものを，地上の聖職者たちの序列にも転用された言葉である。ヒエラルキーを用いれば，不測の事態に対しても，

より上位にいる者が判断して調整できる。レストランに突然，メニューにない料理を食べたいと言い張る厄介な客が来たとしても，支配人がシェフやギャルソンに指示を出して対応すれば，適切にタスクが調整できるのである。

　ヒエラルキーというと，軍隊めいたピラミッド組織を思い浮かべることだろう。絶対服従というマイナスのイメージばかりが先行するかもしれない。しかし，ヒエラルキーがあれば，不測の事態が起こっても適切に判断できる立場の人がその権限を用いて調整できる。ヒエラルキーの権限というのは不測の事態に適切に対処するための力なのであり，権力を得るための力ではない。ヒエラルキーがあるからこそ上司の裁量で対応することが可能となり，ガチガチに業務を標準化しなくて済む。その意味で，逆説的に聞こえるかもしれないが，ヒエラルキーは組織の柔軟性や自由度を保つための工夫でもある。

3　ヒエラルキーの設計

　私はさらに飲食チェーン店の会社組織について考えてみた。ヒエラルキーを設計するときに気をつけなければならないのは，指示や報告といったコミュニケーションのチャネル数（経路数）である。チャネル数は多いほどよいというわけではない。むしろ，数が多すぎると調整コストがかかってしまう。

　たとえば，ある部署に7人の社員がいるとする。もし，階層構造なしに全員が互いに連絡をとり合えば，図9-2(a)が示すようにコミュニケーションのチャネル数は21となる（順列組み合わせの計算式から $7 \times (7-1) \div 2 = 21$）。しかし，上司がそれぞれ2人の部下を持つようにすればどうなるだろうか。直属の部下や直接の上司に連

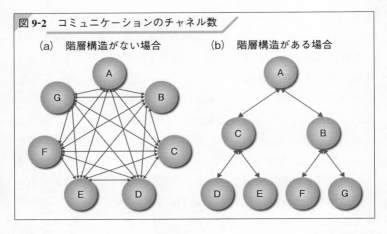

図9-2 コミュニケーションのチャネル数

(a) 階層構造がない場合　　(b) 階層構造がある場合

絡すればよいのであるから，図9-2(b)のようにチャネルの数はわずか6で済む。ヒエラルキーのおかげで調整は劇的に容易になる。もちろん，くり返し行われる日常業務については，標準化によって調整されているのだから，ヒエラルキーが本当の意味で効力を発揮するのは予測不能な例外のみに限定される。なお，図9-2(b)のように上下に連なる階層間をつなぐコミュニケーション・チャネルのことを，命令系統ともいう。上司から部下に対しては指示・命令が，部下から上司には報告・連絡・相談が，命令系統をとおしてやりとりされる。

　そのような上下の関係が強調されることもあって，ヒエラルキーは印象が悪いのだろうが，よくよく聞けば，あらためてそのよさがわかる。そこで，私はこの会社のヒエラルキーを見直すことにした。設計のポイントはどこにあるのだろうか。

疑問 9-3
ヒエラルキーの設計のポイントはどこか？

ヒエラルキー設計のポイントは2つある。
それは，管理の幅とグルーピングである。

1人の上司が複数の部下を管理するのが通
常なので，ヒエラルキーは下に行くほど広がる形となり，自然にピ
ラミッド状になっている。ただし一概にピラミッドといっても，階
層が多くて背の高いピラミッドなのか，階層が少ない，よりフラッ
トなピラミッドなのかという違いもある。一般的には，フラットな
ほうが末端の自由裁量の余地が多く，望ましいと信じられている。
しかし，背の高いピラミッドのほうが垂直分業がより細分化される
ために日々の業務に忙殺されることがなく，かえって創造的なこと
をする余地があるともいえる。

ちなみに，階層数というのは先に決めようとして決まるもので
はない。むしろ，1人の管理者が何人の部下を管理することができ
るのかによって，自ずと階層数が決まるものである。これを組織論
では，管理の幅（スパン・オブ・コントロール）という。管理の幅が
広いということは，より多くの部下を管理することを意味し，逆に
狭いということは，より少ない部下を管理することを意味する。た
とえば，31人の部署で，各管理者が2人の部下しか持たなければ
5階層のピラミッドができるが，5人の部下を管理できるとすれば
3階層で十分となる。管理の幅が大きければ大きいほど，ピラミッ
ドの形状はフラットに近づく。

一説によれば管理の幅は6人までともいわれるが，見解はさま
ざまだ。なぜなら，何をどこまで管理するのか，その作業内容によ
って管理の幅の限界点は著しく異なるからである。また，情報技術
の発達によって，1人の管理者が監視できる範囲が広がってきてい
る。状況によって管理の幅にはばらつきがあるといえる。

もう少し一般化していえば，ヒエラルキーというのは，予測でき
ないこと（例外）に対する事後的な調整手段なので，例外の発生頻

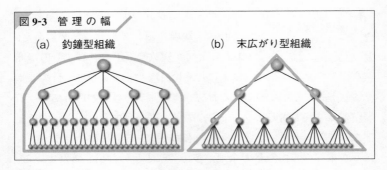

図9-3 管理の幅

(a) 釣鐘型組織　　(b) 末広がり型組織

度や，対応の難しさによって管理の幅が狭くなったり広くなったりする。常識的に考えてもわかるように，例外の発生頻度が高いほど管理の幅を狭くして，部下の数を絞らなければ対応できない。また，発生する例外をその都度分析する必要があれば，つまり例外が面倒なものであれば，この場合も管理の幅を狭くしなければ手が回らない。

　意外かもしれないが，課長は多様な一般社員を管理しなければならないのに対し，部長は課長という優秀な管理職だけを管理すればよいともいわれる。具体的には，課長は仕事に精通していない新人を教育し，キャリア志向の薄い社員を励まし，場合によっては派遣社員への心遣いまでする必要がある。それゆえ，相手に合わせた多様なリーダーシップが求められ，自ずと管理できる部下の数は限定される。一方，部長はすでに一定の実績を上げた，キャリア志向の高い優秀な課長を管理すればいいわけである。基本的には権限委譲のリーダーシップで事足りるので，管理の幅も広くなる。このように考えると，それぞれの階層で管理の幅が異なるため，実際にはきれいなピラミッドになることは少ない。単純に，下位に行くほど管理の幅が狭くなるというような場合は，組織は釣鐘状のような形状になるし，その逆であれば末広がりの形状になる（図9-3参照）。

　ヒエラルキーの設計の第2のポイントはグルーピングである。

先に紹介した管理の幅というのは，言い換えればグループの規模をどの程度にするかという問題である。これによって階層数が決まる。階層数と同時に考えなければならないのは，グルーピング（部門化）の方法である。それぞれの階層において，どのような基準でグルーピングを行うかを考える必要がある。

グルーピングの基本　グルーピングの基本は，どの相互依存関係を最重要として考えるかにある（沼上[2004]）。たとえば図9-4(a)では，AB間とEF間において調整が非常に多く，BC間とDE間で少しの調整が必要となっている。仮にAB間の問題についてヒエラルキーを利用して解決しようとすると，Aは社長に相談し，社長はBに指示を出す必要がある。これを頻繁に行っていては，社長はこの調整に忙殺され，戦略計画を立てる余裕がなくなってしまう。そこで，図9-4(b)のようにA・B・Cの上に「ABC統括」という上司を置くと，AはABC統括に相談し，ABC統括はBに指示を出すことで調整することができ，社長の負担を減らすことができる（BC間も同様）。このように，「ABC統括グループ」と「DEF統括グループ」とにグルーピングを行うことで，ヒエラルキーの効率を高めることができる。

　一般的に，部門間の調整は大なり小なり，どこにでも見られるため，グルーピングの方法は多様にあるが，上位の管理者の負担を減らすことを目的としたときに，どの部門間の調整を真っ先に解決するべきかが検討され，グルーピングが決まる。図9-4(a)でいえば，AB間とEF間の相互作用関係が，最重要の課題だと位置づけられるわけである。

　図9-4(b)では，ABC統括がA・B・Cの3部門の調整をしているが，AB間の調整だけで手一杯になってしまった場合，ABC統括はBC間の調整を行うことができない。そこで考えられるのが，第2段階のグルーピングである。図9-4(c)のように，AB間の調

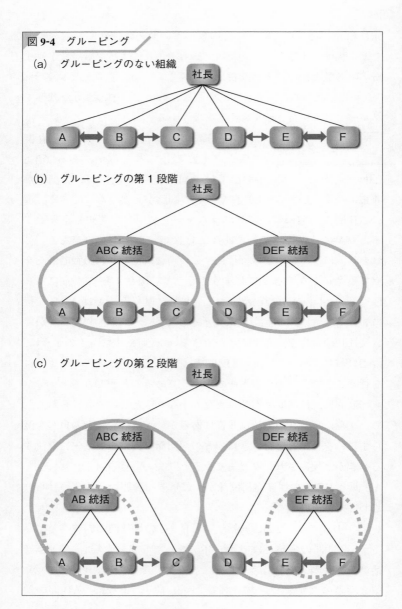

図 9-4　グルーピング

(a)　グルーピングのない組織

社長

A　B　C　D　E　F

(b)　グルーピングの第 1 段階

社長

ABC 統括

DEF 統括

A　B　C

D　E　F

(c)　グルーピングの第 2 段階

社長

ABC 統括

DEF 統括

AB 統括

EF 統括

A　B　C

D　E　F

整だけを担当する「AB 統括」という新たなポスト（管理職）を設置し，ABC 統括の負担を軽減するのである。

　このように，上位の管理者の負担を減らすため，グルーピングをどこまで重ねていくのかが，ヒエラルキーを設計するポイントとなる。ただし，グルーピングを重ねれば重ねるほど，中間管理職のポストが増え，社長との距離も遠くなってしまい，組織全体の機動力が下がってしまう点には注意が必要だろう。

機能別組織　　典型的な会社の組織図を取り上げ，グルーピングのパターンについて見てみよう。実質的に事業が 1 つしかないシンプルな組織では，図 9-5 のように，開発・生産・販売という機能別にグルーピングするのが一般的である。これを機能別組織，あるいは職能別組織という。この会社では製品 A1 と製品 A2 を製造・販売しており，各機能（職能）のもと，第 2 段階のグルーピングをそれら製品ごとに行っている。製品 A1 の生産部門（①）と製品 A2 の生産部門（②）の間では，共通の材料をどの程度の割合にするか，どのような製造機器を導入するか，といったことで調整が必要となるだろう。一方，製品 A1 の生産部門（①）と製品 A1 の販売部門（③）の間では，最短でいつまでに納品が可能か，期日までにどれだけ製造できるのか，といったことで調整が必要となるだろう。前者の調整への対応が後者のそれよりも重要だと位置づけられ，そのほうが社長の負担をより軽減できると考えられるときに，機能別組織が用いられる。

　機能別組織には，いくつかの長所がある。基本的には，先に述べた機能別分業のメリットと同じである。第 1 に，生産や購買を集約することによって共通に発生する費用を抑えることが可能で，規模の経済をもたらす。第 2 に，同じ機能のメンバーが 1 つの部門に集まるので，専門性を高めやすいというメリットがある。第 3 に，各機能の調整が必要な決定は，すべてトップまで上がってくる

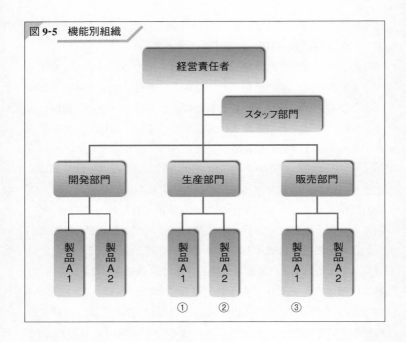

図 9-5　機能別組織

経営責任者

スタッフ部門

開発部門　　　生産部門　　　販売部門

製品A1　製品A2　製品A1　製品A2　製品A1　製品A2

①　　②　　③

ので中央集権的な管理が行いやすい。

　その反面，いくつかの短所もある。第1に，組織の規模が大き
くなると現場からトップまでの距離が長くなるため，タイムリーな
意思決定が難しくなる。第2に，機能部門ごとの評価基準が異な
るのでコンフリクト（対立）が発生しやすい。第3に，トップが機
能間で発生したコンフリクトの調整に忙殺され，戦略の策定といっ
た本来の任務ができなくなる。

　なお，グルーピングには関係ないが，図9-5には開発・生産・
販売の各機能部門だけでなく，スタッフ部門も示されている。それ
ぞれの機能部門は，経営者を頂点とする階層から順々に指示・命令
系統が下に伸びてきているということから，ライン組織と呼ばれ
る。ライン組織には，会社の売上や利益に直接貢献をするという特

徴もある。これに対し，スタッフ部門は，会社の売上や利益には直接的には貢献しない，たとえば人事部・経理部・法務部といった専門的な知識を持つ部門で，各機能部門の管理者に対して助言を行う。各部門の管理者に対しては指示・命令の権限がないというのが大きな特徴である。前述のように，ライン組織の各部門で不測の事態（例外）が多く発生すると，その対応に追われて部門管理者の仕事が滞ってしまうおそれもある。そういったときにスタッフ部門が相談に乗ってくれたり，管理者の代わりに例外への対応をしてくれることで，管理者の負荷が大きく軽減されるのである。このように，ライン組織にスタッフ部門が加わったものを，ライン＆スタッフ組織という。

事業部制組織　2つめのグルーピングのパターンは，市場・顧客別にグルーピングするというもので，一般的に事業部制組織と呼ばれている。私がコンサルティングしている大手飲食企業も，冷凍食品の加工販売や料理教室のようなサービス事業まで展開し，それぞれ顧客層も大きく異なっている。ここまで性質の異なる多様な事業領域に多角化してくると，前述の機能別組織ではもはやうまく回らない（Chandler［1962］）。

　図9-6では，A・B・C・Dという市場・顧客の大きく異なる4つの製品に特化した事業部ごとに第1段階のグルーピングがなされ，そのもとで，それぞれ第2段階のグルーピングが機能別になされている。製品AとBは技術も大きく異なっているので，A事業部の開発部門（④）とB事業部の開発部門（⑦）の間で共有すべき情報はあまり多くない。他方，A事業部内の開発部門（④）・生産部門（⑤）・販売部門（⑥）は，製品A特有の顧客について互いに情報共有すべきことが多く，相互作用関係がひときわ強い。事業部ごとにグルーピングする理由はそこにある。このようにグルーピングすることで，各事業部で開発・生産・販売のすべての機能が完

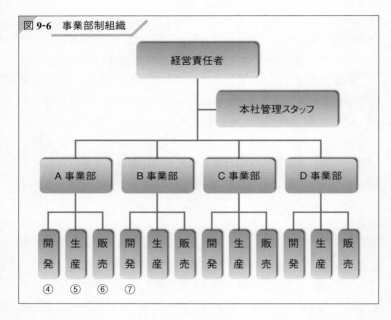

図9-6　事業部制組織

結するため，互いに他の事業部からほとんど影響を受けず，自立することができる。たとえば，トラブルがあってC事業部の工場が稼働停止になったとしても，他の事業部が独立した工場を持っていれば，何の影響も受けない。

　事業部制組織の長所には，次のようなものがある。第1に，それぞれの事業部に，通常，収益責任が課せられていると同時に，それに見合った権限も与えられており，事業部レベルでの意思決定が迅速になる，という点である。第2に，売上高や利益という比較可能な基準で各事業部を比較評価できるので，事業部門間のコンフリクトが，よい意味での内部競争へと転換しやすい。第3に，事業部が日常の業務の遂行と意思決定を行う一方で，事業部を統括する本社と管理部門は，長期的な戦略の策定や意思決定に専念できる。いずれも，機能別組織の短所を克服するものでもある。

　会社の形として，本章で紹介した事業部制組織のほかに，カンパニー制
やホールディングス制という言葉をよく耳にする。一言でいえば，これら
は事業部制組織を基本としつつも，集権度の違いによって，呼び方が変わ
っている。

　この3つのなかで，最も集権度が高いのが事業部制である。機能別組
織と比較すると，事業に関する意思決定権限の多くが事業部長に委譲され
ているが，それでもこの3つのなかでは最も分権的ではない，というこ
とになる。会社によって特徴は異なるが，事業部制の多くは固有の財産を
持たず，また人事権や投資権など経営資源の運用に関する決定権限を持っ
ていない。占有している場合であっても，オフィスや工場などの資産は会
社より貸与されているものであり，長期的な運用については計画を立てに
くい。優秀な人材がいる場合も同様で，他の事業部に異動してしまう可能
性もある。事業部が稼いだ利益についても，その使い道を決めるのは本社
であり，事業部が自由に使えるわけではない。これらの権限の制約に対し
て，事業部長の負っている利益責任はやや重いといえる。

　次にカンパニー制になると，その名のとおり，個々の事業はまさに1
個のカンパニー（会社）であるかのように機能する。オフィスや工場等の
財産は明確にそのカンパニーの所有として会社より承認され，従業員の人
事権や利益の再投資権もカンパニーに認められている。しかし，大きな権
限を与えられたカンパニーが各々投資を行うなかで，資源が重複したり，
全社的に最適な資源の配分が行われないといった問題が生じやすく，最高
責任者である社長が株主などの投資家から追及されることも多い。

　最後のホールディングス制は持株会社制とも呼ばれる。それぞれのカン
パニーが形式的（法的）にも別会社として独立するが，カンパニーの株式
をホールディングス（親会社）が持つことでコントロールする余地を残し
ている。ホールディングスは各子会社の戦略については責任を負わず，た
だ子会社への投資についてのみ責任をとればよくなる。仮に問題のある子
会社があっても，ホールディングスはその子会社を売却することが容易で
ある。けれども，異なる会社となることで，子会社のなかの状況は見にく
くなり，問題自体が表面化しにくいというリスクもある。

もちろん短所もある。第1に，事業部ごとに投資が行われるので，設備や人員などに無駄な重複が生じやすい。第2に，事業部間で競争が行われるので，互いに人材や技術の交流が難しくなり，情報の共有が不十分になる。第3に，売上や利益といった業績指標をベースに評価されるので，どうしても短期的な視野で収益を上げようとする。第4に，これも事業部間の競争の弊害であるが，会社全体よりも個々の事業部での利益が優先され，局所最適に陥りやすい。第5に，それぞれの事業部の隙間に落ちる商品（たとえば新しいカテゴリーの商品），逆にまたがる商品（たとえば複合機）についての対応が難しい。

　このようにリスト化すると，事業部制組織には多くのデメリットがあるように感じられるかもしれない。しかし，事業部制組織には，そのデメリットを打ち消してもあり余るメリットがある。とくに多角化した大企業は，事業領域が多岐にわたり，利用する技術，市場の特性，投資回収のタイムスパンや収益の割合などが違う場合がある。それゆえ，事業部制組織という形態をベースにしなければ十分なマネジメントが行えないというのが現状だといえるだろう。

マトリックス組織　　最後のグルーピングのパターンは，機能（職能）ごとのグルーピングと，事業部ごとのグルーピングを同時に行おうとするもので，一般的にマトリックス組織と呼ばれている。図9-7のように，マトリックス組織は格子型の組織で，縦軸に機能を，横軸に市場・顧客を置いている。B事業部の生産担当者（⑧）は，同じ機能（職能）のことでA事業部の生産担当者（⑤）と調整を行わねばならないし，同じB事業部内の開発担当者（⑦）とも製品Bに関連して調整を行わねばならない。

　これまではどちらかに優先度をつけてきたが，優先度が低いとされても調整がまったく不要だということにはならないので，そ

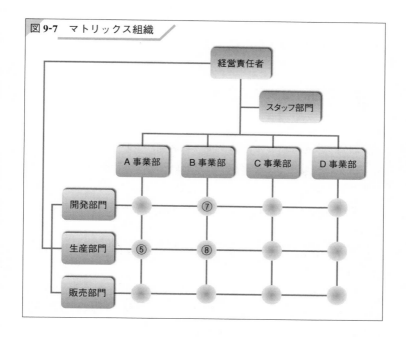

図9-7　マトリックス組織

経営責任者

スタッフ部門

A事業部　B事業部　C事業部　D事業部

開発部門　　　⑦

生産部門　⑤　　⑧

販売部門

れが上位の管理者の負担を増やす要因になってきた。そこで，優先度を設けずに，双方ともにグルーピングすることで，生産機能（職能）についての調整は生産部門長に調整してもらい，B事業部内のことについてはB事業部長に調整してもらうという手続きをとるのである。

　一見すると理想的に見えるが，ともすれば，2人の上司から相矛盾するような指示が下って，部下が混乱してしまうようなこともあり，それが新たな部門間の対立を引き起こしかねない。私のクライアントである大手飲食企業では，基本的には事業部制組織とはなっているが，マトリックス組織の要素を持たせていて，各機能部門からも指示を受けるようにもなっている。混乱がないように事業部長の指示・命令を優先するように決まってはいるが，そうすると機能

部門からの指示が軽視されがちである。いいとこどりというのも，思ったほどうまくいかないものだ。

4 追加的な調整手段

　組織の効率を高めるため，グルーピングについて，機能の軸と市場・顧客の軸のどちらを重視するかという視点から，機能別組織と事業部制組織，そしてマトリックス組織について見てきた。多角化をしている大企業であれば製品別の事業部制をベースにせざるをえないだろう。私が対応している飲食企業も大企業の類類に入るわけで，今後も事業部制をベースに組織デザイン案の改善策を練っていくのが妥当だろう。

　しかし，事業部制組織とて完全無欠ではない。一言でいえば，互いに競争し合っている事業部間に壁ができてしまい，横の連携がとれなくなってしまう。昨今，製品やサービスを開発するために，事業部間の連携を促すような横の調整はますます重要になってきている。単純な事業部制では，なかなかこれに対応できない。また，事業部の数が増えると関連する技術や市場の情報も幾何級数的に増える。前述のように，マトリックス組織にも課題があり，複数事業部に横串を突き刺すような機能部門を安易に設置できない。そうすると，事業部を束ねる立場にあるトップのところに多くの調整案件が集中し，最も重要なビジョンや戦略の検討ができなくなってしまう。

疑問 9-4
標準化とヒエラルキーで処理し切れない場合どうすればよいのか？

そこで，コンサルタントとして私は，ヒエラルキーの基本構造を維持しながら，いかに不測の事態に対処するかを考えてみた。その方法は，大きく分けて2つある。1つは，処理能力を上げるというもので，もう1つは，処理負荷を下げるという方法である。

処理能力の向上

　処理能力を向上させる方法はいくつかあって，いずれも，ヒエラルキーの枠をしっかりと維持して，それを補完するものである。それらを大別すると，スタッフ部門の創設と横断的調整の2つになる。

　スタッフ部門の充実というのは，縦方向，すなわちトップが情報処理しなければならない負担を軽減させるのに有効である。先に，考えることと実行することの分業について説明したが，考えるべき案件も増えすぎると処理し切れなくなる。このような場合，やはり考える作業自体も分業して，適切かつ効率的に処理していく必要がある。

　分業で処理する際のカギは，希少なトップの判断力をいかに無駄遣いしないかという点である。経験豊かで，かつ直観力に優れるトップによる判断は「ここぞ」というときに頼りたいものだ。それゆえ，この飲食企業でも，一連の問題解決のプロセスのなかで最も重要な部分に絞ってトップに協力をしてもらうべきだ。その最たるものは，問題提起であろう。海外展開や事業の多角化といった重要な決断については，トップに問題の定義と切り口を示してもらうのがよいはずだ。

　もう1つ重要なのは，最終的な意思決定であろう。代替案は経営企画室などのスタッフ部門が提案するにしても，それらの代替案のなかからどの選択が望ましいのかを選ぶのは，時に非常に悩ましい判断となる。トップが責任感とコミットメントをもって，長期的な視点から戦略的に意思決定しなければならない。

　一方，横断的調整というのは，部門間の連携をとって横方向の情

報処理能力を上げるための工夫である。たとえば，レストラン・チェーンの各店舗の店長が連絡をとり合ったり，新メニューを開発するために一時的にチームを組んだり，専任のエリア・マネージャーなどのポストを設けたりすれば，それは横断的調整をしたことになる。連携の仕組みがなければ，事業部長か，場合によっては社長まで案件を上げてお伺いを立てなければならない。横の担当者間の連携が進めば，トップの調整負担が著しく軽減されるのである。

　その方法は多様であり，①連絡がとりやすい環境を整えて自発的な調整を促す，②情報システムの力を借りる，③一時的にプロジェクト・チームといった組織を編成する，④フルタイムで部門間の調整に従事するインテグレータ（統合責任者）を設ける，⑤マトリックス組織を採用する，という5つのレベルがある（Galbraith[2002]）。俗にいう会議というのも，定期的に連絡をとり合うという形の横断的調整になる。もともとは部門間の調整という明確な目的があって有意義だったものが，定期的にくり返すことで形骸化してしまい，資料の準備が大変なだけで何も得るものがないということも起こりがちだ。会議に参加する必要のない人が参加していることも無駄に感じられる一因だろう。会議が本当に必要なのか，見直すことも重要である。

処理負荷の削減

　膨大な情報処理に対処するもう1つのアプローチは，逆の発想から，処理すべき案件を減らすというものである。処理負荷を削減する方法はいくつかあるが，環境に働きかけるという方法と，組織内に余裕（スラック）を持たせるという方法が代表的である。順に紹介しよう。

　まず，環境に働きかけるというのは，一言でいえば，こちらの都合のよいように環境に合わせてもらうということを意味する。本来，環境というのは自身（ここでは組織）の外にあってコントロールできない要因（政府，顧客，供給業者，競争業者，補完業者など）の

ことを指す。したがって，環境のマネジメントというのは，組織の権限関係が及ばない要因に対して工夫して働きかけるということなのである。たとえば，ファストフード店などでは，顧客にセルフサービス（注文から片付けまで）を受け入れてもらうことによって，さまざまな負荷を軽減している。あるいは定食屋では，複雑な注文を受けることを避け，また調理の効率を高めることで，安価なランチを提供するために，日替わり定食だけしか注文できないことを顧客に受け入れてもらうこともある。このような知恵が出せれば環境に働きかけることができる。

　ただし，いつも工夫によって環境に働きかけられるとはかぎらない。むしろ，自らが有利になるように環境に作用するには，それを実現するパワーが必要な場合が多い。上記のように，日替わり定食しか注文できない定食屋が経営を継続できるのは，特別においしいとか，何か魅力を持っているからである。

　処理すべき案件を減らすもう1つの方法は，目標水準を下げて組織内に余裕（スラック）を持たせるというものである。宅配弁当の事業でいえば，本当はエリア内を20分で配達できたとしても，30分以内を約束しておけば対応も楽になる。時間に間に合わないと信頼を失ってしまうので，配達員などに余裕を持たせればよい。ビジネスとしては機会損失やコスト高となってしまうが，情報処理負荷を下げて安定的に運営するための1つの方法ではある。

5　働く人々の視点

　私はコンサルタントとして，飲食企業の日々の業務をより効率的に行えるように理想的な組織デザインを検討してきた。さすがに，組織デザインの基本的な考え方はしっかり押さえたつもりである

が，見落としてしまいそうなポイントがまだあるように感じられる。

　現場の声に耳を傾けると，「会社全体が忙しくなると自分の担当範囲だけでは済まない」「本来こちらに頼むべき仕事だがあっちのほうが頼みやすい」「結局，できる人に仕事が集まるのでアンバランスだ」。こんな声が聞こえてきた。

　理屈どおりにやれば，少なくとも日々の業務についてはこなせるかもしれないが，何か不安を感じる。ビジネスの現場を見ると，理屈どおり「あるべき姿」に分業できていない気がする。また，組織デザインで得られた青写真をそのまま実現するのは難しいようにも感じられる。それはなぜだろうか。

疑問 9-5
理想的な組織デザインが難しいのはなぜか？

　　個人から見た分業

　結局，組織の視点から箱だけで考えるととんでもないことが起こる。外部のコンサルタントという立場では，どうしても客観的に見てしまいがちであるが，最後にしっかりと押さえておかなければならないのは，働く人たちの視点だろう。個々人の前向きのモチベーションはもちろん，楽をしたいとか権力が欲しいというような後ろ向きの欲求にも配慮しなければならない。

　たとえば，個人の視点からすると過度の分業にはさまざまな問題があり，注意が必要である。まず，分業が進むと，自分の担当している作業が全体のなかでどのような意味を持つのかわからなくなる。また，あまりにも細かくタスクが分けられると，その作業にすぐに習熟してしまう。そのまま同じ作業をし続けても，学習する余地がなくなり，成長がストップする。また，その作業しかできないと汎用的なスキルが身につかず，キャリア・アップできないような

不安に襲われる。

　階層別の垂直分業でも同じようなことがいえる。個人の視点に立って，考えることを奪われた人たちはどうなるだろうか。おそらく，工夫の余地もなくなって，やる気を失くしてしまうであろう。せっかく苦労してアイデアを出しても，事情のわからない上司が却下するようなことが続けば，無気力・無責任な態度で仕事に接するようになるのは当然である。それゆえ，考える人と実行する人を分けるという階層別の分業を徹底させると，長期的には組織にとっても望ましくない問題を引き起こす。

　結局，人にできて機械にできないことは，考えたり学習したりすることである。ばらばらに判断されても困るが，人間固有の能力を抑えつけるべきではない。働く人の意欲を低下させないようにするための工夫が求められる。

　分業のデメリットを前向きに緩和する方法は2つある。第1の方法は，分業の問題と正面から向き合い，分業の度合いを緩めることである。もし，階層別の分業が行きすぎているのであれば，下位のレベルの人にも考えさせる余地を残せばよい。これを職務充実という。あるいは，もし，機能別のサブタスクがあまりに細分化されているのであれば，複数のサブタスクを束ねればよい。これを職務拡大という。いずれにしても，ある程度のかたまり感をもたせ，メンバーの力量に合わせて適正なレベルで細分化を行うべきである。

　もちろん，職務充実や職務拡大を行っても，基本的なサブタスクの内容が変わるわけではない。長年同じことを担当していれば，刺激も少なくなり，意欲も減退するだろう。また，職務が広がった範囲においては視野が広がるかもしれないが，それでも全体のなかでの意味づけを理解できるとはかぎらない。

　そこで有効なのが，第2の方法としてのジョブ・ローテーション（職場転換）である。ある職務に慣れる頃に別の職務に従事させ

ることによって，幅広い技能習得が可能になる。実際，一通りの仕事ができる事業経営者を育てるためには，さまざまな機能を次々にこなしてもらうのが有効である。さらに，事業部長を経て社長になるというようなキャリアの道筋を用意することによって，仕事や組織に対するコミットメントを高めてもらえばよい。

ただし，これらはいずれも短期的には効率を下げてしまう。ローテーションをすると，その都度教育して習熟させなければならないからだ。また，専門家というよりもいろいろな分野の知識を持っている人ばかり育てることになるかもしれない。

ほかにも，現場の声としては，「新しいことにチャレンジしにくい」というものがあった。あることを実現するためにはA・B・Cという3つのパーツが必要だったとしよう。自身の所属する部門ではAを扱う権限があるが，BとCについては別部門の権限だとすると，他部門の人たちを説得しないかぎり，新しいことはできない。日々の業務の効率化を追求した分業によって，権限までが分業されてしまい，新しいことが起こりにくいという問題は，たしかにある。

けれども，逆の発想も可能かもしれない。効率的な組織デザインができているからこそ，創造的な仕事に取り組む余裕も生まれる。また権限の分散についても，集権的な組織には，ある部門長に新しいことをするためのすべての権限があるかもしれないが，その部門長がわからず屋だったりするとまったく可能性がゼロになる。一方で分権的な組織だと，権限が散在してはいるが，A部門長とB部門長が協力してくれるとなれば，わからず屋のC部門長も承認しやすくなる。そもそも責任も分業されているので，個々の権限者がとるべき責任は小さくなっているからである。とはいうものの，新しいことが実現されるかどうかは，そうやって空いた時間を有効利用して創造的な仕事に取り組もうとする，そして諸部門を説得して

回る，個人の熱量にかかっている。

個人と部門が持つ権限　私は経営コンサルタントとして，これまでにも組織デザインの基本についてビジネススクールでも学んできたし，他社の事例に関する情報も収集し，分析してきた。自分なりに理想的な組織デザイン案はある。しかし，今回の仕事で，それをそのまま実現することは不可能だろうということに気づいた。

　それぞれの会社には，それぞれの歴史と文化がある。それを否定してしまっては，その会社の独自性や優位性もなくなってしまう。それらは尊重されるべきであり，多くの場合，組織デザインはゼロ・ベースでは進められない。たとえていえば，更地に新築の家を建てるという作業ではなく，既存の家を増改築したりリフォームしたりする作業に近い。したがって，残しておくべき大黒柱を決め，そこに組織デザインの原理原則をあてはめながら，古い壁を壊し，新たに壁をしつらえ，効率的な間取りをつくっていくのである。それが分業であり，動線の確保が調整に相当する。

　組織の再設計を進めていると，場合によっては，いままで持っていた権限を奪われる部門や部門長も出てくる。分業と調整の仕方を見直すわけだから仕方がない。その場合に，代わりになるような権限を与えたり，新たに別のポスト（役職）を用意したりといった配慮を求められることもあるかもしれない。これもその会社の歴史や文化なのか，と諦めることはたやすいが，その部門の権限が大黒柱と呼べないのであれば，やはりその柱は切るべきだろう。関係者の説得はなかなか大変である。

　私がずっとパートナーだと思っていた経営企画室の人にもがっかりさせられることがある。組織デザインを見直すときに聖域はない，と常々思っている。大黒柱を除いて切るべき柱は切り，取り壊すべき壁は取り壊さねばならない。組織デザインを見直す作業を

　2002 年に公開された日本映画。1972 年に実際に起こった，連合赤軍が人質をとって浅間山荘に立てこもった事件をあくまで警察側の視点で描いた社会派ドラマ。警視庁と長野県警とが会議室のなかで主導権争いをくり広げるという警察内部の組織的な問題が丁寧に描かれている。

突入せよ！「あさま山荘」事件
発売元＝アスミック・エース
販売元＝TCエンタテインメント
©2002あさま山荘事件製作委員会

　この映画を楽しむには，警察機構についての予備知識が必要である。日本の警察は都道府県ごとに自治体警察をつくっていて，これを管理監督，場合によっては調整するという役割を担うのが警察庁という政府組織である。これはすなわち，並行分業を用いて地域別事業部制がとられているようなもので，しかも，各地の実際の業務や意思決定等はほぼすべて権限委譲されている。

　浅間山荘事件は長野県内で起こっているために，長野県警によって解決されるのが原則であり，本来は東京を管轄する警視庁（なぜか東京都警とはいわない）は出動できない。しかしながら，事態を憂慮した警察庁の後藤田正晴長官が，連合赤軍の鎮圧で多くの実績を上げてきた警視庁に例外的に出動を要請したのが混乱の最大の要因になっている。ここで，警察庁からは長野県警と警視庁を調整するために丸山参事官と佐々監察官が派遣されているのだが，彼らは長野県警本部長に対する直接的な命令権限を持たされているわけでもなく，ヒエラルキーを用いた調整も機能しない状況であった。つまり，後藤田長官から実質的に調整役を一任されている佐々監察官は，権限を持たないスタッフ部門として存在していることになる。通常，スタッフ部門は調整のための選択肢を提案するだけでよいのだが，それらを意思決定するのは同階級の長野県警本部長と丸山参事官（警察庁）というように，意見の食い違う 2 人なので，結局，収拾がつかない。

　容易に強権発動できない後藤田長官の置かれている状況もわかるが，明らかにこれは調整機能が働かないという組織デザインの失敗である。最終的に佐々監察官は，明確な権限こそ持たされていないが，自分が後

藤田長官の特別な信任を得ていることを会議室のメンバーにほのめかすことで最終的な意思決定権限を実質的に持つことに成功する。しかし，この権力の笠をかぶるような振る舞いは，単にライン部門のサポートに徹するというスタッフ部門の本来の趣旨を曲解させ，スタッフ部門は偉いのだという誤った認識を持たせてしまうおそれがある。決して望ましいものではないのだが，この場面では苦肉の策というところだろうか。

担っている経営企画室も例に漏れない。それなのに自分たちだけは安泰だと思っているように感じられるときもある。とくに経営企画室のような，経営者と頻繁にコミュニケーションをとっているスタッフ部門は，ライン部門に対して単なる助言役にとどまらず，陰の権威者となってしまう危険性を常にはらんでいる。入念な吟味のうえ，解体したほうがよければ解体すべきだろう。否，まず経営企画室が率先して模範を示すべきだともいえる。

　組織デザイナーには，これらの抵抗にもひるまず，極端にいえば自身の保身をも顧みない姿勢が必要である。ひょっとすると私が外部者なのが幸いしたかもしれない。もし私がこの会社の経営企画室に所属していれば，こんなに思い切った組織の再設計はできなかったはずだ。あのＸ事業部長ににらまれると，誰でも背筋が冷たくなるが，案がまとまればもう会うこともないと思えば，存外気楽でいられる。なるほど，外部のコンサルタントが必要とされるのは，専門知識があるからだけではなく，しがらみのない立場だからという一面もあるのだろう。

エピローグ

　私は，いま考えられる最良の組織デザイン案を提案したつもりだ。この会社に適した分業や，そしてグルーピングなど，考えうるかぎりの手をつくした。これによって日常業務でのコミュニケーションは相当改善されるだろう。しかし，ビジネススクールの同志で

もある彼女からの「この組織体制で，弊社は 10 年後も安泰でしょうか」という言葉が心の奥に引っかかる。効率性をもう少し犠牲にしてでも，働く個々人のモチベーションを上げる工夫がもっと必要だったかもしれない。瞬間的に効率を上げるための組織デザインと，長期にわたってその効率性を維持するための組織デザインは，違うようにも感じる。

　また，人間は意志と知性と感情を持った生き物である。その人間を相手に組織のデザインをするのだから，思いもよらない結果が引き起こされることもある。そもそも，組織をデザインするといったって，働く人々がどのように反応するかなんて読み切れるものではない。その難しさを意識せずに，単純に効率性だけを追い求めて箱だけのアプローチに頼ると，痛い目に遭うだろう。けれども，ここから先は彼女たち，勤めている社員の踏ん張りに期待したい。彼女たちなら，よりいっそう挑戦的で活気に満ちた雰囲気をつくっていけるものと信じている。

　さらに学びたい人のために

①沼上幹［2004］『組織デザイン』日経文庫。
　●この 1 冊で組織デザインのエッセンスを学ぶことができます。分業と調整の「いろは」から実例にもとづく詳細な解説までわかりやすく書かれています。
②沼上幹［2003］『組織戦略の考え方——企業経営の健全性のために』ちくま新書。
　●組織の人間臭い側面を鋭く描き出した著作です。組織が腐敗していくメカニズムやその対応策が示されており，組織の問題に悩まされている人にとって必読の 1 冊です。
③ピーター・M. センゲ（守部信之訳）［1995］『最強組織の法則——新時

代のチームワークとは何か』徳間書店。

●組織における改善策の意外な副作用，タイムラグをおいて引き起こされる悪影響などが生じるロジックが紹介されています。複雑な組織の問題を単純化して解決するためのヒントを与えてくれます。

④楠木建［2000］「ビジネス・ケース ソニー——コーポレートアーキテクチャの革新」『一橋ビジネスレビュー』第48巻3号（オンデマンド・サービスあり）。

●カンパニー制に関わるソニーの組織改革のエッセンスがまとめられています。本章で学んだ内容を，事業の再編や組織改革という文脈で考えることができます。

環境のマネジメント

中だけでも大変なのに，外からも…

　会社の再編も当初はぎくしゃくしたけれど，その後は徐々に機能してきたように感じる。彼につくってもらった組織デザインを台なしにしたくないという想いで，わたしも目一杯頑張ってきた。気がつけば，娘の大学受験も終わり，とうとう 50 歳も目前になってしまった……。社内でいくつかの異動を経て，最近営業部長に就任した。部長としての仕事も少しは板についてきたかな。

　部長になって変わったことといえば，その部門の長として部全体の責任を持つこと，そして会社を代表して取引先や関係先などと関わっていくこと。社内のことについては，これまでも関わってきたことなのでよくわかっているし，直属の課長さんたちにも支えてもらっている。でも，外部との交渉ごとは，上司の指示に従っていたそれまでとは少し勝手が違う。そんなことにとまどいながら，わたしは今日も社外とのミーティングと接待，明日からは出張と，慌ただしい日々を過ごしている。

1　環 境 と は

　部長になったわたしは慣れ親しんだ内部での仕事ばかりではなく，新たに外部との関わりに多くの時間を割くようになっていた。思い返してみると，これまであまり会社の外のことについて考える機会もなかったような気がする。そもそも会社と外部との関係はどうなっているのだろうか。

　それまでの会社の内側への視点に加えて，企業と企業をめぐる外部環境との関わりに注目しなければいけないのだけれど，外との良好な関係を築くことも，会社の存続・成長や発展に大きな影響を与

えることになるのだろう。すると，こんな疑問がわたしの頭をよぎる。

> **疑問 10-1**
> なぜ外に目を向けなければならないのか？

　それぞれの担当部門の管理監督のみならず社外のさまざまな場所へと，部下たちとともに出張を重ねる部長たち。財務，購買，人事といった各部長たちは，日々外部の取引先や関係者たちとミーティングを持ち，朝早くから夜遅くまでの出張をこなし，接待や業界団体のパーティに出席している。わたし自身も，たとえば今日の午前中は先日のクライアントからのクレームを部内で検討，調達先企業の担当者も入って延々議論した結果，なんとかなりそうだということになった。早速部下とともに，クライアントを訪れて説明し問題は解決した。そしてこの後は，先日誘われた新しい環境規制に対応するための意見交換会と懇親会に参加する。まるで経営学の教科書にでも紹介されそうな1日だ。なぜこうも外部とのコミュニケーションが多いのだろうか，そしてなぜ外部とのつながりが重視されるのだろうか。

　ここではまず，人や企業にとっての外，すなわち環境（environment）について考えてみよう。ここでいう環境は，たとえば顧客やサプライヤー，原材料や労働者，建物や機械，法律や社会制度などのような，企業をめぐるさまざまな存在のことである。一般的に環境は，「主体を取り巻く客観的実在」と定義される。そこでは主体（個人，企業など）を取り巻くあらゆるものが，その主体にとっての環境とみなされている。

　しかしこのような一般的環境の定義では，企業経営とは直接的にはまったく関わりのないものまですべてが含まれてしまい，使いにくい。そこで企業経営のさまざまな問題を考える際には，上

記の一般的環境よりももっと狭い意味で用いられている。経営学者のジェームズ・トンプソンは，組織が活動する際に直接関わる環境，すなわちタスク環境を，「組織の目標設定や目標達成に直接的もしくは潜在的に関わる環境の部分」と定義している（Thompson [1967]）。企業経営にとって重要なのは，この意味での環境（タスク環境）である。抽象的な議論はほどほどにして，実際に環境が会社にどのような影響力を持っているのだろうか。

「そういえば，こんなことがあったっけ……」。わたしはふと数年前のことを思い出す。

アメリカの金融不安問題に端を発した世界的な経済の混乱のなか，その年は，多くの日本企業にとって外部環境がもたらす影響力の大きさを感じずにはいられない1年だった。

まずこの年の前半の特徴的な出来事は，原材料価格の高騰である。ガソリンなどの石油製品，小麦などの穀物類，牛乳などの食物原料，鉄鉱石・石炭などの工業原料が軒並み大幅に上昇した（たとえばNY原油〔WTI〕は，前年初頭から上昇を続けて，その年の7月には100ドル近く高騰した。小麦の国際価格は前年からその年の2月のピークにかけて，2倍以上になった）。予想を超える高騰に多くのメーカーが原料調達段階で悲鳴を上げた。そしてこの原材料価格高騰は，後に製品価格へ転嫁され，多くの製品の小売価格上昇をもたらした。

一方その年の後半には，金融問題から始まった世界規模の金融危機，とりわけアメリカ大手証券会社破綻後に消費者心理が悪化，アメリカ・ヨーロッパなどで急激に需要が冷え込んだ。自動車などの製品市場では，前年同期比で3割から5割という大幅な売上の落ち込みを記録する。またこの年の金融危機は，世界の為替相場にも影響した。それまでの数年間，円の為替相場は欧米の主要通貨に対して円安で推移していたが，その年には大幅な円高となったのであ

る。この円高は，輸入原材料・製品の価格低下といった恩恵をもたらす一方で，自動車・家電などの主要輸出企業の利益を大幅に減らし，これら輸出企業への大きな打撃となった。

　金融危機は，企業の資金調達にも影響を与えた。たとえば株安が進行したために株式市場を通じた企業の資金調達が難しくなった（その年の株式関連市場での日本企業の資金調達額は，前年比40％もの減少となった）。また不良債権を抱え，保有株式などの資産価値が大幅に下がった金融機関は，資金の貸し出しを制限する必要から中小企業を中心に銀行からの借り入れが難しくなった。いわゆる「貸し渋り」である。

　これらモノやカネの市場だけではない。経済危機は，労働市場にも大きな影響を与えた。企業はその前年までは，好景気と大量に退職した第一次団塊世代の穴を補塡するべく旺盛な採用をみせていた。しかしその年の後半からは，企業業績の悪化にともなって生じた余剰人員削減の動きが広がった。消費需要の落ち込みに沿う形で，工場などで働く期間従業員や派遣社員の契約更新が止められた。また，正規社員の希望退職の募集が始まったり，あるいは新卒採用内定者の内定取り消しが起こったりもした……。

　その年の出来事は，いかに企業が環境変化の影響を大きく受けているのかを象徴的に示しているといえる。わたしの勤める会社もこのときは大変だったことを，いまさらのように思い出す。

2　環境を見る視点

●クローズド or オープン？

　なるほど，環境とは何か，そして環境が企業活動に大きな影響を及ぼす要因であるということについては，あのときを思い出すこ

とで理解できた。それでは環境が組織に及ぼすインパクトは，どの会社にとっても同じ程度のものなのだろうか。わたしはまた，愛読書となっている『キャリアで語る経営組織』のページをめくってみた。

疑問 10-2
それぞれの企業にとっての環境から受ける影響は同じなのだろうか？

世の中には，企業を含めさまざまな形の組織が存在している。そしてそれぞれの組織がどの程度環境から影響を受けるかによって，各組織の環境に対する備えも変わってくるはずだ。前節のような経済危機の際にも，自社や取引先の対応はさまざまだった。環境に対する企業その他の組織は1つのシステムと考えられる。システムとは一言でいえば，何らかの持続性を持った仕組み全体のことである。

組織自体にとっての環境をどの程度重視するかは，持続する仕組み，つまりシステムとしての組織を考える際に基礎となる視点によって異なる。この視点には大きく分けて，クローズド・システム論とオープン・システム論の2つがあるという。これら2つの考え方で重視されるのが，環境のもたらす変動の大きさや複雑性・不確実性の取り扱いである。

クローズド・システム
1つはクローズド・システムの視点で，ある主体（システム）が活動する際に，その主体が受ける外部からの影響をそれほど受けずに自律的に機能している場合である。たとえば絶海の孤島に流されたロビンソン・クルーソーは，後に僕となるフライデーを助けるまでは，たった1人で生活していた。誰の力も借りずに住まいや畑をつくり，山羊を飼い，狩りや漁をして十数年を過ごしていたのである。その生活

は，自給自足のきわめて自律性の高いもので，彼自身とその生活領域はほぼ完全にクローズド・システムだった。

企業や行政府，教会などの組織を経営する際も，直面する環境がきわめて安定的で変化が少ない場合には，外部環境の変化をそれほど念頭に置く必要はないだろう。そのような安定的な環境を前提としたクローズド・システムの視点から，これまでも多くのマネジメント論が展開されてきた。これらクローズド・システムの視点に立つマネジメントの特徴は，環境が安定的であることを前提としたうえで組織内部の確実性・合理性・効率性を追求しているという点である。

「合理性」とはめざす目標とそれに必要な手段の因果関係を確立させて，その因果関係に関連する要素をコントロールすることで目標達成をめざす状態をいう。また「効率性」とは，企業活動における資源投入（インプット）と成果産出（アウトプット）の比のことである。いずれも，いかに目標を達成するか，しかもいかに少ない資源や労力で達成できるかという内部からの視点となっていることがわかる。たとえば，作業の標準化とコントロールによって生産活動を効率化させるフレデリック・テイラーの科学的管理法（→第3章）や，権限や職位の規定・専門家の配置・活動範囲の決定・給与昇進の整備・文書化などで合理的な目標達成を図るマックス・ウェーバーの官僚制論（→第3章）などは，この考え方を前提としている（Taylor［1947］；Weber［1956］）。

このようにクローズド・システムの視点にもとづくマネジメントでは，外部の影響力はあってもそれらは安定的で大きな変化はないものと考えられている。そのうえで，コントロールや予測のできる組織内部の要素をうまく調整して，効率的に目標を達成しようとするのだ。

| オープン・システム | 一方オープン・システムは，主体であるシステムは環境からの多くの要因によって影

響を受けているという考え方である。高度に社会的分業が進んだわたしたちの社会では，経済主体（個人，企業）は経済生活に必要なものを，貨幣を媒介とした交換によって外部から得ている。このようにオープン・システムは，分業と交換，その結果としての他者への依存という特徴を持っている。

外部への依存を前提としているシステムは，外部環境から受ける影響力の大きさに注目する。いくら内部で確実かつ合理的で効率的な生産のマネジメントを達成しても，ヒト・モノ・カネの調達や製品の販売といった環境からのインプット，アウトプットがうまくいかなければ，企業は存続できないからである。

1960年代から1970年代に進められた組織のコンティンジェンシー理論と呼ばれる一連の研究は，環境変化の度合いとそれに適合する組織内部の形（組織構造）の関係を明確に示したオープン・システム論の典型である。バーンズ＝ストーカーは，市場や技術という環境変化に対してどのような組織構造が有効であるかについて分析した（Burns and Stalker [1961]）。そしてイギリスのエレクトロニクス産業への参入を試みた20の事業組織について事例研究を行い，環境が非常に不安定な場合には，「有機的組織」（職務権限が柔軟かつ非公式的で，情報は組織内のあらゆる場所に均等に分布し，水平的なネットワーク型の伝達構造を持つ）と呼ばれる組織構造が，また環境が安定している場合には「機械的組織」型（職務権限が固定的かつ公式的で，上層部に情報が集中し，上からの垂直的なピラミッド型の伝達構造を持つ官僚制型の組織）の構造が適していることを実証したのである。

またローレンス＝ローシュの研究では，不確実性の高い環境下で高業績を上げている企業は職能部門間の分化の程度が高く，さらに

これらの部門間の活動や意思決定を調整し統合する機能を生み出していた（Lawrence and Lorsch [1967]）。一方，環境不確実性の低い産業では，分化の程度は低く，階層によって統合されていた。

　組織のコンティンジェンシー理論が明らかにしたことは，外部環境が異なると有効な組織の内部構造も変わってくる，ということである。このようにオープンなシステムでは，わたしたちが一度に考慮できる以上の要素がタスク環境に存在していたり，それらの要素のコントロールや予測が不可能である場合，環境の複雑性や不確実性を考慮に入れる必要が出てくるだろう。ここで「複雑性がある」とは，自分で気づいたり考えることのできる範囲を超える多くの要素があって，それらすべてを計算に入れた答えが出せないような場合のことを，また「不確実性がある」とは将来に対して予測が不可能な場合のことをいう。

　オープン・システム論は環境決定論的な考え方，すなわち組織の構造や発展の仕方は外部環境によって決まるという考え方をとっている。つまり，組織は環境の影響力に翻弄され，自らができることといえば変化の荒波をなんとか乗り越えられるよう祈るぐらいなのだ。そして，そのような見方にもとづく組織のマネジメントは，複雑で不確実な環境に対して自分の会社が適応できるだけのシステムを持っているかどうかということになる。要するに，この見方にもとづくマネジメント論は，クローズド・システム論が主張する内部の確実性・合理性・効率性ではなく，不確実な環境に適応できるだけの柔軟性や適応性を基礎とするものになるのである。

　「なるほど……」，再び数年前の経済危機を思い出し，なんとなく納得している自分に気づくわたしだった。

3 制度・市場・利害者集団と企業

「ところで……」，とわたしはさらに考える。タスク環境，そして主体となるシステムへの環境の影響力の大きさもわかった。では，実際のタスク環境とはどのようなものなのだろうか。

```
疑問 10-3
わが社をめぐる実際の環境とはどのようなものだろうか？
```

実際に何が企業にとっての環境になるのか，わたしはいろいろと考えをめぐらす。技術・文化・規範や価値観などさまざまなものがあるが，ここではとくに重要なものとして，制度・市場・利害者集団について考えよう。

制　度　まず社会のなかの経済主体（個人，企業など）は，一定の枠組みに従って経済的な活動をしている。それは，どのようなものだろうか。

社会における経済主体の活動を規定する基本的な枠組みが，自由主義経済システムである。かつて自由主義経済システムと対をなしていたのが計画経済システムだが，現在ではほとんどの国が自由主義経済システムを取り入れている。自由主義経済システムは，適法かつ反社会的でないかぎり，次のような原則が活動の前提となっている（稲葉 [1990]）。

(1) **財・サービスの自由な取得と利用**　自由主義経済システムの特徴の第1は，財・サービスの自由な取得と利用が認められていることだ。経済活動が中央政府によって計画される計画経済システムとは異なり，この経済システムのもとでは自らが生きていくために，財・サービスを自由に取得あるいは利用することができる。

(2) **経済的自由**　　第2の特徴として，この経済的な枠組みのなかでは各経済主体に対して，さまざまな経済的自由が認められている。経済的自由とは，具体的には以下のようなものである。

① 契約締結に関しての自由——各経済主体は，売買や貸借，請負，雇用など，経済活動に関わるさまざまな契約を自由に結ぶことができる。

② 職業選択の自由——各個人には親の職業を世襲するなどの義務はなく，自らの職業を自由に選択することができる。

③ 生産活動の自由——各個人や企業は，どのような生産活動にも自由に従事し，どれだけつくるかを自由に決めることができる。

④ 消費の自由——各経済主体は，自らが入手した財・サービスを自由に消費することができる。

(3) **自由競争の容認**　　自由主義経済システムの第3の特徴は，自由競争の容認である。各経済主体に対して多くの経済活動の自由が認められる結果，各成員は自らの利益を増大しようとしてさまざまな活動を行う。しかしその際に，従事する経済活動が重なってしまうことがある。たとえば複数の経済主体が，自動車の生産（自動車会社）や喫茶の提供（カフェ）といった経済活動を同時に行うような場合だ。そのような場合，そこでは希少なパイ（必要とされる原材料や資金，製品，顧客など）の確保をめぐって，主体間で競争が生じることになる。こうして生じる競争を自由競争といい，自由主義経済システムでは，このような自由競争を基本的に容認している。

(4) **自己責任**　　自由主義経済システムの第4の特徴は，各自の経済活動の責任の所在に関するものである。自由主義経済システムでは，失業保険や生活保護など政府によるセーフティ・ネットなどはあるものの，これらの自由のもとで，原則的には各経済主体が自らの経済活動の帰結の最終責任を負う。

以上が，企業活動の枠組みとなる経済システムの基礎である。わたしも普段の生活を振り返ってみれば，いくつも思い当たるものがある。そしてこれらは，企業が直面する環境の一面を形成している。なぜ企業活動がこれほど多様性に満ちているのか，なぜこれほど多くの企業がこれほどさまざまな製品・サービスを提供しているのか，なぜ企業間で競争が存在しているのか，などは，その社会の経済システムという環境から説明することができるはずだ。

市　　場

わたしが次に思いついた環境は，市場である。よく考えてみると新聞の経済面や経済ニュースのなかで，市場という言葉を目にしない日はない。社会的分業の進んだ現代では，企業は原材料や労働力などさまざまなインプットを他の経済主体から調達し，それらを加工して製品・サービスなどのアウトプットを生み出す。それらのアウトプットは市場を通じて貨幣に交換し，自らの生存に必要な財・サービスや再生産のためのインプットを確保している。このように経済主体は，社会的分業と市場での交換を通じて他の経済主体と相互依存しながら存続している。企業の活動プロセスのなかで，ほかの多くの経済主体と財貨の交換を行う場が市場（market）である。

　これらの市場での交換を通じて，企業は必要な経営資源（ヒト・モノ・カネ・情報）を調達し，付加価値のある製品・サービスを生み出している。市場は，そこで交換される対象によって大きく金融市場，原材料市場，労働市場，そして製品市場の4つに分類することができるだろう。冒頭のケースからもわかるように，企業はこれらの市場と緊密に関わっており，金利や株価，債券価格，各種原材料価格，賃金，製品価格などのシグナルを通じて，あるいはヒト・モノ・カネ・情報の流通量や製品の売れ行きその他をもとにさまざまな決定を下すと同時に，これらの市場から大きな影響を受けている。

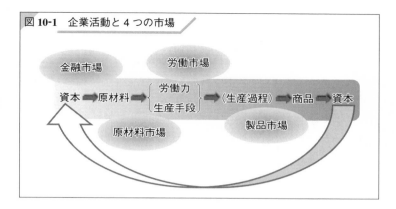

図 10-1　企業活動と 4 つの市場

金融市場　労働市場

資本 ➡ 原材料 ➡ 労働力／生産手段 ➡（生産過程）➡ 商品 ➡ 資本

原材料市場　製品市場

　では市場に対して，組織はどのように関わっているのだろうか。市場と組織の対応関係を見てみよう。図 10-1 は，それぞれの市場に対して企業がどのように関わっているのかを示したものである。まず企業は生産活動に必要な資本（事業活動に用いられる資金）を調達する。資本は自ら出資した自己資本のほか，株式や社債を発行する形で直接市場から調達したり（直接金融），金融機関からの融資を受けることで調達できる（間接金融）。

　このようにして得た資金を用いて，製品やサービスの生産に必要な，人手・オフィス・土地・工場・機械・原材料・各種データなどの生産手段を入手する。これらヒト・モノ・情報といった経営資源に対して，生産過程を通じて付加価値をつけることで，製品・サービスを生み出し，それらを市場で販売して利益を得る。こうして得られた利益は，次の段階の生産のために再投資されることになる。

　企業内で資本および売上に関わるのが財務機能，人的資源に関わるのが人事機能，生産手段の調達に関わるのが購買機能，生産に関わるのが生産機能，新たに生産された製品の市場での販売に関わるのが販売機能である。それらの機能は，職能別組織ではそれぞれ財

務部門，人事部門，購買部門，生産部門，販売部門が担当すること
になる。これらの部門のメンバーは，関連する市場と自社とを結び
つけるゲートキーパー（対境担当者）の役割を果たしている。組織
のゲートキーパーは，①社内の資源を獲得して社外のニーズと結び
つける，②社外の資源を調達して社内のニーズと結びつける，とい
うタスクを促進するような社内メンバーのことである。社内の各部
門はこのように企業外部とつながっていて，その部門の長，すなわ
ち部長たちはそれぞれの部門と外部とのつながりの元締めなのであ
る。

利害者集団
企業を取り巻く制度や市場の環境としての
意味はわかった。しかし，部長であるわた
しの実際の出張先は，取引相手先など重要な関係者である。市場は
企業をめぐる重要な環境の1つで，企業は活動を行う際に主に価
格をはじめとする各種の情報をそこから得ている。しかし実際に企
業が環境と関わる際に現実に相手となるのは，その企業をめぐる各
種の利害者集団（あるいは利害関係者）である。

利害者集団（stakeholders）とは，「企業と直接的かつ強度に相互
依存し合っている他者」と定義される。具体的には，顧客，原材料
購入や製品販売の際に競合する競合他社，株主，金融機関，原材料
その他のサプライヤー，労働者や人材派遣会社，労働組合，政府，
業界団体や消費者団体といった利害を持つ各種団体，そして地域社
会などである。企業が実際に市場に関わるというのは一種のフィク
ションで，実際に協調や競争を通じて関わっているのは各市場にお
ける利害者集団なのである。これらの利害者集団は，表10-1のよ
うにそれぞれに市場に分けて示すことができる。企業はこれらの市
場のなかで，さまざまな利害者集団と取引をしている。なるほど，
部長であるわたしの日々の交渉相手が彼らなのは，そういうことな
のか。

表 10-1　市場と利害者集団

金融市場（資金調達）	労働市場（労働力の調達）	政　府（課税・規制・保護など）各種業界団体
・株　主 ・金融機関 ・競合他社	・潜在的被雇用者 ・人材派遣会社 ・地域社会 ・労働組合 ・競合他社	
原材料市場（原材料の確保）	**製品市場（製品の販売）**	
・サプライヤー ・商社・流通業者 ・競合他社	・顧　客 ・流通業者 ・競合他社	

4　利害者集団との関係の生成因

　さて，わたしを含め社内メンバーは，さまざまな相手との会合や交渉に日夜従事している。しかし，なぜそこまで……とも思う。そして，企業は環境の動きになされるがままなのであろうか，とも。外部との関係に常に気を配らなければならないわたしは，次のような疑問を感じずにいられない。

> **疑問 10-4**
> なぜわれわれは，ここまで相手に気を遣わなければならないのだろうか？

　なぜ組織は，利害者集団としての他組織と関係を構築するのだろうか。関係が結ばれることになる原因を，関係の生成因と呼ぶようだが，論者たちは以下のような生成因を挙げている（Oliver [1990]；Badaracco [1991]）。

　① 互酬性——協調によるパイの拡大あるいは関係レント（関係

独自の強みや便益）の創造と分配

② 非対称性——相手へのパワーの行使

③ 効率性——継続的な取引によるトータル・コストの削減

④ 学習——相手からの知識の移転

⑤ 安定性——外部からのインパクトの緩和

⑥ 正当性——自らの存在の正当化

⑦ 必要性——上位の第三者からの強制

このうち①〜④は，必要とする希少資源のやりとりが関係構築の基本にあるのに対して，⑤〜⑦は環境のもたらす影響力をいかに抑えるかということが関わっている。

互 酬 性

利害者集団である他組織との関係形成の第1の理由は，現代の経済主体の多くが，オープン・システムとして存続しているからであることはすでに述べた。ある組織が，自らの存続に必要な希少資源を外部から調達しなければならない場合，その組織は当該希少資源に関して他組織に依存していることになる。利害関係者間で相互に不足する希少資源があり，互いに協調する意思があって，実際にそれらの資源を交換することができる場合，これらの組織は協調的な関係を確立する可能性を持つ。互酬性にもとづく関係には，以下のようなものがある。

(1) **相互補完**　法務や知財担当の部長は，同業他社とのコンソーシアムや特許のライセンス供与，あるいはクロス・ライセンス契約の締結などに関わっている。これらの契約の基礎となっているのが，希少資源の交換にもとづく相互補完関係である。2つの組織がそれぞれ相手組織の必要とする希少資源を有している場合，互いにそれらを融通し合うことで相互補完的な関係を形成することができる。たとえば，互いの持っている特許の利用を相互に許可するクロス・ライセンス契約などはその例である。

(2) **協調によるパイの拡大**　　他組織と協調的な関係を確立することで，単なる希少資源の相互補完だけでなくより積極的なパイの拡大も可能になる。これは，経営戦略論の分野ではシナジー（相乗効果）と呼ばれる。つまり 1＋1 が 2 ではなく，3 にも 4 にもなるようにすることである。

たとえば，ある運輸会社がそれまでにない新しい事業として，宅配便事業を始めた際には，まだ自らの集荷拠点を十分に整備できていなかった。そこでその会社は，取次手数料を払うことで商店街の米穀店や酒販店などに集荷の取次店となってもらったのである。そうすることで，投資額を抑えつつ集荷拠点を増やすことができ，宅配便事業を軌道に乗せることができた。一方，取次店は取次手数料収入を得ることができるだけではなく，荷物を持ち込んだ客がついでに米や酒などを買って帰っていくことが多くなった。そしてこちらも売上を伸ばすという，副次的な効果を得ることができたのである。

(3) **協調的な関係がもたらす関係レントの創造と分配**　　その関係独自の強みや便益のことを関係レントという。バイヤー—サプライヤー関係やメーカー—小売関係などで他組織と長期的な協調関係を構築・維持することで，この関係レントを発揮させることができる。

たとえば，日本の自動車メーカーとその 1 次・2 次以下のサプライヤー，あるいは系列ディーラーはジャストインタイム・システムと呼ばれる，ほとんど在庫を持たずに自動車生産を行う仕組みをつくり出し，川上から川下までの在庫費用の圧縮を強みとする効率的な生産システムを構築した。このような方式の企業間関係は，在庫費用の圧縮のみならず，部品のコスト削減や共同開発，さらには品質の改善・向上などに関して，独自の関係による強みを創り出している。

非 対 称 性　　関係形成の第2の理由は，相手に対して自らのほうが大きな影響力を持つという非対称的な依存関係を形成することで，依存してくる相手に影響力を行使しようという場合である。これは，互酬的な関係と同じく相手の持つ何らかの希少資源への依存によるものである。けれどもこの関係は，互酬性で見たように希少資源を相互補完するような相互依存関係ではなく，相手の組織が持つ資源に一方的に依存し，相手は自分の持つ資源に依存する必要がない場合に生じやすいところにその違いがある。

　希少資源を持つ相手の数が少なかったり（すなわち寡占状態），あるいは1社だけだったりする場合（独占状態），ほかに資源調達の選択肢が少ないため一方的な依存関係になる。たとえば自社製品のコアとなる基幹部品（たとえばデジタルカメラの撮像ユニット，パソコンの CPU や OS など），自社製品の開発や生産に必要となる他社の特許，自社製品を海外の消費者に行き渡らせるための小売店などへの販売経路などが希少資源であるような場合は，一方的な依存になることが多い。この場合に，資源を持つ相手は資源を依存している相手に対してパワーを持つことになるのである。ここでパワー（power：権力）とは，「相手の抵抗とは無関係に，自らの意思に従わせる能力」と定義される。つまり，依存関係にもとづいて自分の影響力や強制力を行使することで，相手をコントロールすることのできる可能性のことである。

　それでは相手に対して影響力を行使できる度合いは，どのように決まるのだろうか。経営学者のフェファーとサランシックは，他組織への依存を決定する要因として次の2点を上げている（Pfeffer and Salancik［1978］）。

　まず1つめは，依存する側にとっての資源の重要性で，これは，
① 特定の相手に依存する資源の量の全体に占める割合——資源

を依存する相手が少なく，資源を依存する割合が高いほど，その相手はパワーを持つ。自社で使う原材料のほとんどを提供するようなサプライヤーや，自社製品のほとんどを買い上げるような大口顧客は，その会社に対して大きなパワーを持つ可能性が高い。

② その資源の不可欠性——依存する資源が当該企業にとって，必須なものである度合いが高いほど，その供給相手はパワーを持つ。たとえば，多くの企業にとって電気や通信，水道，ガスなどのライフラインは重要で，たとえその支出額が少なくともそれらを止められてしまえば，何もできなくなってしまう。そのような資源を供給するプレイヤーは，大きなパワーを持つことができる。

2つめは，資源に対する自由裁量とコントロールの集中度，である。これは，

① 当該資源に対する自由裁量の程度——たとえば油田や鉱山など資源そのものを保有しているかどうか，パイプラインや船などそこへのアクセスがあるかどうか，製品販売市場へのアクセスにどのくらい選択肢を有しているかなどのことである。自由裁量の程度が低ければ，その取引相手がより大きなパワーを有することになる。

② 資源のコントロールの集中度——当該資源を取引する可能性のある相手の数と彼らの保有する資源の集中度のことで，取引する相手の数が少ないほど，また彼らの保有する資源の集中度が高いほど，取引相手は大きなパワーを行使することができる。

具体的には，自社にとってほかでは調達できない基幹部品（製品の核となる部品）を納入するサプライヤーとの価格交渉や，特許料の算定をめぐる交渉，あるいはメーカーと大口の買い手である大手

小売との間の価格交渉などで多く見られる。たとえばあるメーカーが，大口顧客である全国規模のチェーン小売店へ大量の製品の納入を行う際には，販売ルートのその小売店への依存の程度が高ければ高いほど，その小売店はメーカーに対してパワーを有することとなり，納入価格などの交渉で自らの意思を貫くことのできる可能性が高くなる。

このように非対称的な依存関係は，一方が希少な資源を確保してしまっているという外部要因にもとづくものであり，既存資源の入手（依存する側）あるいは依存関係にもとづくパワーの行使（依存される側）という自発的動機にもとづく関係である。

効率性

企業が製品を生産する際に，その原材料となる部品を自社内で内製するか，継続的な取引があるサプライヤー（部品供給会社）から調達するか，または市場で毎回最安値を提示した相手を選んで調達するかで，同じ部品であってもその確保にかかるトータル・コストが変わってくることがある。とりわけ必要な経営資源を調達する際に，自社内での内製や市場でのスポット取引よりもよりよい条件で取引が可能になる場合には，取引先と継続的な取引関係の構築が見られる。

たとえば，内製する場合には部品の設計や機械の購入，新たな従業員の雇用などにコストがかかりすぎたり，あるいは市場のスポット取引では安い価格で購入できるかもしれなくても，安定的な部品確保や契約がきちんと守られているかどうかチェックするのに，コストがかかりすぎる場合がある。そのようなときには，所定の取引先との継続的な取引関係を維持するという選択肢がトータル・コストを最も低く抑えることができることになり，結果として継続的関係の維持というオプションが選ばれるのである。

学　習

相手からの中長期的な学習を目的とした提携は，自社で不足している経営資源を調達

するための短期的なやりとりとは別の，利害関係者との関係樹立の例である。

たとえば，アメリカの自動車メーカーと日本の自動車メーカーの折半出資によって1984年に設立されたある合弁企業は，相手からの学習を動機の1つとして生まれた。その合弁への参画を通じて，アメリカの自動車メーカーは日本の自動車メーカーの効率的なジャストインタイム生産方式を学び，日本の自動車メーカーはアメリカでの現地生産に必要な現地国の労務管理方式についてアメリカの自動車メーカーから学んでいった。

さらに，垂直的な学習が行われる場合もある。ある日本の自動車メーカーは1970年代から，主要サプライヤーとの間で「自主研究会」（自主研）という勉強会を組織している。各自主研は6,7社のサプライヤーをメンバーとする小グループであり，その自動車メーカーはオブザーバー的な立場で参加する。他のサプライヤーとの交流・学習を促すためメンバーは数年おきに入れ替わり，またサプライヤーがおそれる製品技術の流出を防ぐため，競合企業同士が同じグループに配されることはない。メンバー企業は定期的な会合を持ち，メンバーの工場を相互に視察しながら，生産関連技術とノウハウについて改善案を協議する。そして得られた成果は共有され，各サプライヤーにフィードバックされる。

このように相手との長期的な関係を維持することによってその相手からさまざまな情報を取り入れ，知識やノウハウを蓄積することができる。

安 定 性

こんな例がある。購買担当の部長は，ここ数日工場火災を起こして操業を停止した部品サプライヤーのサポートに忙殺されている。必要な部品は他のサプライヤーに発注をかけて可能なかぎり確保し，同時に火災を起こしたサプライヤーの工場にも応援部隊を派遣，早急に生産を再開で

きるよう工場の再建を支援している……。

　外部環境の不確実性は，時として自社に強いインパクトを与える。そのようなインパクトを緩和するために，取引先とのさまざまな関係が構築される。たとえば，農業生産者が協同組合方式で作物の貯蔵施設をつくり，価格が大幅に下落した時期には貯蔵，上昇した時期には在庫を販売することで安定的な収入を確保したり，ビール・メーカーや茶系飲料のメーカーが，自社の必要とする品種のホップや茶葉を安定的に入手するために，契約栽培農家と長期的な買い取り契約を結んだりする。また小売とメーカーが，POS（point of sales：売上時点）情報を共有する仕組みを構築することで，需要の変化にすばやく対応した生産・納品が可能になる。このように，利害者集団との関係を構築することで，外部からのインパクトへの耐久力を高め，安定的な活動が可能になるのである。

正　当　性　わたしの会社は，会社が所属する業界団体とも密接に連絡をとっており，総務部長が中心となって年に数度の社長会や総務部，法務部，労務部長がそれぞれ出席するミーティングを担当している。そこでは業界としての指針作成や法改正への対応，春闘や労働組合への対応，経済産業省へのコンタクトや産業全体の統計調査や業界知識の普及啓蒙のためのハンドブックの作成や配布などを行っている。

　これらの活動は，自社の存在や活動を正当化するうえで不可欠なものである。というのもわたしたちは，習慣・規範・伝統・価値観などといった制度的環境のなかに埋めこまれて活動しているからだ。そのような環境のなかでは，組織は常に自らの活動や産出物を正当化するような圧力を受けている。たとえば，企業倫理や社会規範を遵守し，社会的責任を果たすことが求められる。そこで企業は，自らの評判・イメージ・名声あるいは制度的環境に広く受け入れられている規範との調和を示し，あるいは向上させようとする。

業界団体への加入も，そのような動機によって行われているのである。

必 要 性　利害者集団である他組織と関係を築く理由の最後は，上位の第三者により必要に迫られて関係を結ぶというものである。たとえば，法的なあるいは行政指導などの規制，各種の政治的影響力，親会社の意思などによって，多くの企業が他組織との関係を結んでいる。

　例として，中国での自動車生産を考えてみよう。中国政府は自国の自動車産業の育成と振興，そのための自国企業への生産技術や経営ノウハウなどの移転をめざしていた。そのために，海外の自動車会社が中国に直接投資をする場合でも，その企業単独で中国国内で工場を建設し自動車を生産することを許していない。中国国内で自動車生産をする場合は，中国の企業と共同出資をして合弁会社を立ち上げ，その合弁会社が自動車生産を行うようにしたのである。これは中国に進出する自動車会社にとっては，中国企業との合弁設立を迫られていることになり，上位の第三者からの強制によるものと考えることができる。このような関係は，当事者が自発的に結ぶというよりはむしろ上位の第三者の意思によるものであり，上位第三者からの強制という外的要因による非自発的な関係形成ということができる。

　以上，企業が環境のなかでさまざまな利害関係者と関係を結ぶ原因について考えてきた。企業と環境は以上のように記述することができるわけだが，そもそも環境は，どの程度コントロールできるものなのだろうか。

　経済システムや金利や外国通貨の為替レートなど，マクロ・レベルの経済要因は個別企業レベルではコントロールできないが，一方で直接関わりを持つ利害関係者とは交渉を通じてその相互依存関係をコントロールすることができる。企業にとって環境のコントロー

Column ⑧ 弱連結の強み ● ● ●

　新たな価値を生み出す際には，既存のものとは違う相手との関係が重要になったりする。一見関係のなさそうなものごとが組み合わさって，新たなイノベーションが起こったり，ふとした縁で新たな関係が生まれたりする。この意外な縁について，社会ネットワーク論の著名な研究者であるマーク・グラノベッターは，ネットワークの相手との連結の強さに着目して論じている（Granovetter［1973］）。

　ここで連結の強さとは，「連結のあり方を特徴づける接触時間の長さ，情緒の強さ，親密さ，および互恵的サービスの結合」と定義される。われわれのネットワークには，情緒的なつながりの有無，つきあいの濃密さや長さ，質などによって，強連結と弱連結という強さの異なる連結に分けることができる。そしてこれら2つの連結の特徴は，表10-2のように表される。

　部長やその部下たちも，社内と社外にそれぞれ，強連結的なネットワークと弱連結的なネットワークを持っている。とくに弱連結は，それまで交流のなかった個人やネットワークをつなぐ役割（架橋連結）を果たしていて，それが意外な縁をもたらすことになる。彼らは組織のゲートキーパーとして外部との関係をコントロールしたり，日常的な取引先に足しげく通うだけではない。異業種交流会や財界，業界での弱連結を活用して，新たな関係を創り出しているのだ。

表10-2　強連結と弱連結

	強連結	弱連結
交流の質	情緒的	用具的
交流の方向性	深める	広げる
相手の属性	近くて同質	遠くて異質
交流の密度	濃い	薄い
つきあいの範囲	小さく閉じた世界	広く開いた世界
交換される情報	同質・専門的	異質・一般的
例	長年のお得意先づきあい	異業種交流会

ルは彼らとの関係のマネジメントにかかっているのであり，財務・生産・販売など担当職能のトップである部長たちは，これらに関して大きな権限と責任が与えられているのである。

5 内と外をつなぐ視点

●クローズド but オープン

企業と環境との関わりは，どのようなものなのだろうか。オープン・システム論やクローズド・システム論など，この疑問に答えるいくつかの見方を検討してきた。現実の企業経営では，目標達成のために組織内部を十分に機能させるという内部統合と，社会が求める製品・サービスを提供し，変化する環境にうまく対応する外部適応を同時にこなしている。なるほど，だから部長たちはいろいろ責任もあるし忙しいのか……。納得しようとするわたしに，次のような疑問が浮かんでくる。

疑問 10-5
内部統合と外部適応をこなすためには，何が必要なのだろうか？

第2節で挙げた2つの見方にもとづくさまざまなマネジメント論は，それぞれが着目している対象に焦点を合わせて展開されている。つまり「クローズド or オープン？」という考え方だった。それに対して，ここでの論点は，内部で働いている人々がいかに環境とつながっているかを考えているので，クローズド・システムとオープン・システムの両方を併せ持ったような見方が必要になる。

それを可能にするのが，以下のような合理性と不確実性の双方を念頭に置いた考え方である。すなわち，組織は環境の複雑性に対して限界を設定し，その「限定された合理性」のもとで（「最大化」よ

Column ⑨ 　環境と組織構造の対応関係：
　　　　　　　最小有効多様性の原則 ●　●　●━━━

　　環境の複雑性・不確実性に対応する手段の１つが，環境の多様性に匹
　敵する組織の多様性を組織の内部に確保することである。ハーバート・サ
　イモンをはじめとする近代組織論の研究者たちが提唱する組織の見方（情
　報処理パラダイム）では，環境に適応するために，環境変化の多様性に対
　応するだけの多様性を持つことが組織にとって必要であると考える。組
　織は最小有効多様性（＝情報処理能力）を確保することによって，環境多
　様性（＝情報負荷）に対応している。これを最小有効多様性（requisite
　variety）の原則という。組織内の多様性を最小限に抑えるのは，重複や
　冗長性の低減による組織維持コストの低減や，マネジメントの効率性の向
　上を考えてのことである。組織の内部が，職能別や製品事業部別，地域事
　業部別，カンパニーや事業本部など，さまざまに分化する理由の１つは，
　このように外部の複雑性に対処するためなのである。

りもむしろ「満足化」にもとづいた）意思決定をするのだ（→第６章）。
そのような見方のもとでは，組織をオープン・システムとして，つ
まり不確定的でありかつ不確実性に直面するものとして捉え，しか
も同時に可能なかぎり合理的に目標の達成をめざすのである。

　さて前にも述べたように，組織は環境に対して依存的である。こ
れは組織と環境は，交換関係，つまりお金や製品・サービスのやり
とりを媒介につながっていて，他者に対して有用なものあるいは何
らかの価値を提供しなければ，自らの存続に必要なインプットを他
者から得ることができないためだ。わたしの会社も，顧客がわたし
の会社のサービスの価値を認めて購入してくれるからこそ，社員に
給料も払えるし，新たな製品開発への投資も可能になっている。

　それでは組織は複雑で不確実な環境のなかでどのようにして，そ
の目的を合理的・効率的に追求するのだろうか。これは，①組織内
部への複雑性・不確実性の影響を減少させるために外部環境と組織
の間に境界を設定し，②その境界の内部では，目標達成のため合理

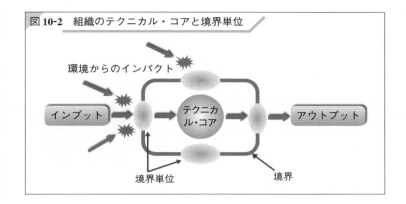

図**10-2**　組織のテクニカル・コアと境界単位

環境からのインパクト

インプット

テクニカ
ル・コア

アウトプット

境界単位

境界

的・効率的な活動を行う，ことによってである。

　前掲の経営学者トンプソンは，合理的な基準によってヒト・モノ・カネ・情報といったインプットを製品・サービスといったアウトプットに変換するための中核をテクニカル・コア（technical core）と呼んでいる（Thompson［1967］；テクニカル・コアは，組織の目的を達成するための１つあるいはそれ以上のテクノロジーから構成されているシステムと定義される）。テクニカル・コアがその能力を最大限に発揮するのは，クローズドな状態，すなわち合理性が発揮できるような外部の不確定要因から隔離されている場合である。そこで組織は，①環境との間に境界を設定して不確実性を十分に隔離し，それができない場合にはさらに，②境界連結単位（boundary-spanning units）を置き，環境からの攪乱要因をできるだけ押さえ込むことによって，テクニカル・コアを効率的に機能させようとする。これは，図10-2のように表すことができる。

　企業と環境とを取り持っているのは，現場の社員から社長まで，さまざまな階層の組織メンバーである。そのなかでとくに各部門の長として，その部門のマネジメント（すなわち内部統合）とその部門の外とのつながり（すなわち外部適応）を担っているのが，部長たち

　1972 年に第 1 作，1974 年に第 2 作，そして
1990 年に第 3 作が公開された，ハリウッド映画
のなかでも不朽の名作と呼ばれている作品であ
る。イタリア系アメリカ人らの非合法組織（マフ
ィア）の台頭，組織間の抗争の歴史のなかで翻弄
される 1 人の男の半生を描いている。

　コルレオーネ・ファミリーは，移民のビトーが
ニューヨークの下町で近所のもめごとを非合法な
手段で仲裁しながら，またオリーブオイルを独占
的に販売できる利権を使って急成長したマフィア
である。彼のファミリー・ビジネスはあくまで地
元（縄張り）に特化し，ずっと排他的に行われて
きたが，そのテリトリーの拡大のなかでやがて他

ゴッドファーザー PART I〈デジタル・リストア版〉
発売元：NBCユニバーサル・エンターテイメントジャパン
価格：1,572 円税込
DVD 発売中
™ & © 1972 Paramount Pictures. All Rights
Reserved. Restoration © 2007 by Paramount
Pictures Corporation. All Rights Reserved. ™, ® &
© 2014 by Paramount Pictures. All Rights Reserved.

のファミリーとの衝突が生じてくる。すなわち，外部との関係を築く必
要が出てきたのである。

　たとえば，麻薬の取り扱いによってビジネスを拡大したい他のファ
ミリーたちが，政治家という大きな後ろ盾を持つコルレオーネ・ファミ
リーにも同調するように迫るシーンがある。麻薬だけは扱わないという
信条を持つビトーは当初はそれらを拒否していたが，そのために自身も
銃撃され，また最後には跡継ぎの長男を殺害される。怨恨による無駄な
争いを続けることを嫌ったビトーは終戦宣言をすると同時に，条件つき
で麻薬の取り扱いを認めたのだった。これを大きな契機として，各マフ
ィア組織は他のファミリーや FBI らの動向に迅速な対応が求められる
という複雑な情報戦の時代へと突入するのである。

　実際，映画のなかでは実に多くのパーティの様子が描かれている。1
作目の冒頭はビトーの長女の結婚パーティ，ラストではビトーの葬儀
が大々的に執り行われる。2 作目の冒頭でも 2 代目としてゴッドファー
ザーを継いだマイケルの長男の宗教行事にともなうパーティが描かれ，
キューバ革命前夜の首都ハバナで事業投資家たちの宴が催されるとマ
イケルはこれに出席するために出向いていく。これらは他者に対してコ
ルレオーネ・ファミリーの持つ影響力を行使するためであったり，外部

からのインパクトを緩和するための情報収拾の手段となっている。マイケルはこれらの会合から得た情報から誰が本当の敵なのかを見事に分析し，その分析どおりに行動を起こすのである（初代のビトーも 2 代目のマイケルも，何気ない世間話のなかから自分に敵意を抱く者を見抜く達人である）。

　これらからわかるのは，単に会合に参加するだけで外部との関係をうまくマネジメントできるわけではないということだ。外部との架け橋役を担う者には，その場でうまく立ち回ることが求められるし，なんといっても得た情報をどのように解釈するのかという分析力が必要である。

だろう。そして彼らは，社内・社外双方に広がる自らの社会的なネットワークのなかで強連結と弱連結を駆使しながら，利害関係者との関係やこれまでつきあいのなかった相手との新たな関係を構築しているのである。

エピローグ

　組織の再編を考えているときは社内のことばかりが気になっていたけれど，会社は常に社外とつながっているので，それも一緒に考えていかないとマネジメントは回らないように思えてきた。実際，うちの会社も，顧客や取引先との良好な関係がないとやっていけない感じだ……。休みの今日だって，取引先への接待で朝からゴルフに行かないといけない。ぜんぜん下手なのに。時には先方のご家族にプレゼントを自費で贈ることもある。本当はそのお金を貯めて家族でプチ旅行にでも行きたいんだけどな。これも部長の責任か……。あぁ，わたしも会社，辞めようかな。

さらに学びたい人のために

① 加護野忠男・角田隆太郎・山田幸三・上野恭裕・吉村典久 [2008]
『取引制度から読みとく現代企業』有斐閣アルマ。

● 「人，モノ，金，情報（知識）」という4つの経営資源の取引が企業
間や企業内でどのように行われるかを説明し，その取引の場の仕組み
がなぜ生まれたのかをわかりやすく解説しています。

② 西口敏宏 [2007]『遠距離交際と近所づきあい――成功する組織ネット
ワーク戦略』NTT 出版。

● 中国の温州商人ネットワーク，日本のトヨタグループ，イギリスのケ
ンブリッジ大学周辺のベンチャー・クラスター，イギリス軍の装備調
達システムなどを例に，成功するネットワーク組織を濃密な近所づき
あいと関係のちょっとした飛躍をもたらすリワイヤリング（つなぎ直
し）の組み合わせという，シンプルなロジックで説明しています。

③ 若林直樹 [2009]『ネットワーク組織――社会ネットワーク論からの新
たな組織像』有斐閣。

● サービス化・情報化が進む社会のなかで，企業間の関係もネットワー
ク化が急速に進んでいます。ネットワーク化される組織についての
エッセンスを説明し，そのようなネットワークがもたらすイノベーシ
ョン・人材登用・関係の柔軟さ・信頼関係などについて解説していま
す。

一点突破と全面展開

てこでも動かんか!?

　青天の霹靂とはこういうことをいうのだろう。まさか，私がIT企業の執行役員に任命されるとは……。前の会社へ転職して以来，コンサルタントとして助言してきたクライアント企業から，事業再生請負人としての実績が買われ，社長から直々にヘッドハントされた。大抜擢の任命で，思わず快諾してしまった。認めてもらえたことは嬉しいが，組織の変革を一任され，最近は胃痛が絶えない。

　これまでも国際的なプロジェクトに多く携わってきた。グローバル化のスピードは年々増していき，もはや待ったなしの状況だ。競争のルールも大きく変わり，従来のやり方が徐々に通用しなくなっている。環境に合わせて事業を組み替え，組織を変革しなければならない。しかし社員たちを見渡すと，そういった危機感は薄い。彼らはこれまでのしきたりや慣習に甘んじているようだ。正直，ぬるすぎると思う。部下に嫌われることを覚悟して，大なたを振るわないといけないだろう。それこそ，外からやってきた私の役目なのだから。

1 組織の変革

　一夜にして創造的破壊者であることが求められるようになった私は，ずいぶんとまどった。コンサルタントだった私が，現場の指揮をとる改革者たることが求められているのである。

　コンサルタントという立場であれば，道理に従って指摘することもできた。しかし，本当に歴史あるIT企業の組織を変えることは可能なのだろうか。自分自身，冷静になってもう一度問い直してみた。

成長のライフサイクル

尊敬する先輩が昔つぶやいていた。「組織は変わっていくものではあるが，変えられるものではないのかもしれない」と。組織も人間と同じように成長とともに変化する。しかし，その変化はあらかじめ刻まれた成長プログラムに沿って起こっているもので，意図的に変えようとして起こった変化ではないのかもしれない。

　変化に対するこのような考え方は，一般にライフサイクル・モデルと呼ばれる。ライフサイクル・モデルというのは，生物の成長になぞらえて組織の変化を説明するもので，組織は，生誕，成長，成熟，衰退といった定まった段階を踏んで変化していくという考えである。どのような会社の成長の歴史を思い浮かべてみても，時間が経過して組織の規模が大きくなると，内部の管理が複雑になり，それに対応しなければならなくなる。成長にともなう問題へ対応していくうちに組織は変化する。

　ラリー・グレイナーは，このようなスタンスに立ち，成長が一定のレベルに達すると危機が訪れ，その危機を乗り越えられた組織だけが次の成長段階に進めると考えた (Greiner [1972])。すなわち，組織は，穏やかに変化するプロセスと危機をともなった革命的な変化のプロセスをくり返して成長していく，というライフサイクルを描いたのである。このモデルでは，組織の成長はその年齢と大きさから捉えられており，組織は定まった順序で幾たびもの成長と危機をくり返すと考えられている。基本的に，変革というのは，成長をきっかけに引き起こされるとされており，その意味で予測可能だといえる。この点がライフサイクル・モデル固有の特徴ともいえる。

　ちなみに，危機を乗り越えるという点では，成長の壁を乗り越え

ようとする組織の主体性に焦点が当てられているように思われるかもしれない。しかし、これはライフサイクル・モデルの本質とは異なる。むしろ、変化というのはあらかじめ決められた順序で引き起こされるというのがライフサイクル・モデルである。その意味で、組織というのは、「変えるもの」ではなくて「変わるもの」なのである。この意味で、運命決定論的とさえいえる。

環境による淘汰

私自身、運命決定論と聞いてドキリとした。運命決定論をもっと突き詰めると、結局、組織は変えられないし変わらないということになるからだ。人間として生まれれば人間として死ぬしかない。同じように、ある会社として生まれれば、別の会社に生まれ変われるはずもなく、その会社として寿命をまっとうするしかないのである。たとえある会社が変化しているように見えても、それは、ライフサイクルに従った成長や成熟にすぎず、別の種に変異することは不可能である。

これは1つの極論であるが、ダーウィンの進化論はこのような考えにもとづいている。つまり、環境の変化が起こったとき、ある共通の特徴を生まれながらにして備えた組織群（＝種）は生き残るが、それを備えていない組織群は死に絶える。これが、適者生存という考え方である。

たとえば、われわれの祖先のことを考えてみよう。さまざまな種のなかで最後に生き残ったのは、言葉を交わせるような喉の器官を発達させた種であった。なぜなら、複雑なコミュニケーションをとることによって、うまく狩猟をしたり外敵から身を守ったりできたからだ。ここで喉の器官は、あるご先祖様が生きている間に（遺伝子が変化して）発達したというわけではない。たまたま喉が発達した赤ん坊が変異として生まれ、それが世代交代を経て種のなかに広がっていったと考えられる。そして、複雑なコミュニケーションがとれない種が淘汰されていくなかで、選択された種として存続し、

現在に至っているのである。ビジネスの世界でも，たとえば，昔ながらの万屋はさびれたが，コンビニエンス・ストアに変異した酒屋は繁栄した。また，レコード針を収益源としていた会社のほとんどは，CD（コンパクト・ディスク）の時代になって廃れたが，趣味性に特化してアナログ音源にきわめている会社は生き残っている。

　人間や生物は個体としてその寿命をまっとうするまで変わらない。そうだとしたら，個別の会社組織は倒産するまで「変わらない」という発想も成り立つ。組織というのは変わるのではなく，新たに変異して生まれるのである。それが選別，淘汰のなかで生き残り，新しい種として保持される。このように，世代交代を経て変わるのは組織群（＝種）のレベルであって，特定の個体としての会社組織ではない。その選別と淘汰を行うのが環境だというわけだ。このような考え方を個体群生態モデルという。

　個体群生態モデルでは，倒産は，会社の経営の良し悪しによるものとはされない。ある特定の産業に属したり，ある特定の地域に立地したりすると，どんな企業でも生き残りやすい場合（あるいは衰退しやすい場合）がある。個別の会社は変わりようがない。業界内に変異が生まれて，ある共通の特徴を持った組織群は適者生存として生き残れるかもしれないが，それは個別の会社としてはコントロールできない。外部環境に身を委ねるしかないのである。

2　トップによる働きかけ

決定論の問題　　さて，それではコントロールできない外部環境に対して私たちはどう向き合うべきなのか。本当に，組織が大きく変化できるのは，新しく生まれ変わったときだけなのだろうか。

自分自身，相応の経験を積み重ねてきて，「変わらない」という考えにも一理あるように思える。とくに，歴史や伝統を重ねれば重ねるほどメンバーの同質性は高まるし，慣行というものも根強くなる。周囲の利害関係者との関係も深まって身動きがとりにくくなる。伝統があればあるほど組織は変わりにくくなる。結局は，環境（ひいては運命）に身を任せているだけなのかもしれないと思ってしまう。

　しかし，実績を買われて執行役員にまで任命された以上，運命に委ねるわけにはいかない。たとえ環境がすべてを決める状況であっても，変わることに最大の努力を払うしか選択の余地がない。種の存続もさることながら，自分自身の会社はどうすればよいか，その指針がほしい。

疑問 11-2
組織をどのようにして変えればよいのか？

　変化が予測できれば，あるいはせめて変化の原理がわかれば，主体的に動くことができる。そもそも「ただ，変わるのを待つ」というのではマネジメントにならない。そう考えれば，トップが主体的に働きかけることを前提にした変革アプローチを探すべきではないか。その代表が，戦略的変革アプローチである。

戦略的変革アプローチ　　戦略的変革アプローチというのは，実務家にとっては最もオーソドックスな方法で，戦略の立案と実施，ならびにモニタリング・修正という秩序立った3つの段階で進めるプロセスのことである。トップが持つ権限をうまく活用したアプローチである。

　第1段階は，徹底した分析をベースに戦略を立てるというプロセスである。この段階では，環境の変化を読み解き，自社がめざすべきポジションを明確にして，具体的なアクションの計画を立て

る。会社の頭脳ともいえる戦略スタッフや外部のコンサルタントを活用して，「なりたい姿」とそれに至る「たどるべき行程」とを明確にする段階である。たとえば，10年後にアジアでナンバーワンになるという目標を立てたとしよう。逆算すれば5年後にはどうなっていなければならないか，来年までに何を達成しなければならないかが明確になり，その道のりも考えやすくなる。

　第2段階は，戦略を実行するために組織を動かしていくプロセスである。新しい事業を立ち上げるなら，組織を編成し直す必要があるだろう。トップとしてさまざまな働きかけをしながら，有能な人を選抜したり必要な人を他の部門から異動させたりして，経営資源を適切に配置しなければならない。さらに部門ごとに目標を割り振り，責任に見合った権限を与え，評価基準を明らかにする必要もある。

　第3の段階では，実施された戦略がモニターされる。計画どおりに進んでいなければ，そのズレを埋めるためのアクションがとられる。逆に，計画自体の見直しが必要となれば，柔軟に修正を加えなければならない。

　このように，戦略的変革のモデルというのは，変革に先立ってあるべき姿を描き出し，現状とのギャップを埋めようとする。このように目標を提示して組織変革を進めるアプローチのことを，目標志向という。私自身が，事業を背負ったとしても，目標志向は，わかりやすく有効なアプローチだと感じた。なぜなら，目標志向のベースには，首尾一貫した考え方があるからである（Van de Ven and Poole［1995］）。

① 目標が組織の動きを決める
② 目標の形成と実践のくり返しによって環境に適応できる
③ 目標の共有によってメンバーと組織の利害は統合される
④ 目標の形成の仕方によって創造性を発揮することもできる

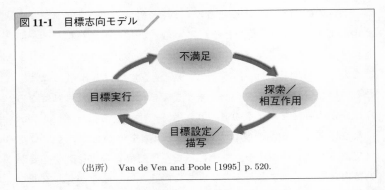

図 11-1　目標志向モデル

不満足

探索／
相互作用

目標実行

目標設定／
描写

（出所）　Van de Ven and Poole [1995] p. 520.

　これらの前提により，組織目標を通じて組織を変えていくことができる。それゆえ，「目標の設定こそがトップとしての最重要な課題である」という考えには，自分自身も説得力を感じずにはいられない。

戦略的変革アプローチ
の限界

しかし，このアプローチにも問題はあった。もし，私自身が執行役員として力任せに変革を進めたら，きっと変革は失敗に終わるであろう。戦略的変革アプローチについては，いくつかの限界がある。まず，立てられた戦略が机上の空論になりやすい。現場から離れたトップは，ビジネスの具体的なレベルまで理解しているとはかぎらず，「なりたい姿」と「たどるべき行程」を詳細に描き切れない。また，具体的な「成功例」や「見本例」も欠けている。その結果，現場からすると空虚な絵空事になってしまうため，ミドルやボトムを巻き込むことができない。

　次に，全体を変革できるとはかぎらない。もちろん，トップ主導で行われるため，権限や影響力を使いやすい。しかし，全体を巻き込んで目標が立てられているわけではないので現場の納得感を得るのが難しく，変革が及ぶ範囲も上からの影響力が直接及ぶところまでにかぎられてしまう。

3 ミドルによる試行錯誤

　結局，組織が一枚岩の塊であるかのような捉え方に限界があるのかもしれない。トップがいったところで，みんながいうことを聞いてくれるとはかぎらない。私はそう考え，もっといろいろな人が渾然一体となって変革するモデルを探すことにした。すでに執行役員になっているので，有能な部下は何名かいる。トップとボトムの結節点となるミドル・マネジャー（中間管理職のことで，以下，単にミドルとも表記）たちに主体性を持たせ，その試行錯誤から変革を生み出すことはできないか。最前線で活躍するミドルの力を活かすべきだと考えられる。

> **疑問 11-3**
> 本当にトップだけで組織は変わるのか？

　　進化論的変革モデル　このような要望に応えてくれる変革モデルがある。それは，進化論の考え方を組織内に適用したもので（Weick［1979］；Burgelman［1983a；1983b］），聞き慣れないかもしれないが進化論的変革モデルという。このモデルは，組織内部に多様な試行を促し，組織内部でそれらのなかからよいものを選択・淘汰して，それを保持することによって環境の変化に適応するというものである。

　進化論的なアプローチ自体は，さまざまなレベルに用いられる。しかし，いま考えていることは，組織内部にバリエーションを生み出して会社全体の変革を進めるという方法である。もっと限定していえば，組織の変革をミドル・マネジャーたちに委ね，彼らが主役になるようなモデルだといえよう。

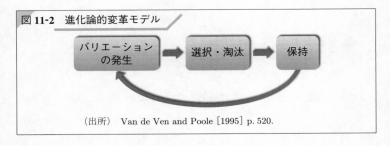

図11-2 進化論的変革モデル

バリエーション の発生 → 選択・淘汰 → 保持

（出所）　Van de Ven and Poole [1995] p. 520.

　進化論的な変革というのは，3つの段階をくり返すことによって変化を積み重ねていく方法である（図11-2参照）。まず，第1の段階では，ミドル・マネジャーたちの多様な試行錯誤を促す。試行錯誤というのは，製品・サービスの開発や新しい制度や仕組みの導入など多岐にわたる。熟慮したミドルが，半ば計画的に試行錯誤していく場合もあれば，自然発生的に行われる場合もある。必然と偶然の要素があいまって，バリエーションが生み出されるわけである。そのためには，私も執行役員としてミドル・レベルでさまざまな試みが出てくるように支援する必要がある。たとえば，就労時間の15％は新しいアイデアを出すための時間に使うとか，アイデアさえあれば上司に資金の提供を願い出ることができるようにすればよい。この段階では，ミドルの自然発生的な力を抑えつけてはならない。むしろ混乱を許容するような姿勢が求められる。

　第2の段階，選択・淘汰では，さまざまな試行錯誤のなかから適切と思われるものを選別する。選別の基準はさまざまであり，市場や競争の環境に合っているか，組織内で「かくあるべき」とされている規範に合っているかなどが考えられる。一般的に，新しい製品やサービスを多く生み出している会社には，このような取り組みを奨励する社風がある。明確なルールがあってもよい。

　もし，この選別の基準が時代遅れであったり，これまでの慣行どおりにしてしまったりすると，間違ったアイデアが選別されてしま

う。したがって，事業部を実質的に仕切る立場としては，市場環境や競争環境など外の世界の動きを見たうえで，それをうまく組織自身の選別基準として内部に取り込む必要がある。選び方が大切なのである。

第3の段階，保持とは，選別されたやり方を定着させるプロセスである。具体的には，新しいやり方を文書化したり，データベースに記録したりすればよい。記録に残せば，他の部署や後続が同じ手順で仕事を進めることができるようになる。場合によっては，売上高が一定の額を超えるとプロジェクトに昇格するが，逆に累積赤字が一定額に達すると撤退を余儀なくさせられる，といった取り決めを明文化することも大切である。これによって，同じやり方を幅広く，しかも後の世代にも定着させることができる。保持が甘いとせっかくの有効なやり方が消え失せてしまう。

進化論的アプローチの特徴と限界

以上が進化論的なアプローチである。その前提を箇条書きにして整理してみよう（加護野［1988］）。

① このアプローチでは，現場に近いミドルの試行錯誤と，組織による選別・淘汰，ならびに保持という形で，変革が進められていく

② このような変革は，現場のミドルによって促されるし，望ましい青写真というのは，多様な試行錯誤とその選別の結果生まれるものだとされている

③ このアプローチでは，組織は，さまざまな部門がそれぞれ主体性を持って変わることが前提となっている

ここで大きな役割を果たすのが変革の主体としてのミドルである。ミドルの活力を活かすという意味ではとても有効なアプローチだといえる。とくに，試行錯誤的なプロセスが，即，新製品開発に結びつくような場合には適している。

ただし，執行役員の私自身が何も示さずにミドルに委任すると，思ったような変革を引き起こせずに失敗するかもしれない。なぜなら，進化論的アプローチにもいくつかの限界があるからである。第1に，選択・淘汰の基準が新しくなければ，従来と同じ時代遅れのやり方が再生産されるだけである。また，有効なバリエーションの発生と淘汰と保持のメカニズムがいったん定着すればよいのかもしれないが，それ自体がきわめて困難にも感じられる。

　第2に，基本的にミドル任せとなるので方向性が定めにくい。というよりも，もともと目標を最初に明確にするアプローチではない。このアプローチの性質上，どうしても組織としてのビジョンが定まりにくいのである。

　第3に，小さな累積をベースに組織全体が変わるという発想であるが，局所的な変化が大きな変革につながるとはかぎらない。ミドルを中心に変革の単位は複数にわたるが，波及する範囲や方向はコントロール不能だといえる。

　進化論的アプローチを組織内で行うと，たしかに現場の状況に合った取り組みができる。しかし，なりゆきに身を委ねることになるし，組織全体への波及の面でも限界がある。そう悟った瞬間，自分の脳裏に1つの疑問が浮かんだ。

疑問 11-4
どこまでミドルに任せてしまってよいのだろうか？

変革型ミドルの登場　この問題に1つの答えを出すようなミドル・マネジャー像がある。それが，変革型リーダーシップを発揮するミドル・マネジャーの存在である。変革型ミドルは，通常のミドルと違い，人を引きつけるようなビジョンを提示してくれたり，偉業を成し遂げたりする。ミドル・マネジャー自身に与えられている権限や経営資源だけでは解決できないよ

うな問題を解決して組織を変えていく。そこで，自分の部下の特質を思い浮かべながら変革型ミドルに求められる役割を確認した。

① 信頼の蓄積（ネットワーキング）

② 新たなビジョンの提示

③ 信頼の行使（ネットワークの活用）

第1に，事業部門のトップに位置する立場だと感じにくいかもしれないが，ミドルが変革を成し遂げるためには多くの人たちの力を借りなければならない。そのためには信頼が必要である。もちろん，正しいことさえいえばいつでも誰でも協力してくれるというわけではない。変革は日々のオペレーションを変えてしまうため，多くの人たちにストレスをかけてしまう。ミドル・マネジャーの部下のなかには反対する者もいるかもしれない。変革がそのミドルの権限だけでは達成できないときには，さらに上位の権限者を味方につけておかねばならない。

第2に，変革は必ず新しいビジョンをともなうものだが，それを提示しないと誰も協力してくれない。ちょっとしたアイデアであれば誰でも容易に思いつくことができるが，それはビジョンと呼べるものではない。ビジョンには多くの人たちをワクワクさせて巻き込めるだけの熱が必要である。そういったビジョンは頭のなかで熟考するだけで生まれるものではない。

最後に，実際に多くの人を巻き込むための行動を起こさなければならない。信頼の蓄積があれば部下もそのビジョンに喜んでついてくるだろうし，私の上司も会社のトップも協力してくれるに違いない。変革型ミドルが行動を起こせば，多くの協力を得ることができる。それは蓄積された信頼の証であり，ミドルが提示したビジョンが適切だからである。

変革型ミドルの限界　以上のように，変革型ミドルの議論では，大きな役割を果たすのは突出したミドルだ

　本文で紹介された変革型ミドルのリーダーシップのポイントは，下記の6つに整理することができる（金井［1999］）。

① 戦略的ビジョンの浸透——夢のある大きな青写真を提示して，それを広く浸透させること。戦略的課題を提示したり，目標を明確化したりして焦点を定めることが大切である。

② 環境探査・理由づけ——社内の状況を注意深く観察し，自らの変革の有する意味を考えること。社内で響きやすい表現やツボが大切である。それを探り当てるための人脈や洞察力がカギとなる。

③ 実験的試行の促進——ビジョンに合った試行を促し，具体的なプロジェクトを立ち上げること。動機づけを工夫し，自らリスクを背負う覚悟が求められる。また，変化への抵抗が出ないようにメンバーを参加させたり，自らの得意分野ばかりに固執しないように視野を広くしたりすることが大切である。

④ 実施時の極限追求・持続——社内の抵抗に屈することなく一定期間，変革に必要な努力を維持・持続させること。変革への期待，執拗さ，忍耐力，コミットメント，緊張醸成などがこれを可能にする。

⑤ フォロワーの成長・育成——社内の抵抗に負けないフォロワーたちを育成すること。個々人への配慮や育成の態度が見られなければ，最後までついてきてもらえない。

⑥ コミュニケーションとネットワークづくり——変革に必要な情報や力を提供してくれる人的ネットワークをつくること。多様なネットワークとつながりを持ち，互いに共感を持って力になってもらえるようにすればよい。

とされている。しかし，いくら優秀な部下がいるといっても，私自身，右腕となって活躍してくれる奇特なミドルを組織のなかでみつけることができるのだろうか。彼らは，自身の価値観でビジョンを提示し，自身の判断で行動していく。優秀だといってもミドルが内外の環境を正確に読み取り，組織全体にとってよいことを見極めるのは難しい。どうしても，自分の経験に引きずられて自分がよいと

思うことを突き進んでやってしまう傾向にある。

　また，突出すればするほどよいというものではない。組織とは不思議なもので，突出することでかえって波及しなくなるということがある。突出すればするほど，既存の体制との矛盾が際立ち，仮にそれがよいことであっても変革が波及しないことがある。卓越したミドルだけが頑張ればいいのかといえば，周囲から浮いてしまうおそれもある。

4　トップがつくった舞台にミドルが立つ

　自分自身，あらためて組織を変えることの難しさを実感することになった。いわゆるトップダウンだと，机上の空論になりやすいし，変革を底辺まで広げにくい。全体を巻き込んで目標が立てられているわけではないので，同意を得にくい。

　一方，ミドルの参加を前提としたアプローチであれば，全体の同意は得やすい。しかし，ミドル任せだと方向が定まらず，望ましい変化を起こすとはかぎらない。また，その変化が波及する保証はない。変革型ミドルであればビジョンを浸透させてくれるかもしれないが，その登場を待つというのでは，トップとしての役割を果たしたことにならない。何よりも，ミドル任せでは変革の丸投げになってしまう。トップダウンでもダメ。ミドル任せでも限界がある。組織変革を難しくしている原因は何か。それぞれのアプローチの限界を克服するためにいったいどうすればよいのだろうか。

> **疑問 11-5**
> それぞれの限界を克服するためにはどうすればよいか？

　トップだけで進めてもダメ，ミドル任せにしてもダメということ

であれば，よい折衷主義でいいとこどりをすればいい。そう考えた私は，これまで見てきた変革アプローチを整理してみた。両者のいいところを折衷するためには2つのポイントがある。1つは変革の単位についてのポイントであり，もう1つは青写真の描き方についてのポイントである。

　第1の変革の単位というのは，具体的には組織を1つとみなすことの問題である。職場レベルから全体を変えようとしても，トップダウンで全体を変えようとしても，組織を1つの塊とみなしていては限界がある。そもそも組織というのはたくさんの職場や部門が束ねられた複合体なのである（→第5章の「連結ピン」）。したがって，多主体的，すなわちそれぞれの視点が活かされた変革モデルが求められる。進化論的変革モデルはこれに該当する。しかし，ミドル・マネジメントが多様な試行錯誤をしたとしても，その上澄みがうまく全体に波及するとはかぎらない。変革の単位を複数としたうえで，いかに波及させるかについて正面から取り組んでいく必要がある。

　もう1つのポイントは，青写真の描き方である。たとえ自分自身が執行役員として相当の経験を積んでいたとしても，あるいは百戦錬磨のコンサルタントに助けてもらっても，変革の前に完全な青写真を描くのは難しいであろう。これは，その会社の頂点に立つトップであっても同じことである。無理して詳細な青写真を描いてもろくなことはない。環境の変化とともにその青写真は陳腐化するだろうし，詳細なだけに自由な発想を妨げるかもしれない。かといって，ミドル・レベルの自然発生にすべてを委ねることにも問題がある。トップとして方向性を示しつつ，そのビジョンに合致するような試行錯誤を促す方法が必要である。

　これらの2つのポイントを眺めて，私もひらめいた。トップとミドルとの役割分担を考えればいいのだと。みんなが同じことをす

るのではなく，それぞれが異なった役割を果たす。波及にしても，青写真の描き方にしても，両者がうまく役割分担すればよい。この役割分担を理解したうえで，トップとしてなすべきことをすればよい。そうすれば，計画性のよさと自然発生のよさをブレンドすることもできるし，権限のメカニズムも競争の原理も活用できる。

折衷のさせ方はいくつかある。そのなかで，最も実践的なのはレバレッジ・モデル（竹内ほか［1986］；加護野［1988］）であろう。

レバレッジ・モデル　レバレッジ・モデルというのは，直訳すると「てこの原理」という名のモデルである。トップとミドルの相互作用から自然発生的な変革を生み出し，組織全体に波及させようとする点に特徴がある。ただし，そのためには「支点のあり方」に配慮する必要がある。だからレバレッジという名の変革モデルと呼ばれているわけだ。レバレッジ・モデルは，4つの段階から成り立っている。

① トップが，危機感を創出しつつ変革の支援づくりをする
② その一方で，ミドルは危機や矛盾を発展的に解消して実績を出す
③ これによって全社的な横展開が可能になる
④ トップは追認を越えるビジョンを提示する

このようなトップとミドルとの相互作用と役割分担を，変革段階に沿って明示したところにこのモデルの特徴がある。

(1) **戦略的なゆさぶり**　第1段階は，トップによるゆさぶりである。ゆさぶりは，衝撃的であり，なおかつ大まかでなければならない。衝撃的であるからこそ，変革への心構えが組織の隅々にまで行き渡るし，大まかであるからこそ，生み出された矛盾を創造的に解消する余地が残されるからである。

それでは，まず，衝撃的であるためにはどうすればよいのか。何よりも，事業を背負うものとして現状に甘んじていては先がない，

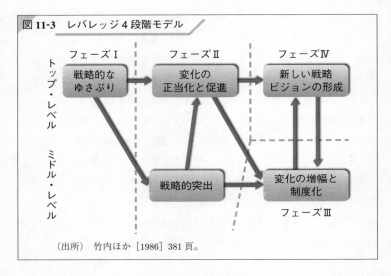

図 11-3　レバレッジ 4 段階モデル

フェーズ I　　　　　フェーズ II　　　　　フェーズ IV

ト　　　　　戦略的な　　　　　変化の　　　　　新しい戦略
ッ　　　　　ゆさぶり　　　　　正当化と促進　　　ビジョンの形成
プ
・
レ
ベ
ル

ミ
ド
ル
・　　　　　　　　　　戦略的突出　　　　　　変化の増幅と
レ　　　　　　　　　　　　　　　　　　　　　制度化
ベ
ル　　　　　　　　　　　　　　　　　　　フェーズ III

（出所）　竹内ほか［1986］381 頁。

　という危機感を示す必要がある。衝撃的な事業投資，象徴的な抜擢
人事といったアクションをともなうメッセージが有効である。外部
から有名な実業家を経営陣として招き入れるというのはどうだろう
か。もちろん，単に危機感を煽（あお）るだけではなく，戦略的展望を持っ
て危機感を創出しなければならない。高尚なビジョン，高い目標，
次代の事業の仕組みを予見させる構想。これらはいずれも，変革し
た暁のすばらしさを予感させる。つまるところ，あるべき将来と危
ない現状とのギャップをメンバーに感じ取らせればよいのである。
　次に，大まかであるということについてであるが，レバレッジ・
モデルのゆさぶりは大まかな問題意識にもとづいたものにすぎな
い。ゆさぶりの段階では緻密な分析にもとづいた詳細な青写真は不
要である。そればかりか，後のプロセスの自由発想の制約として変
革の妨げになる。
　なお，第 1 の段階で留意すべきポイントは 2 つある。1 つは，ゆ
さぶりが行われる分野である。続く変革の段階で，引き起こした

変化を組織全体に波及させるためには，その試みがコアの分野でなければならない。「本業の真っ只中での新規事業開発」（加護野[1988]）などはその典型で，本業を新しい形で行ってこそ真にインパクトのあるお手本となって波及を促す。このことを踏まえて，本業のなかで，これまでとは違った市場に向けて新しい仕組みでアプローチすることなどを検討してみてはどうだろうか。

　もう1つのポイントは，ゆさぶりの大きさである。既存の思考様式や行動様式に逆戻りしないような大きな矛盾を生み出さなければならない。このような矛盾の創出には，社内の反対が必ずともなうので，そのような政治的圧力を超えたトップの権限が必要なのである。

　(2)　**戦略的突出**　　第2段階は，ミドル・マネジャーを中心にした小集団による戦略的突出を促すステップである。突出集団は，自然発生的に生まれることもあれば，トップが計画的に支援して形成する場合もある。いずれの場合でも，実践的かつ創造的に矛盾を解消するのはミドルである。なぜなら，トップに比べるとミドルのほうが現場に近いからである。実際，自分自身も執行役員として招かれてきたので，問題は見えても解決法まで明確にわかっているとはかぎらない。引き起こされた矛盾が最も具体的な形となって現れるのは現場である。ミドルはトップよりも現場のことをよく知っている。また，直面する問題が具体的であるからこそ，それを解決する糸口がみつけやすくなる。ミドルは，矛盾に押しつぶされる危機にも面しているが，逆に，実践を通じてイノベーションを引き起こせる環境に身を置いている。

　この段階で最も重要なのは，何よりも実績を残してもらうことである。実績が出せなければ，トップのつくり出した戦略的な矛盾は単なる無理難題に終わる。矛盾を解消するアイデアやコンセプトがあったとしても，それが実現されなければ誰もついてこない。実際

のビジネスにおいて実績をもたらした取り組みは，よき見本例となる。現代的にいうと，社内で参照すべき事業の設計図＝ビジネスモデル（→第12章）などはその典型であろう。

第2段階でトップである私が留意すべき点は，いずれも変革の支援づくりに関わる。1点目は，きわめて挑戦的な目標や具体的な納期を設定すると同時に，手段についての制約を取り除くといった条件づくりを行う必要がある。このような条件づくりによって，ミドルは腹をくくって変革に取り組むことができる。

2点目は，隔離と組織的障害の排除である。変革の条件が整備されていなければ，ミドルは動くことができない。たとえ有志が果敢に新しい方法に挑んだとしても，失敗により減点されるようでは挑戦は続かない。時には突出しそうなミドルの集団を，意図的に既存のビジネスから隔離するなどして，独自の活動が継続できるように支援する必要がある。私の会社でも，ここがきわめて重要になるはずだ。会社に内緒でプロジェクトを進める「密造酒づくり」はこの典型だ。これを進めるためには，既存の方法に染まり切っていないミドルの世代に大幅な権限を与え，周囲から隔離してブランドの開発に専念させるなどの工夫が必要である。

3点目は，小規模で異質な集団づくりである。創造的な解消をするためには，多様性が必要である。また，突出した集団であるためには，立ち上げ直後は小規模であることが望ましい。規模が大きくなるとどうしても保守的になり，既存のあり方に回帰してしまうからである。社内公募などを行って血気盛んな人たちを集めるなどしてもよい。

(3) 変化の拡散・増幅　第3段階は，変化の拡散・増幅・制度化である。ここで，いよいよ生み出した変化の渦を拡大させていく。突出した集団をお手本にして，他の部署による模倣や再生産が引き起こされていくわけだ。実務の世界でいわれる横展開のプロセス

であり，「○○に続け」「××に負けるな」というダイナミズムがベースになって変化が増幅する。あるブランドが手本になって，新しいブランドが次々に立ち上がっていくようなケースである。

　もっとも，変化の増幅それ自体は自然に起こっていく。それはあたかも炎が一気に燃焼していくかのようなもので，自己燃焼，自己変革という言葉が最もあてはまる。これをもって変革はすべて自然に進むと勘違いされるかもしれない。しかし，自己燃焼していくためには，事前の薪の置き方が決定的に重要である。風の通り方や延焼の仕方を考えて，燃えやすい素材に火をつけなければならない。その意味で，自然な変革を促すためには周到な下準備が必要なのである。

　それゆえ，成功モデルを社内に広げていくためには，私自身，変化に先立って「仕込み」をすることを忘れてはならない。まず，矛盾を引き起こす分野や領域によって変化の波及力は決まる。これが中核に近ければ近いほどより多くのメンバーに共感を引き起こす。私の会社でも，本業で新しい仕組みを提示すれば，より広い範囲で矛盾を感じさせることができるはずである。もちろん，中核であればあるほど，変化への抵抗圧力も強い。しかし，あらかじめこれまでのやり方に不信感を抱かせていれば，その成功例を見て「これだったんだ」と気づく。そして，新しい事業のモデルは一気呵成に波及する。さらに，連鎖的に変化が波及していくように複数のプロジェクトを走らせておけば，全体への波及はより確実なものとなる。

　次に，変化の渦中におけるトップの対応も重要である。たとえていうと，適宜，必要な箇所に矢継ぎ早に薪をくべるべきである。燃焼には必ず偶然の要素がともなう。それゆえ，変化の渦中においてもその偶然を汲み取ってなすべきことがある。成功経験者を新プロジェクト・チームに異動させれば，次なる成功が生まれる確率も高まる。組織内に競争的な環境をつくり上げれば，切磋琢磨によるグ

ループ・ダイナミズムも触発できる。

(4) **戦略ビジョンの具体化**　　レバレッジ・モデルにおける変革は，第4段階における戦略ビジョンの具体化によって締めくくられる。変化が波及して方向性が見えてきても，それを適切な「ことば」で表現しなければ，その動きが消えてなくなってしまう。あるいは，潜在力を残したまま変化が止まってしまう。それゆえ，トップとして，私もこれまでの成果を追認を超えるビジョンとして示し，発展の道筋を立てておく必要がある。

その意味で，新しく再構築された戦略ビジョンは，ミドルの成功をより大きなスケールで拡大再生産させるようなものが望ましい。言い換えれば，新しい切り口で自社の事業ドメインを指し示すような普遍性を持ったものが理想的である。このようなビジョンによって，組織のメンバーを既存の考え方から解き放ち，新たな視野を示すことができる。絶え間ない自己革新を促すことができるのである。事業の統合によって勝ち取った成功を広げ，より広い範囲統合へと変革をスケール・アップする場合もある。

このようなビジョンは，外から見ると依然としてあいまいに映るかもしれない。しかし，組織内のメンバーにとっては，きわめて具体的な内容を持ったものと映るはずである。なぜなら，新しいビジョンは，実績に裏づけられているからである。実態のないコンセプトなどではなく，新しい成功モデルを発展させた姿なのである。

レバレッジ・モデルの重要なポイントは，事業を仕切る私がなすべきことと，部下であるミドルがなすべきことの役割分担にある。トップは権限を持っているが，既存の事業の仕組みにどっぷりと浸かってしまっている。それゆえ，新しい事業の青写真を描くのに必ずしも適しているわけではない。現場から離れていればなおさらである。次代のモデルの内容については，ミドルに委ねるという考え方には納得がいくはずだ。

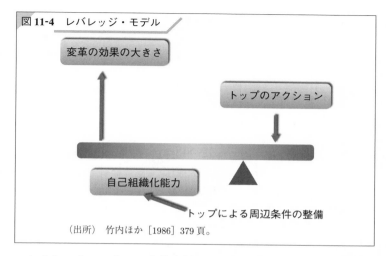

図 11-4　レバレッジ・モデル

変革の効果の大きさ

トップのアクション

自己組織化能力

トップによる周辺条件の整備

（出所）　竹内ほか［1986］379 頁。

　しかし，その一方で，全体を見渡せる立場で事業を眺め，権限を持つトップにしかできないこともある。それは，変革の環境の整備である。いわゆるミドルに社内ベスト・プラクティス（最良の実践）を全社的に波及させるためには，あらかじめ周到な下準備が必要である。このような下準備こそが，「てこの原理」を働かせるための支点のとり方なのである。図 11-4 はこのような波及効果をレバレッジの原理で描写している。トップの権限という力を最大限波及に向ける支点のとり方であることがわかっていただけるであろう。この支点のとり方は，通常の「てこの原理」，すなわち，かぎられた力で大きなものを少し動かす，というものとは逆のものでもあり，その意味では逆レバレッジ・モデルともいえるのかもしれない。

レバレッジ・モデルの
限界

　レバレッジ・モデルは，しっかりと進めていけば非常に有効なアプローチである。しかし，中途半端に進めてしまうと，さまざまな問題が起きる。たとえば，てこの棒が頼りなかったり，支点のとり方がまずかったりした場合だ。実際，いくつかの企業でレバレ

Column ⑪ **組織変革の４タイプ** ●●●━━━━━━━━━━━━━

　組織変革は，２つの視点から４つのタイプに分類できる（Van de Ven and Poole［1995］）。２つの視点というのは，①変革の単位と，②変革の様式である。

① 変革の単位——組織の変革といっても，さまざまなレベルがある。それは，個人，グループ，組織，ならびに個体群である。どのレベルが主体となって変革を引き起こすと考えるのか，言い換えれば組織のどのレベルの変革に焦点を当てるかによって分析単位が異なる。ここで，特定の分析単位に注目して組織変革を説明する研究アプローチと，２つ以上の複数の分析単位に注目するアプローチがある。単一変化か多主体変化かという分類軸である。

② 変革の様式——変革の様式は大きく分けて２つある。１つは，規定的モードと呼ばれるもので，安定的で予測しやすいプログラムに従って変革するという考えである。これは運命決定論的なものの見方にもとづく。もう１つは，構築的モードと呼ばれるもので，予測困難で安定的には変化しないという考えである。別の言い方をすれば，変革の主体が目的と意思を持って変革できるという考えにもとづく。こちらは，環境決定論か主体決定論かの分類軸である。

　変革の４タイプ

　これら２つの軸から組織変革を分類すると，本文で紹介したように①ライフサイクル論，②目的論，③進化論，④弁証法，となる（レバレッジ・モデルは弁証法の発展型，図 11-5 参照）。ライフサイクル論は，組織全体が１つの個体であるかのように変革し，しかもその変革は成長の

図 11-5　変革の４タイプ

変革の様式

	規定的	構築的
単一	① ライフサイクル論	② 目的論
複数	③ 進化論	④ 弁証法

（縦軸ラベル：変革の単位）

ライフサイクルになぞらえるように規定的だと考える。一方，目的論は，同じく組織が１つとなって変革すると考えるが，それは組織の目的や人の意思によって方向づけられる（構築可能）と考える。また，進化論は，ライフサイクル論と同様に変革は規定的だと考えるが，個体群による進化を前提としており変革の単位は複数だとしている。弁証法は，変革の単位が複数という意味では進化論と共通するが，意図的に変革できるとしている点では進化論と対照をなす。

ッジがうまくいかない例を見てきた。

　大別すると，２つの理由が考えられる。その１つは，トップのアクションが不十分，あるいはミドルの取り組みが中途半端であったからである。それらが同時に起きることも少なくないようで，トップは「ミドルがなかなか実績を出してくれない」と嘆き，ミドルは「トップが思い切った支援をしてくれない」と愚痴をこぼす。これは，悪い意味での「お見合い」なのかもしれない。双方がコミットしてリスクをとる覚悟をするのはなかなか難しいようである。

　もう１つは，部分の変革を容易にすることによって，かえって全体への波及を難しくしてしまう問題である。既存の事業から隔離して支援すればするほど，一点突破的な成功モデルを生み出しやすい。余計な横槍が入らず，物理的にも思考的にも自由になるためである。しかし，隔離すればするほど，新しい事業は既存のものとは異なるものになってしまう。また，既存の事業との接点を失い，孤立してしまう。いずれの場合でも，成功モデルの波及は難しくなる。

　ただし，後者の点については解決策がないわけではない。冒頭の「変われない」という割り切りが，かえってよい結果をもたらすこともある。もともとのレバレッジ・モデルでは，既存の体制への波及こそが典型的な成功だとされている。しかし，これとは少し違う変革パターンがありうる。それは，「波及」ではなく，「併存とシフ

ト」と呼ばれる変革パターンである（井上 [1998]）。そもそも，仮にミドルの突出によって新しい成功モデルが生まれたとしても，それを全社的に波及させるのは至難の業である。場合によっては，古い仕組みはそのままにして可能な範囲で延命させたほうがよいケースだってある。このような状況では，新しい仕組みと古い仕組みを一時的に併存させて，その事業比率を徐々にシフトさせたほうが効率的なのである。とくに，過去の成功モデルが完全なまでに成熟した仕組みであったりすればなおさらである。変革させるというより新陳代謝をもって，組織内で選別・淘汰をしていくというスタンスだといえよう。

5 環境変化のパターンと変革のスタイル

組織変革について一通り学んでみて私はあることに気づいた。「結局は淘汰されるのであれば，やはり痛みは避けられない」と。併存すればいいという話もあったが，この状態が理想であるかについても議論の余地がある。変革を進めていくうちに，「こんなはずじゃなかった」という事態も起きそうだ。いいものが壊されることさえあるのではないか。私の脳裏には次のような疑問が浮かんだ。

疑問 11-6
本当に組織を抜本的に変えなければならないのか？

そもそも，組織はなぜ変わらなければならないのか。事業を背負う執行役員として，私はこの常識について考える責任がある。もとをただせば，組織が変わらなければならないのは，外部の環境に適応していくためである。技術革新，競争環境の変化，顧客ニーズの変化は，常に起こっている。もし，組織がその環境に適応しなけれ

ば，淘汰されてしまう。これが「変わらなければならない」という観念の前提である。

しかし，考えてみれば環境の変化というのはさまざまで，その大きさや頻度は事業環境によって違うのかもしれない。ある程度予期できるものもあれば，まったく予期できないものもある。断続的に波のように押し寄せてくる変化もあれば，川の流れのように常に生じるような変化もある。

そうだとすれば，どんなときでも抜本的な変革をよしとするのではなく，環境の変化のパターンに合わせて組織も変えていくのがよいのではないだろうか。

ビジネス誌やインターネットの記事では，腕利きの経営者による抜本的な変革物語がよく取り上げられている。気づかぬうちにあるべき姿として刷り込まれ，私もそうしなければならないと思いがちである。しかし冷静になって考えてみれば，もっと穏やかな変革の方法が適切なのかもしれない。私は，他の方法も探してみることにした。

変革のパターン

環境の変化には，予測できるものとできないものがある。少子高齢化のような人口動態や，地球環境問題に関わる政府の規制などは，そのタイミングまでは見極められないものの，その方向性についてはある程度予測できるものだ。これに対して，破壊的なイノベーションに始まる連鎖的な市場・競争環境の変化というのは，なかなか予測しづらい。技術革新と競争の次元と市場のニーズという複数のトレンドが相乗効果的に変化を増幅させるので，タイミングはおろか方向や程度が見極められないからだ。パンデミックも予測不可能な変化の典型である。

予測しやすいものについては能動的に対応できるが，予測しにくいものについては受動的にならざるをえない。言い換えれば，変化

を先取りできるのか否か，見極めて行動に移す必要がある。

　環境の変化においてもう1つ注目しなければならないのは，その大きさである。環境の変化が大きければ大きいほど，現状のビジネスとのギャップも大きくなる。しかも，それが予期しえないものであったとすれば，何の下準備もできていないわけだから急いで対応しなければならなくなる。一方，その変化が小さければ，現状のビジネスとのギャップはかぎられたものとなる。下準備ができていなくても，その都度対応すれば適応できるだろう。

　ギャップが大きければ，抜本的な変革を敢行せざるをえないが，ギャップが小さければ，小さな変化を積み重ねるだけでよい。それゆえ，痛みをともなう抜本的な変革を避けたいのであれば，予測できる環境の変化＝トレンドについて常に下準備をして，ギャップを小さく維持しておくべきであろう。

能動的で小さな変化の積み重ね

　このように変革パターンを整理していくと，人員整理をともなうリストラに代表される抜本的な変革というのは，最後の手段であることがわかる。痛みをともなう変革とならないように，常に環境の変化を先読みして，いつでも環境に追いつくことができるようにすべきなのである。

　そのためのカギは，やはり能動的な変化であろう。たとえば，ビジネスがうまくいって余裕があれば，合併吸収などの事業再編なども前向きに進めることができる。痛みをともなうことなく，環境を先取りしてリードできるはずだ。

　しかし，現状うまくいっているなかで大きな変化を引き起こすことは難しい。その必要性を感じる人が少なく，大胆な変革には慎重になる。

　こう考えると，同じ能動的な変化でも，本当に大切なのは小さな変化なのかもしれない。塵も積もれば山となる。日々の弛まぬ改善

が継続すれば，振り返ってみてそれが大きな変革となるからだ（岩尾［2021］）。

　能動的で小さな変化の典型は「カイゼン」であろう。これは，日本の生産現場から生まれ，ホワイトカラーの職場にも広がっていった活動である。日々のオペレーションを改善したり，仕事の手順や進み方をアップデートしたり，一見すると地味に思えるようなことでも，時代の変化を先取りするような形で行えば，それが大きな変化をもたらしうるのかもしれない。

　私たちは，どうしても小さな変化が積み重なるだけでは，「抜本的な変化」（完全なる変容：radical change）には至らないと思いがちだ。不連続に変化する環境に適応するためには，組織も連続的かつ漸進的に変化するのではなく，戦略，組織構造，プロセス，マネジメント，人材などを同時に変革させる必要があるという通説すらある（Tushman and Anderson［1986］）。それゆえ，計画とビジョンを持ったリーダーの戦略的な働きかけこそが抜本的な変化をもたらすという主張が，あちらこちらで聞かれる。

　しかし，このような通説に取り憑かれることには問題もある（鈴木［2018］）。一説によれば，小さな変化が期待以上の形で結びつき，抜本的な変化が引き起こされることもあるようだ（Plowman *et al.*［2007］）。卓越した計画がなくてもやるべきことを行い，最初に起こした小さな変化が積み重なって増幅され，大きな変化になることもあるのではないか。こう考えると私の肩の荷も少し軽くなった。

エピローグ

　気持ちの整理がついたからか，私の胃痛もどこかに消えたようだ。やれることはすべてやったつもりだ。一部だが，会社を去っていった人たちもいる。慰留はしたが，去る者は追わず，が私の信条

2006 年に公開され，数多くの映画賞を獲得した日本映画。エネルギー源が石炭から石油へと変化しようとしていた昭和 40 年頃，福島県の石炭の街をハワイアンセンターへと変えようとした人たちの物語であり，実話でもある。

フラガール Blu-ray Disc
Blu-ray 発売中
4,700 円（税抜）
販売元：ハピネット・メディアマーケティング
©2006 BLACK DIAMONDS

そもそもこの街ぐるみの変革は，炭鉱を経営する会社側，すなわち経営者からの提案だった。全炭鉱夫の 4 割にあたる 2000 人を解雇しなければならない一方で，その雇用の受け皿としてハワイアンセンターの建設が計画された。しかしながら，この計画は炭鉱夫だけでなく，その家族に至るまで，ほぼすべての街の人たちに猛反対を食らってしまう（家族も採掘された石炭を洗浄する仕事に従事していたという事情もある）。

この計画を妨げたのは，1 つは炭鉱夫たちの過去の輝かしい栄光である。たとえば，主人公の母は夫を炭鉱事故で亡くしているにもかかわらず，それでもこの山は天皇陛下が足を運び見学された名誉ある山なのだといって閉山に反対する。あるいは，変化への「及び腰」も課題となった。山へのプライドを主張しつつも，現実は厳しく，このままではやっていけないという危機感を多くの人は持っている。けれども，いざ変わらねばならないというときには，ついそれを怖がってしまうのだ。昨日までとまったく異なる行動をするのは，とくに年配者ほどきついというのはよくわかる。

さらに問題だと思われるのは，ハワイアンセンターの建設について，会社側，換言すれば経営者からは取って付けたような説明会は催されるものの，それがどのような未来を切り開くのかといったビジョンが少なくともこの作品のなかでは明確に示されないということだ（実際はどうだったかはわからないが）。上記のように変化することへの恐怖を感じる人々も，それが決して怖いことではなくて，過去の栄光と同様の輝かしい未来が待っているのだというビジョンを共有できれば，もっと前向きに取り組めたのかもしれない。

この困難に思われた変革を主導したのが，因習に縛られにくい若者た

ちであったことは実に興味深い。大人たちが誰も描けなかったビジョンを彼／彼女たちだけが描くことができたのである。もちろん，彼／彼女たちのそのビジョンを大人たちは容易に共有することができなかったが，最も過去の栄光にとらわれ，大人たちの代表的な存在でもあった主人公の母が若者たち（主人公）のそのビジョンを理解できたとき，街全体が大きく変わり始めた。この母は街の大人たちに若者たちを支援してやってほしいと言って回り，この働きかけによってハワイアンセンターのオープンに必要な物品を提供してくれる者，あるいはそのオープン公演に駆けつけて応援する者などが現れた。これらは典型的なレバレッジ効果だといえるだろう。

だ。それよりも残った人たちのことを考えたい。彼らに「変革には意味がなかった」「変えたことで，かえって状況が悪化した」といわれないよう，今後も改善を続けていかねばならない。しかし，それはもう私の仕事ではないと考える。下地はつくった。後のことはこの会社の歴史をよく知り，これからもこの会社を支えていくべき人たちにバトンを渡したい。おそらく社長も理解してくれるはずだ。

 さらに学びたい人のために

①金井壽宏［2004］『組織変革のビジョン』光文社新書。
- ●個人のキャリアと組織の変革を，リーダーシップという視点を介在させて調和的に語った書籍です。自分らしさと会社らしさのアイデンティティを意識しながら，いかにして変革ミドルの役割を果たして明るい未来を切り開くのかのヒントが，随所に散りばめられています。
②クレイトン・クリステンセン（玉田俊平太監修／伊豆原弓訳）［2001］『イノベーションのジレンマ──技術革新が巨大企業を滅ぼすとき（増

補改訂版)』翔泳社。

- ●勝者が敗者に転落するロジックを鋭く描いた著作です。目の前の優良顧客に向けた投資は，必ずしも次世代のビジネスの成功に結びつきません。短期の成果が長期の業績に結びつかないというジレンマのなかで，どのような組織的対応をするのか。ここでも，本章で紹介した「レバレッジ・モデル」が役立ちます。

③小倉昌男［1999］『小倉昌男 経営学』日経 BP 社。

- ●ドラマよりも劇的な現実の物語です。家業を引き継ぎ，宅急便を立ち上げて会社を大きく発展させました。戦略的なビジョン，論理的な思考，類稀なる行動力など，変革型リーダーのあるべき姿を伝えてくれます。卓越した実務家の体験談を超えた「経営学」の教科書です。

④山井太［2014］『スノーピーク——「好きなことだけ！」を仕事にする経営』日経 BP 社。

- ●父親が築いたビジネスを受け継ぎ，力強く変革を進めてオートキャンプという文化を日本に根づかせました。2 代目の社長となる著者が何をどう考えて組織の変革を進めていったのか。会社のミッションを定め，それを軸足にして成功例を出していくことの大切さが，力強い言葉で語られています。

真似してはみたけれど…

　ホントにあっという間の出来事だった。創業者でもあった社長は，グループ企業のてこ入れに専念するために退任すると言い出し，取締役会で，わたしを次期社長に指名した。まったく実感を持てないわたしを，ライバル企業に勤める娘はまるで自分のことのように喜び祝福してくれる。また，女性経営者がよほどめずらしいようで，マスメディアからも取材攻勢を受ける。嵐のような1週間が過ぎ去り，徐々に実感が湧いてきた。そして思った。わたしにはゼッタイ無理だ！

　とはいえ，就任早々投げ出してしまうわけにもいかない。少しずつではあるが，経営者としてどうあるべきかを考え始めた。

1 経営者のビジョンとリーダーシップ

　世の中にはすばらしい経営者がいて，先見的なビジョンによって会社を成功に導いたという話もある。ビジョンをもって行動し，周囲を動かしながら新たに価値創造の仕組みを創り上げるためには，いったいどのようなリーダーシップを発揮すればよいのだろうか。

> 疑問 12-1
> 経営者としてどうあるべきか？

ビジョナリー・
カンパニー

　調べてみると，ビジョンを持った企業組織を築き上げるためには，一般的な理解とは異なったリーダーシップが必要とされることがわかった。それは，卓越したビジョンで人々を陶酔させながら引っ張っていくカリスマ型のリーダーではない。カリスマ型のリー

ダーは，神から授かったような超人的な才能を持つと思われているが，いまここで必要なのは地道に試行錯誤しながら組織を築き上げるタイプのリーダーで，たとえていえば建築家のようなものである。基本理念を持って後世のために努力を惜しまないタイプのリーダーなのである。

　もう少し整理して考えてみよう。経営者には2つのタイプがいる。1つは，すばらしいビジョンや特定の商品について卓越したアイデアを持っている人。もう1つは繁栄し続ける組織を築き上げる人。コリンズとポラスは，前者のタイプを「時を告げる人」にたとえ，後者のタイプを「時計をつくる人」にたとえた。そして，永続的に時を刻み続けることができる企業をビジョナリー・カンパニーと名づけたのである（Collins and Porras ［1994］）。

> 　昼や夜のどんな時にも，太陽や星を見て，正確な日時を言える珍しい人に会ったとしよう。……この人物は，時を告げる驚くべき才能の持ち主であり，その時を告げる才能で尊敬を集めるだろう。しかし，その人が，時を告げる代わりに，自分がこの世を去ったのちも，永遠に時を告げる時計をつくったとすれば，もっと驚くべきことではないだろうか（邦訳，37頁）

　カリスマ型リーダーによる経営はたしかに魅力的ではあるが，それが永続することはない。なぜなら，リーダーが人間である以上いつかはこの世から消え去ってしまうからである。これが，カリスマ型リーダーによる経営モデルの致命的な限界である。

　それゆえ，カリスマ型リーダーが持つ特定のアイデアに頼りすぎると，かえって永続性を損なってしまう場合がある。実際，企業の立ち上げの段階で，卓越したアイデアで成功した企業は，その後，組織づくりを軽んじる傾向にあるようだ。会社組織というのを，特

　コリンズとポラスは，700社の経営者にアンケート調査を行い，長期にわたって卓越した地位を維持している企業20社をビジョナリー・カンパニーとして選び出した（Collins and Porras［1994］）。これらは，業界を代表する「金メダリスト」企業といえる。一般的な調査だと，単純にこれらの企業の共通点を洗い出して結論を導いてしまいがちであるが，彼らはそれを慎んだ。共通点に注目する方法には落とし穴があるからだ。たとえば，「これら20社には自社ビルがある」という共通点をみつけたとしても，それが長期にわたって成功している理由と考えられるだろうか（成功していない企業であっても自社ビルを持っている）。

　この落とし穴を避けるためには，成功している企業群とそうでない企業群を比較対照して相違点をみつけなければならない。彼らは，成功を収めつつも「銀メダリスト（あるいは銅メダリスト）」に甘んじている企業を比較対照群として，ビジョナリー・カンパニーとの違いを探った。両社の歴史にまでさかのぼって比較分析を行った結果，金メダリストと銀メダリストとの違いは基本理念の有無にあることがわかったのである。また，永きにわたって卓越した地位を維持するためには，時を告げるカリスマ型リーダーではなく，時計をつくる地道な建築家が必要であることも明らかにされた。

　基本理念の大切さを説いた研究は数多くある。この研究が注目を浴びた1つの理由は，ビジョナリー・カンパニーが，財務成果を究極の目的としていないにもかかわらず，財務的に成功している点にもある。仮に，1926年に株式市場全体で構成するファンドに1ドル投資した場合，1990年にはそれは415ドルになる。比較対象とされている「銀メダリスト（あるいは銅メダリスト）」のファンドに投資すると，1ドルが955ドルにまで跳ね上がる。さらに，ビジョナリー・カンパニーで構成されるファンドに投資すると，1ドルが6356ドルにまで達するのである。

　このような財務成果をもたらしているにもかかわらず，ビジョナリー・カンパニーは，財務的な成果や株主利益を超えたもっと根本的な存在理由を大切にしている。しかも，危急存亡の危機にでさえ，こういった基本理念を尊重しながら，その危機を乗り越えているのである。

定の製品やサービスを生み出すための手段と考えてしまうからである。

　ビジョナリー・カンパニーは，逆の発想で組織づくりをする。すなわち，製品を生み出すことは，基本理念を実現する会社組織を存続させる手段と考える。時計をつくるリーダーにとって，究極の作品は特定の製品やサービスではなく，時を刻み続ける企業組織そのものだという発想である。

　基本理念はわが社にもあるので，わたしもそれをより明確なビジョンにして，具体的な行動に移すような仕組みづくりをしなければならない。時計づくりの神髄は，基本理念を維持し，進歩を促す具体的な仕組みを整えることにある。理念の内容もさることながら，理念を貫き通せているかも大切である。

　ある意味ですべきことは単純なのかもしれない。しかし，それをやり遂げることは決して簡単ではない。自社のビジネスが好調であり続けるのであればよいが，そうでないときは，さまざまな制約のなかでビジョンを示して時計づくりをしなければならない。わたしは，あらためて問い直した。経営者の役割とはいったい何だろうか。

2 経営者の役割とは何か

　　　ビジネスシステム　　経営者の役割は，基本理念をもとに，後の世代に残るような事業の仕組みづくりをするということである。それはすなわち，ビジネスシステムをつくることである。前の世代のよいところを受け継いで，なおかつそのなかで新しい価値創造のあり方を示すことでもある。

　ビジネスシステムというのは，簡単にいえば，パートナーや利害

関係者とともにいかに価値を生み出し，分け合っていくかについての仕組みのことである。これをうまく設計・構築できれば，経営のトップとして利害関係者とともにより大きな価値を生み出し，より多くの取り分を獲得できるようになる。

わたしは早速，自身のビジネスシステムづくりについて考えてみた。

> **疑問 12-2**
> どうやってビジネスシステムをつくればよいのだろうか？

ビジネスシステムをつくるにあたって大切なのは，意図を持って設計していくことである。会社のビジネスにはたくさんの人たちが関わっていて，それぞれが異なる目的や価値観を持っている。経営者としての意図を明確にして何らかの形で示さなければ，ばらばらになってしまって方向が定まらない。だから，取引パートナーや社員にとってもメリットがあるような青写真を描く必要がある。

しかしその一方で，わたし自身は，ビジネスシステムを詳細まで完璧に設計できるとは思えない。他社の成功したビジネスシステムを見ても，最初からすべて計画したのではなく，何かの偶然も合わさって生まれたようにも見える。どこまで事前設計という発想で取り組んでよいのだろうか。

また，何事も経営者の最初の意図どおりになるともかぎらない。実際にビジネスを進めてみたら，予想外のことが起こって修正を強いられることが多々あるものだ。

やはり，ビジネスシステムをつくるにあたっては，現実と向き合いながら調整していくことも大切である。そもそも，すべてを見越して事業の仕組みを設計できるかと問われれば「否」と答えるしかない。経営者になっても，わたしが全知全能の神になれるわけではない。事前に完全な設計図を描くことは不可能なのだ。むしろ，詳

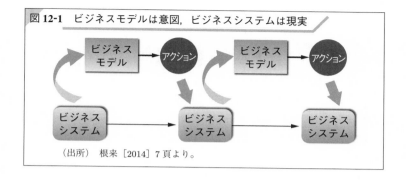

図 12-1　ビジネスモデルは意図，ビジネスシステムは現実

（出所）　根来［2014］7頁より。

細な予測にもとづく柔軟性の欠けた設計は，害悪さえもたらしかね
ない。パートナーから同意を得られなかったり，周りの環境が変化
していたりするにもかかわらず，当初の設計図にこだわって判断を
誤ると，傷口を大きくするからだ。

　大切なのは，意図としての設計図と，結果として生まれる仕組み
とを区別して，上手に使い分けることである。意図としての設計図
はビジネスモデルと呼ばれ，現実の仕組みとしてのビジネスシステ
ムと区別することができる。ビジネスモデルが「経営者の頭の中に
ある『事業の構造に関する意図』をまとめた設計図」（根来［2014］）
であるのに対し，ビジネスシステムはその意図を実現しようとした
結果として生まれたものなのである。いわば，試合前のゲームプラ
ンと，実際のゲームのなかでの戦略との違いである。

　　（ビジネスシステムとは）①どの活動を自社で担当するか，②社
　　外のさまざまな取引相手との間に，どのような関係を築くか，
　　を選択し，分業の構造，インセンティブのシステム，情報，モ
　　ノ，お金の流れの設計の結果として生み出されるシステムであ
　　る（加護野［1999］47頁）

意図としての設計図がビジネスモデルだとすると，試行錯誤によるアクションを通じて，結果として生まれるのが現実の仕組み，すなわちビジネスシステムなのである。逆からいうと，ビジネスシステムというのは事業の仕組みの設計図ではない。設計思想をもとに現実につくられた，いわば結果として生成された仕組みのことだ。

　そして，その仕組みがうまく機能し続けているとしたら，そこには事後的に帳尻が合って生まれた合理性を見出せるはずだ。ビジネスシステムの生成と維持のプロセスで，さまざまな利害関係者が何度もの難局を乗り越えて生まれた仕組みだからこそ，彼らの知恵が凝縮されていると考えられる。これが，よきルールや慣行となって制度ができていく。優れたビジネスシステムは，制度的な叡智によって支えられているのだ（加護野ほか［2008］）。

　もしかしたら，業界を越えて卓越した経営を見たり，長い伝統に裏づけられた地場産業などを見たりすることによって，経営の叡智が学べるかもしれない。わたしはそう考えて，視野を広くとることにした。直接取り入れることはできないにしても，それらのビジネスシステムから「よい経営」についての洞察を得ることはできそうだ。

ビジネスシステム生成のプロセス

　もう1つ大切なのは，ビジネスシステムというのは一気につくられるものではないという点だ。むしろ，試行錯誤をくり返しながら要素の1つひとつが生まれ，仕組みとして形づくられていくものである（加護野・井上［2004］）。それがうまくいけば，後から振り返ったとき，1つの大きなシステムとなって理解される。

　ビジネスシステムの生成のプロセスでカギとなるのは，軸足となる戦略的な意思決定である。この決定は，経営者の理念やこだわりから生まれることも多い。たとえば，世界で支持されている楽曲コンテンツ・ダウンロードサイトには「音楽をより広めたい」という

想いがあったし，コンビニエンス・ストアには，「地元の小売商店を救う」という使命があった。また，現在の電鉄経営の基本は「地域との共存共栄」という思想の影響も大きい。

このような理念があって戦略的な意思決定が下される。その決定は，業界の慣行を打ち破るものや，常識では考えられないユニークなものであったりする。そのため，その決定は大きな課題，いわば経営上の矛盾を引き起こす。たとえば，インターネットから音楽をダウンロードできるようにするには，アーティストと主要レコード会社（音楽レーベル）から著作権を承諾してもらう必要があった。コンビニエンス・ストアを成り立たせるためには，かぎられた店舗スペースに3000品目を揃え，必要なときに必要なだけ補充しなければならなかった。また，電鉄において新たな地域で乗客を生み出すためには，線路を敷いて集客力のある施設を誘致しなければならなかった。

この矛盾を創造的に解消できれば，すばらしい仕組みが誕生する。あるパソコン・メーカーは，コンテンツ拡充のためにトップ自らが有力なアーティストを口説いて回った。コンビニエンス・ストアの場合は，メーカーに理解してもらって系列別の配送を改めて，共同配送を受け入れてもらった。電鉄の祖ともいわれる会社は，何もない丘の上に有力な大学を誘致するために建設費を自己負担することにした。

典型的には，以上のようなステップ，すなわち意思決定とアクションの連鎖によってビジネスシステムが生まれる。矛盾を解消して理念を実現するために，1つひとつの要素が新しく結びついてイノベーションを引き起こす。軸足がしっかりしているからこそ，予想外のことが起こっても，ぶれることなくビジネスシステムを構築できるのである。うまくいったビジネスシステムを見ると，ここだけは譲れないというポイントで軸足を定めている。それが，会社が果

たすべき使命としてのミッションであったり，会社の将来の展望と
してのビジョンであったり，事業のコンセプトであったりする。

理念に支えられた
仕組み
このように考えると，事前に設計し切れな
いからこそ，基本的な設計思想というもの
が大切だということがわかる。実際，ビジ
ネスシステムというと無機質な冷たい響きを感じるかもしれない
が，仕組みというのは理念や哲学に支えられていなければうまく機
能するものではない。たとえば，ある電器メーカーは強大な販売網
を背景に，他社の製品を模倣してコスト・リーダーシップを追求す
るという戦略で成長した。これは，一般的には「真似っ子戦略」と
揶揄されかねない。合理的に解釈すれば，製品開発と市場開拓のリ
スクとコストを他社に押しつける仕組み，といえるからだ。

　しかし，当事者たちはそういうつもりでやってきたわけではな
い。「豊かな社会を実現するために，たくさんの人々に水のごとく
製品を提供する」という哲学を実現するためにやってきたのだ。そ
の結果，このような仕組みができあがったのである。この会社で
は，利益は社会的使命を果たすために必要とされているが，最終目
標とは考えられていない。だからこそ，従業員たちは誇りを持って
自分たちの製品を届けることができる。ビジョナリー・カンパニー
の域に達することができるのだ。

3 模倣からビジネスモデルを設計する

模倣してみる
軸足を定めつつ設計思想を明確にするため
には，どうすればよいのだろうか。1つの
有効な方法が，模倣である。優れたビジネスがどのような仕組みづ
くりを行っているのか。つぶさに調べて自分にぴったりのお手本モ

デルをみつけることができれば，それをもとに設計図を描き出せば
いい。

　クロネコヤマトの宅急便のアイデアが，牛丼の吉野家から生まれ
たという事実を知っているだろうか。宅急便を立ち上げた小倉昌男
は，当時，牛丼一筋に絞り込んで成長してきた吉野家を見て，「取
り扱う荷物の絞り込み」というアイデアを思いついたと，自著『小
倉昌男　経営学』に書いている。

　宅急便を進めるうえで，モデルとして参照した対象は吉野家だ
けではない。ニューヨークに業務指導と視察に行ったとき，「四つ
角に立ってふと見ると，交差点を中心に UPS（ユナイテッド・パー
セル・サービス）の車が四台停まっているのに気がついた」。このと
き，集配密度を基軸とする宅配ビジネスの可能性を確信したのであ
る。

　セブン-イレブンの生みの親である鈴木敏文にも，同じような経
験がある。アメリカに視察に行ってセブン-イレブンの看板を見た
ときに，日本の零細小売店を救う業態は「これだ」と直感したと聞
く。多数の小規模店舗を運営するセブン-イレブンの背後に何らか
の本質的なシステムがあるとして，業務提携を進めたのである。

　数々の業態革新を行った，ウォルマートの創業者，サム・ウォル
トンも「わたしがやったことの大半は，他人の模倣である」といっ
ている。偉大なる会社というのは，模倣から生まれていたのであ
る。

　一般には，模倣だとか真似というと，独自性や創造性とは逆の
ものだと思われがちである。日本では「猿真似」，欧米では "copy-
cat" などと言い表されるように，洋の東西を問わず，模倣者には
ネガティブな意味が込められることが少なくない。

　しかし，古来，お手本を丸写しすることは学習の基本として尊ば
れていた。ローマ時代には，学徒たちは，暗記や模写から言い換え

や解釈など，模倣の訓練にいそしんだといわれる。模倣は，独創性や創造性を求める際に不可欠な活動だとされ，慎重に，模倣対象を選ぶように奨励されたのである。

　フランスの作家のシャトーブリアンは，次のように述べてその本質を言い当てている。

　　　独自な作家とは，誰をも模倣しない者ではなく，誰にも模倣できない者である

　独自の作風を持った小説家であっても，駆け出しの頃には他の作家を模倣して，いろいろな試行錯誤を重ね，誰にも真似されないような作風をつくるものだ。

　ビジネスの世界でも同じことである。他社からは，なかなか模倣できない仕組みであっても，大なり小なり模倣によって生まれている。独自性を追求するからこそ，逆に，模倣の力が大切だということになる。わたしたちは模倣の作法を会得し，模倣の能力を高めつつ「事業の構造に関する意図」を描き出していく必要がある。

模倣の手順

まったく思ってもみなかった。模倣が創造性の源泉だなんて。模倣から新しいビジネスをつくり出せるとわかったわたしは，早速，その手順について調べることにした。

> **疑問 12-3**
> どのように模倣から創造すればよいのか？

　優れたお手本からインスピレーションを得て独自の仕組みを築いていくときに大切なのは，何をお手本にするかである。ライバルと同じものを模倣しても差別化できない。創造性を発揮するために大切なのは，意外なお手本を探し出すことである。

創造的模倣のコツは遠い世界からお手本を探してくることにある。ビジネスの世界でいえば，海外・異業種・過去から優れたお手本を探し出し，そこからインスピレーションを得て，独自の仕組みを築いていくということにほかならない。これによって，同業他社からは模倣されないビジネスの仕組みが，遠い世界の模倣によって生まれるという逆説が生まれる。模倣できない仕組みが模倣によって生まれるという，「模倣のパラドクス」である。

　模倣からビジネスモデルを描き出す手順は，いくつかのステップに分けられる。既存事業がある場合は，事業の領域や内容に一定の制約があるものだ。既存の事業を立て直すにしても，新しい事業を立ち上げるにしても，何らかの課題を解決するために参考になる事例を探さなければならない。

　このような場合は，とくにしっかりと自己分析から始める必要がある。強みと弱み，市場における機会と脅威などを洗い出し，経営課題を明確にする必要がある。経営課題がわかれば，同じ課題を解決したお手本を，遠い世界からでも探すことができる。

　基本的な手順は，次のとおりである。

① 模倣する目的やどのような課題を解決したいのかを明確にする

② 海外・異業種・過去などの遠い世界から「お手本」を探索する

③ ビジネスシステムの構造にまで立ち入って参考になるか否かを評価する

④ 模倣する対象を定めて設計図を描き出す

　ビジネスの仕組みを理解できれば，何をお手本にすべきかが明確になり，模倣が成功する確率も高まる。逆に，仕組みにまで目がいかなければ，お手本にすべき対象を見誤る。ビジネスモデルの設計において注目すべきなのは構造的特性であって，表面的な特性では

ない。むしろ，表面的な部分が参考にならないほうが「業界初」と
なる可能性が高くなる。ライバルからも「あの会社は何をやってい
るんだ」と不思議がられるので，水面下でじっくりと取り組むこと
ができる。

　一見すると参考にならないものを真似するというのは，なんとも
おかしな話である。しかし，真の創造性をもたらすのは，見えにく
い部分の模倣である。究極のよい模倣というのは，模倣だと気づか
れないような模倣なのだ。

　逆にいえば，悪い模倣というのは見えている上っ面の部分だけ模
倣するということにほかならない。たとえば，見た目のデザインだ
けを真似するような模倣である。業務を動かすオペレーションにも
目を向けなければ，同じようなサービスは実現しない。

　うわべだけの模倣を行って失敗したという話は，古今東西でよく
話題になる。日本でも，ヤマト運輸が宅急便という画期的なサービ
スを開発し，軌道に乗せた直後，これを見た競合他社が続々と宅急
便を模倣したがうまくいかなかった。短期間のうちに35社が一気
に宅配事業に参入してきた。しかし，いずれも宅配向けのハブ＆ス
ポークの運送ネットワークを築くことなく，動物のシンボルマーク
だけを模倣したので成功しなかったのである。

4　経営者を取り巻く利害関係者

　海外の先進的な仕組みをお手本に理想像を思い描くのであれば，
わたしにもできるかもしれない。実際，これまでの経験で，日本に
持ち込んでみたいビジネスモデルはいくつかある。

　しかし，これを日本でも再現するには，これまでの仕事を変えな
ければならない。社員や株主，そして取引先に理解してもらう必要

もある。融資してくれている銀行からは経営計画の修正を迫られるし，社員たちは労働組合で団体交渉に来るといっている。最高責任者は絶対的な権限を持っていて，やりたいことが自由にできると思っていたが，これではむしろ逆だ。がんじがらめで身動きひとつとれない。

> **疑問 12-4**
> 経営者になったのに，やりたいこと，やるべきことがやれる気がしないのはなぜか？

　会社のトップに立ったといっても，そもそも，わたしは創業者の娘ではない。オーナーの立場にはないわけだ。いわば，社内で昇進してきた「雇われ社長」である。したがって，社長といえども，オーナーである株主の意向に配慮しつつ経営していかなければならない。

　仮に，会社の社長を船の船長にたとえるとすれば，その会社の出資者は船を所有するオーナーだといえる。船乗りのプロである船長は，行き先や航路を決めて，乗組員たちを指揮することはできるが，オーナーの意向を無視することはできない。想像してほしい。仮に，わたしが航海のプロだとして，夢の大陸を探しに行こうとしている。そして，その地がどこにあるかのおおよその位置とルートもわかっていて，多少のトラブルが発生しても適切な判断を下す自信もあるとする。しかし，もし航海について生半可な知識しか持たないオーナーが，わたしの指揮に反して「引き返せ」と口出ししてきたらどうなるだろうか。

　どの会社でも，このようなことが往々にして起こる。株式会社であればなおさらである。オーナーである株主は短期の利益を追求しがちで，安く株を買ってそれを高く売ることで利益を出そうとする。投機家はこれを短いサイクルでくり返したいわけだから，短期

間で株価を上げてほしいのは当然である。一方，経営者は事業の継続性を重視するため長期の利益を考慮する。そうすると，両者の間に衝突が起こる。

　このような対立は，株主だけにかぎらない。政府は適正な競争が行われるようにさまざまな規制をかけてくる。顧客は少しでも安くするように交渉してくるだろうし，供給業者は自分の取り分が少しでも増えるように圧力をかけてくる。多様な利害関係者がわたしの会社の経営に口を挟んでくる（→第10章）。もちろん，これら利害関係者の協力なしには経営が成り立たないので無視するわけにもいかない。会社の歴史が長くなればなるほど，そして会社の規模が大きくなればなるほど身動きがとりにくくなる。わたしの会社は，多様な利害関係者のなかに制度的に「埋め込まれている」わけだ。

制度的な埋め込み　　制度的に埋め込まれているというのには少なくとも2つの意味合いがある。まず第1に，文字どおり制度としてのルールに縛られているということを指す。金融業であれば金融庁の定める規制に強く縛られるし，伝統産業であれば長年のしきたりに縛られる。もちろん，ルールやしきたりがあるからこそ，業界が安定する。制度がなければ秩序は保てない。これがルールの働きというものである。たとえば，独占禁止法というのは公式のルールの典型で，公正で自由な競争を促すことを目的とした法律である。私的独占，カルテル，ならびに不正な取引方法などは，市場競争を不当にゆがめて社会的損失を生み出すものとして禁じられている。

　もっとも，ルールというのは，公式のものにかぎられない。必ずしも明文化されていない規範や慣行がある。そのなかには，一見すると望ましくないと思われる慣行が実は有益だということもある。たとえば，ある地域や業界には「他社の真似をするような競争はしてはならない」といった暗黙の規範がある。これは競争を制限して

いるように見えるが，市場規模がかぎられている地域においては過当競争を防ぐ役割を果たしている。他社とは違うオリジナリティの高いものを出せば，新市場を創造して競争相手にも迷惑をかけずに収益を上げることができる。

ネットワークにおける埋め込み

わたしの会社が「埋め込まれている」のはルールや慣行のなかだけではない。第2に，取引先や株主をはじめとするさまざまな利害関係者のネットワークにも埋め込まれている。ここでネットワークにおける埋め込みというのは，網の目のように張りめぐらされた利害関係者間のネットワークにおける自社の構造的な位置づけのことを指す。わたしの会社がそれぞれの利害関係者と結びついているように，利害関係者同士も互いに結びついてネットワークを形成している。わたしの会社も，このようなつながりで形成されたネットワークのなかに埋め込まれている。

ここでわざわざネットワークを持ち出すには理由がある。1対1の関係であれば，ある利害関係者だけを見ればそれに対してとるべき行動がわかる（図12-2の左側）。しかし現実には，ある利害関係者に対してとるべき行動が，別の利害関係者との関わりで見ると，とるべきではないということもある。たとえば，A社とB社の利害関係が相反していたとすれば，A社のためになることはB社のためにならない。どちらを重視するかによってとるべき行動は正反対になる。A社に対する関係とB社に対する関係が，それぞれ独立して扱えないわけだ（図12-2の右側）。こんなときは，個々の利害関係者に応えるのではなく，複数の利害関係者の相互の関係性に配慮しなければならない。敵の敵は味方，味方の敵は敵となることもある。

この視点から，「やりたいことをやれる気がしない」という状況に陥っている理由について考えてみた。まず，わたしが社長になる

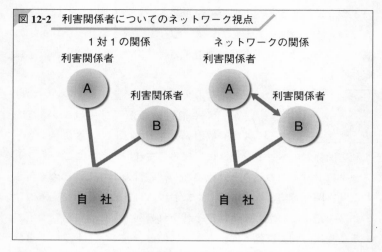

図 12-2　利害関係者についてのネットワーク視点

1 対 1 の関係

利害関係者

A

利害関係者

B

自　社

ネットワークの関係

利害関係者

A

利害関係者

B

自　社

までに，社内外のさまざまな人たち（上司だけでなく取引先など）に
お世話になってきた。社長になる過程で「いかにミスをしないか」
や「いかに敵をつくらないか」にも配慮してきた。その結果，たく
さんの上司とその背後の利害関係者と良好な関係を築くことができ
た。

　ところが，このような密度の濃いネットワークの，しかもその中
心に埋め込まれると身動きがとれなくなる。自分が対応すべき利
害関係者の数が多くなればなるほど，矛盾も発生しやすくなるから
だ。わたしとしては，お世話になった人たちのどちらか一方をとる
わけにもいかないので，妥協せざるをえない。互いの満足をバラン
スよく高めるために，思い切った行動は起こしにくい。出世しよう
とすればするほど，自らをこのような立場に追い込むことになる。
みんなから支持されて上り詰めることができたのだが，いざ事業を
創造したり変革したりしようとすると，このような埋め込まれた立
場がかえって邪魔になる場合もある。

　このような利害関係者への埋め込まれ方は，いくつかのタイプ

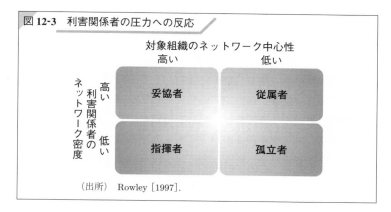

図 12-3　利害関係者の圧力への反応

対象組織のネットワーク中心性

高い　　　　　　　　低い

利害関係者のネットワーク密度

高い

妥協者　　　　　　従属者

低い

指揮者　　　　　　孤立者

（出所）　Rowley [1997].

に分類できる。縦軸をネットワークの密度として，横軸をネットワークの中心性とすれば，それぞれの高低から4つに分類できる（Rowley [1997]，図 12-3 参照）。ネットワークの密度とは，そのネットワークにおける行為者同士の関係がどのくらい緊密で重なり合っているかを示す。一方，ネットワークの中心性とは，特定の行為者がネットワークにおいてどのくらい中心であるかを示している。仮に，わたしの会社が，密度が高いネットワークの中心に位置しているとすれば「妥協者」として利害関係を調整することになる。

　それではどうすればよいのだろうか。仮に，わたしの会社がこれらの利害関係者と距離を置き，あえて中心から離れたとしよう。中心から離れつつ，ネットワーク密度が高い場合，利害関係者が影響力を持つ一方でわたしの会社は中心から外れて影響力を発揮しえない。わたしの会社は「従属者」として，彼らの言いなりになるしかない。

　一方，中心から離れつつも利害関係者のネットワークの密度を低くすれば，利害関係者の影響力を和らげることができる。ただし，わたしの会社は周辺に位置してしまうため大した影響力は持てな

い。「孤立者」として，利害関係者の圧力を避けるほかないであろう。

　このように，結局はわたしの会社が中心に位置しなければイニシアティブをとるのは難しくなる。しかしその一方で，変革を引き起こすためには，余計な利害関係は背負い込まないほうがよい。そもそも組織が大きくなるにつれ，異質な組織を引きつけてつながりができるものだが，つながりが増えすぎると，ある要求を満たそうとして，他を満たせないという状況に陥る。中心に位置しつつも，ネットワークの密度を低く保てば，かえって「指揮者」としてイニシアティブをとり，利害関係者をコントロールしやすくなる。

埋め込みから逃れるには

ネットワークにおける埋め込みは，現在のビジネスが成熟しているとき，より強固になる。上得意のお客様向けにすべてが最適化されていて，社員はもちろん，取引先のパートナーも，それで問題がないと感じているからだ。

　しかし，もし破壊的なイノベーションが起こっていて，ビジネスシステムを根本的に見直さなければならないという状況であったらどうだろうか。現在，売上高比率が高くて利益率も高い製品・サービスを上得意のお客様向けに提供していくうちに，次の世代の技術の波に乗り遅れてしまわないのだろうか。

　当面はうまくいきそうだが，安閑としていられない。デジタル・トランスフォーメーションも進んでいて，これまでのビジネスシステムでは通用しない気がする。しかし，社内や取引先を見渡すと現状維持の圧力が強い。せっかく理想とすべきビジョンも見えてきたのだからなんとかしたい。いったい，わたしはどうすればよいのだろうか。

　1つの方法は，「本業の真っ只中での新事業開発」を行うというものだ。既存のビジネスシステムとは独立するような形で事業部を

立ち上げ，そこで新しい試行錯誤を行う。うまくいけば，それを横展開するように既存の事業を変えていけばいい（→第11章）。そうなると，まず大切なのは新しいビジネスの立ち上げである。すでに海外や異業種のお手本から構想したビジネスの設計図はあるので，それを現実のものとすればいい。このときに役立つのが，リーン・スタートアップの考え方だ。

リーン・スタートアップ

「リーン・スタートアップ」というのは，一言でいえば，致命的なリスクをとらずに，小さな実験を体系的かつ計画的にくり返し，実際の顧客を相手に市場で成功する要因を探し当てていく，という手法である。

たとえば，実際にプロトタイプを製作し，顧客の反応を確かめる。大切なのは，確かめるべきポイントを明確にして，それ以外については割り切るということだ。今回はコンセプトの筋のよさ，次回はそのニーズの深さと広さ，その次は自社の製品がそのニーズに応えているか，最後に課金の仕方，というように1つひとつ丹念に確かめていく。他の条件を同一にして，見るべきポイントを絞って効率的に検証していくのが基本である。

これをくり返すなかで，思いもよらない顧客像が浮き彫りになり，自分でも気づかなかったサービスの価値を見出すことがある。

リーン・スタートアップは，膨大なマーケティング調査で裏づけをとって，緻密に計画してから実行するという従来の姿とは，逆をいくものである。その有効性は世界中で証明されており，いまやスタートアップ企業のみならず，大企業でも活用され始めている。

無駄をなくした実験計画

リーン・スタートアップの名前はトヨタ生産システムに由来する。その本質がリーン（無駄がないこと）であることに気づいたMIT（マサチューセッツ工科大学）の研究チームが，無駄のないとい

う意味で「リーン生産システム」と名づけたのである。

　リーン・スタートアップの手法は，もともとスタンフォード大学のスティーブン・ブランク教授の「仮説検証」に由来する。これを習ったエリック・リースが起業に成功し，自身の方法が無駄を省いた起業のプロセスであることに気づいた。これがトヨタ生産システムの考え方に類似しているということで，いっそうの体系化を図り，1冊の本にまとめ上げた。これが，世界の起業家に支持されたのである。

　簡略化して示せば，その方法のプロセスは次のようになる。

① 大規模な調査を控え，コストや時間を無駄に費やさない
② アイデアや仮説があれば，試作品・最低限の製品・サービスをつくってみる
③ 実際に顧客に提案して，その反応を見る
④ 不備があれば改善し，見込み違いがあれば方向転換（ピボット）を行う

　新しい製品やサービスは，所詮，市場に投入してみなければわかるものではない。調査・企画・生産・販売というプロセスにしても，一直線かつ計画的に進むとはかぎらないのである。とくに新規性が高い事業というのは先の見通しが立たないので，スパイラルに，修正をくり返しながら進めざるをえない。それゆえ，仮説と検証のプロセスが大切であり，無駄のない形で，調べたいことを絞って市場と対話することが推奨されるのである。

伝統的なプロセスとの違い　リーン・スタートアップ方式は，大企業における伝統的な方式とは一線を画すものである。対比させると表 12-1 のようになる。

　大企業では，まず，入念な調査と分析のもと数カ月かけて事業計画が策定される。その書類には，売上と利益とキャッシュフローの

表 12-1　伝統的な手法とリーン・スタートアップ

	伝統的な手法	リーン・スタートアップ
戦略	**事業計画** 実行を重視	**ビジネスモデル** 仮説を重視
新製品開発プロセス	**製品マネジメント** プランをもとに一定の段階を踏みながら製品を準備	**顧客開発** オフィスを飛び出して仮説を検証
エンジニアリング	**アジャイルまたはウォーターフォール開発** やり直しをしながら，あるいは事前に仕様をすべて固めてからつくる	**アジャイル開発** やり直しを重ねながら少しずつ製品をつくる
組織	**職能別組織** 経験と実行能力を重視した採用	**顧客対応チームとアジャイル開発チームが主体** 学習意欲，柔軟性，スピードを重視した採用
財務報告	**会計** 損益計算書，貸借対照表，キャッシュフロー計算書	**重要な指標** 顧客獲得コスト，顧客の障害値，離反数，口コミ効果
失敗	**例外的な事態** 幹部を更迭して立て直しを図る	**予想される事態** アイデアを練り直し，うまくいかない場合は軌道修正する
スピード	**計画どおりのスピード** 完全なデータをもとに事業を運営	**迅速** 妥当なデータをもとに事業を運営

（出所）　Blank［2013］邦訳，45頁より作成。

5年間の予測が求められ，会議室で評価される。会議で承認された製品・サービスは，長い開発期間を経て市場に投入され，市場の反応が確かめられるのである。

　しかし，どれだけ大規模な調査を行っても，市場を完全に予測することはできない。顧客のニーズを見誤ったり，価格が適正でなかったり，販売量の見込みが外れたりするからだ。展開が大きくなれ

ばなるほど，後からの軌道修正は難しくなる。

　会社は，必ずしも失敗に寛容ではない。それゆえ，次第に挑戦する人はいなくなっていく。もし，わたしの会社の新事業創造のあり方が，綿密な計画にもとづく，失敗に寛容でないものだとしたら，イノベーションを起こすことは難しいはずだ。

　これとは対照的に，リーン・スタートアップでは，事業計画に時間をかけない。事業についての仮説を立てるような形でビジネスモデルが描き出され，最小限の機能を備えた試作品で検証される。小さな失敗をくり返しながら，早いタイミングで軌道修正（ピボット）が行われるのである。いわば，小さな失敗は当然視して，学習しながら最適なビジネスモデルを探索していくという手法である。

ミッションが漂流を
防ぐ

　顧客の辛辣な声や社内での批判に耳を傾けていると，ついついそれに過剰に反応してしまうものだ。場当たり的に対処していくうちに，もともと何を成し遂げたかったのかを忘れてしまいそうになる。錨をなくした船のように漂流してしまうと，予算で計上していた資金も底をつき，ビジネスは継続不能となってしまう。

　このようなときに頼りになるのが，会社が果たすべき使命としてのミッションである。事業を始めようと思ったのはなぜか。当事者の思いや理念がその時代の言葉として言い表されている。ミッションというのはやすやすと達成することができない。だからこそ時代が変わっても変わらないのだ。

　ビジネスシステムは，ミッションと深く結びついている。ミッションを重視している企業のなかには，儲け方にこだわるところもある。なんでもかんでも儲ければいい，というのではなく，自社にふさわしい儲け方，価値の創造のあり方を考えられる。一貫性が生まれるので，錨をなくした船のように漂流してしまうようなことも避けられるのである。

2006 年に公開された日本映画。街の電器屋・イナデンの次女として生まれ育った怜は，新人であるにもかかわらず自己主張が強く，その性格のために上司とケンカして好きだったイラストレーターの仕事も辞めてしまう。そんな折，仲の悪い実家の父がケガをして入院したのをきっかけにしばらく家業を手伝うことになった怜は，ほとんどお金にならないアフターサービスに注力する店の商売のやり方に，最初は不満だらけだったが，徐々にその意味に気がついていく。

『幸福のスイッチ』
©2006「幸福のスイッチ」製作委員会

「激安のコンドー」という家電量販店がオープンしたことにより，小さな電器屋（ナショナルショップ）であるイナデンはあまり商品が売れないように思われた。かかってくる電話といえば，以前に販売したマッサージ機を他の部屋に移動させてほしいという依頼であったり，古い製品の修理ばかりで，ほとんど収入にならない。コンドーから電化製品を買う家が目立って増えてきたような気がする。

けれども，これに対抗できるビジネスシステムをイナデンは持っている。効率は相当悪いが，顧客に合わせてサービスをカスタマイズするというのがその第一歩だ。たとえば，結婚時に買った古い冷蔵庫を処分する顧客には，思い出としてその冷蔵庫の記念写真を撮ってあげたり，親の形見だというアイロンが壊れたときには，部品がもう調達できなくても修理をしたりする。そのような地道なサービスは，顧客自身が気づいていないニーズ，したがって大手家電量販店でも把握できない隠れたニーズを掘り起こしたりもする。電球の取り替えでコミュニケーションをとっているうちに，顧客である老婦人の耳が聞こえにくくなっていることに気づく。この老婦人はイナデンの勧めで補聴器を購入したことで10 年ぶりに鳥のさえずりを聞くことができ生きる喜びを取り戻した。これらの活動は最終的には大きな力へと集約される。怜とその家族が営業しなくとも，喫茶店代わりにいつも店に押しかけてくる初老の常連客たちが近所の人たちに代わりに営業をしてくれるのだ。

はじめて家業を手伝った怜は，最初はこの包括的なビジネスシステ

ムに気づかず，ただ父の商売のやり方に疑問を隠せずにいたが，最後にはそれに気づくことができた。そうはいっても，イナデンの社長（怜の父）はこのビジネスシステムを計画的につくり上げたわけではない。単に金儲けに走るのではなく，誠実なサービスを続けているうちに自然に構築されたものである。それがわかったからこそ，怜はもう一度初心に返り，誠意を持ってイラストレーターの職を続けようと復職を決心したのだろう。

エピローグ

　自分の任期はかぎられているが，その任期が終わっても自分の会社はずっと永続してほしい。経営者になったわたしは，あらためて組織づくりや仕組みづくりの大切さを実感していた。任期がかぎられているがゆえに，自分が直接携われる仕組みづくりに関わる1つひとつが大切で，慎重かつ大胆に取り組むべきだと感じた。「利害関係者に埋め込まれているからといって，それを言い訳に何もしない経営者にだけはなりたくない」。心のなかでそう呟いたわたしは，自らが置かれた立場を前向きに捉え，より深く自分らしい経営者の役割を考え始めていた。

 さらに学びたい人のために

①井上達彦［2012］『模倣の経営学——偉大なる会社はマネから生まれる』日経BP社。
- ●優れた経営は，時代を超え，業界を超え，伝承され，発展していきます。愚者が賢者から学ぶことよりも，賢者が愚者から学ぶことが多い。本書は，手本を超えるためのモデリング——その理論と実践について記されています。

②井上達彦［2019］『ゼロからつくるビジネスモデル』東洋経済新報社。

●パイオニアの実践から得られたノウハウを体系化した，ビジネスモデルづくりの完全ガイドブックです。海外のイノベーション・プログラムや国内のコンサルタントたちの手法を，実践事例とともに解説しています。

③ジェームズ・C. コリンズ＝ジェリー・I. ポラス（山岡洋一訳）［1995］『ビジョナリーカンパニー——時代を超える生存の原則』日経 BP 出版センター。

●経営者にとって，ビジョンを示して仕組みづくりをすることがいかに大切であるかを世界に示した書籍です。「製品やサービスが強いと組織が弱くなるかもしれない」「収益性を第一にするよりも理念を徹底させたほうが収益性が高まるかもしれない」といった逆説的なメッセージが，読者の知的好奇心をかきたてます。

④加護野忠男・山田幸三編［2016］『日本のビジネスシステム——その原理と革新』有斐閣。

●日本のビジネスシステムについて，企業間ネットワークにまで視野を広げ，多様な視点から描かれています。なじみのある民間企業はもちろん，地場産業や長寿企業など，長年の伝統と革新に裏づけられたユニークな仕組みが，制度的叡智として描き出されています。

第13章 仲間と会社を起こす

アントレプレナーとエコシステム

忙しいけど，おもしろい！

　わたしにとって，ビジネススクールの同期であり親友でもある彼が，仕事仲間と独立して，スタートアップ企業の役員に就任することになった。その同期は，転職を経験しながらも，これまではずっと既存の企業に所属して働くキャリアを送ってきた。そんな彼に，起業の機会がめぐってきたのだ。先日の同窓会で聞いた話によると，現在所属している IT 企業が，取引先の大手通信企業とプロジェクトを組んだ際，一緒に仕事をした若手の IT エンジニアが独立・起業を思い立ち，そのベンチャー企業の役員として迎えられたということらしい。この IT エンジニアはまだ若いが，独立心が強く，自分の会社で独自の製品を生み出すことに情熱を傾けていた。彼は役員として，この生まれて間もないベンチャー企業の戦略立案やマーケティングを担当するという。キャリアの集大成をめざすことになるのだろう。起業を決断した彼を，わたしは静かに見守っている。

1　起業とアントレプレナー

アントレプレナー
というキャリア

　新たに起業しベンチャー企業の経営を担うというのは，これまで会社の一員として仕事をしてきた彼にとって，どのようなキャリアの変化なのだろうか。

疑問 13-1
なぜ起業というキャリアを選んだのか？　アントレプレナーとしてのキャリアとは？

まずこの点から考えてみよう。理由の１つは，起業家的創造性の発揮である。キャリア・マネジメントについて説明した第４章でも触れた，キャリア・アンカーという概念がある。８種類あったなかに，起業家的創造性が含まれていた。起業という創造的な作業に従事することを優先し，その成果が評価されることに喜びを感じる人に適したアンカーである。

それ以外にも起業を志向する理由はある。たとえば日本での調査では，「自分の裁量で自由に仕事をするため」「自分の好きな仕事をするため」「仕事の経験や技術，知識，資格，スキル等を活かすため・試すため」「自分の趣味や特技，アイディアを活かすため」などが上位に挙がり，また「新たな事業にチャレンジするため」「社会課題の解決，社会貢献するため」といった理由も見られた（2020年版「中小企業白書」）。

人々は，これらの理由で起業というキャリアを選ぶのだろう。たしかに起業はリスクをともなうが，成功した起業家はそれを補って余りある経済的あるいは社会的報酬を得ることになるし，企業に勤めていたときのように定年で退職する必要もない。自立志向があり，起業家的な創造性を発揮したい人にとっては，ある程度のリスクを負って，自由度の高い仕事を実現するキャリアと考えることができるだろう。

彼が独立を選んだのも，そうした判断からだったに違いない。わたしは，アントレプレナーが社会のなかで果たしうる役割について知りたくなった。そのときにふと気づいたのは，アントレプレナーを表す日本語として，２種類の「きぎょうか」（「起業家」と「企業家」）が存在していることだった。

起業家と企業家

英語の entrepreneur（アントレプレナー）の訳語として，日本では，「起業家」と「企業家」という２つの語が使われている。なぜこのような２種類の

訳語があるのだろう。

　日本語の「起業家」と「企業家」は，微妙にニュアンスの異なる語である。まず，起業家について見てみよう。起業家とは，新たに会社を起こす創業者のことである。これには，アップルの創業者スティーブ・ジョブズやアマゾンの創業者ジェフ・ベゾスといった著名な人物から，近所で開業した無名の小企業の創業者たちまでがあてはまる。日本では，この40年あまりの間，毎年ほぼ二十数万人が起業しており，彼らが日本の「起業家」ということになる。

　一方，日本語で「企業家」という際には，経営環境の変化に対してリスクをとって能動的に行動し，創造性や革新性のある事業活動を展開する経営者を意味する。つまり企業家とは，革新的（innovative）な事業の創造者のことを指す。したがって企業家は，必ずしも会社の創業者である必要はない。革新的な事業を興した人物であれば，創業者のみならず，経営者，マネジャー，エンジニアなども企業家に含まれる。たとえば，家業を引き継いで花札やトランプのメーカーだった任天堂を世界有数の電子ゲーム・メーカーに育てた山内溥や，父親から運送会社を受け継いで新たに宅配便事業を創造したヤマト運輸の小倉昌男，イトーヨーカ堂の従業員だったときにセブン–イレブン事業で日本にコンビニエンス・ストア業態を生み出した鈴木敏文，エンジニアでトヨタ生産システムの生みの親といわれる大野耐一などは，企業の創業者ではないが，きわめて企業家的な人物であるといえるだろう。

　企業家かどうかは，会社を創業したかではなく，革新的な事業を興したかで判断される。このような違いが，起業家と企業家との間には存在しているのである（以下，起業家と企業家をまとめて指す場合には，アントレプレナーと表記する）。

2 アントレプレナーの属性と機能

　なぜキャリアとしてアントレプレナーが選択されるのかは，なんとなくわかった。では，社会的に見て，彼らのようなアントレプレナーの役割とはどのようなものなのだろう。

> **疑問 13-2**
> なぜ社会にはアントレプレナーが必要なのか？　社会における
> アントレプレナーの役割は？

起業家の社会での役割

　まず「起業家」は，社会においてどのような役割を果たしているのだろうか。結論を先にいえば，起業家は，業界や産業の新陳代謝を進めるという役割を担っている。

　第 11 章で組織変革について論じた際，組織のライフサイクル論について触れた。それによれば企業は，生誕・成長・成熟・衰退という不可逆的に進行するライフサイクルに沿って，最終的にその寿命をまっとうする。業界や産業の新陳代謝は，既存の企業が新たな事業に着手することによって果たされることがある。やはり第 11 章で見たように，そのなかには組織の変革に成功し，新たな事業を生み出して，結果的に会社の寿命をさらに延ばすケースもあるのである。

　他方，起業家が事業機会をつかみ，新たな事業を始めることでも，業界や産業には新陳代謝が生じる。とくに変化の速い情報通信やバイオなどのハイテク業種では，急成長する新興企業が瞬く間に業界地図を塗り替えてしまうことも稀ではない。1980 年代にパーソナル・コンピュータが業界として確立した際，成長の中核となっ

たのは IBM や HP など既存の巨大企業ではなく，インテルやマイクロソフト，アップルといった新興企業だった。1990年代のインターネット革命の際にも，グーグル，アマゾンや楽天，フェイスブック等の新興企業が，旧来のハイテク企業を上回る勢いで新たな業界や産業を成長させていった。そのような大がかりな例ばかりでなく，われわれの住む街でも，起業家が新たな会社を設立し活動することで，業界や産業の新陳代謝は進んでいく。

企業家の社会での役割

一方で「企業家」は，社会においてどのような役割を果たしているのだろうか。そういえばビジネススクールの講義では，企業家の創造性や革新性に注目していたことを思い出した。このように企業家を経済活動の革新者とみなすのは，経済学者ジョセフ・シュンペーターの考え方にもとづくのだという。革新的とは，経済発展の原動力となるような変化をもたらすことを指す。シュンペーターは，そうした革新（イノベーション）を，具体的には以下のようなものであると説明していた（Schumpeter [1912]）。

① 新しい財貨（製品・サービス）を生み出すこと（プロダクト・イノベーション）
② 新しい生産方法を開発すること（プロセス・イノベーション）
③ 新しい販売先を開拓すること（マーケット・イノベーション）
④ 新しい原料あるいは半製品の供給源を確保すること（サプライ〔サプライチェーン〕・イノベーション）
⑤ 新しい組織を実現すること（組織イノベーション）

ここからわかるとおり，企業家の活動は，事業を拡大して企業を成長させるだけでなく，社会やわれわれの生活を変えるような経済発展の原動力にもなっているのである。

しかし，イノベーションを起こすだけが企業家の役割ではない。社会における企業家の役割として，以下のようなものも挙げられて

いる。

(1) X-非効率の解決者（Leibenstein［1978］）——市場が不可避的に生み出す生産要素の余剰資源（X-非効率）をより効率的に活用するための，経営能力の提供者としての企業家

(2) 効用の創造者・交換の仲介者（Marshall［1920a; 1920b］）——組織内での生産要素の組織化を担う効用の創造者，市場においては潜在的な生産要素と潜在的な需要とを架橋する交換の仲介者としての企業家

(3) 機会の発見と資源の柔軟な活用者（Kirzner［1973］）——市場の売り手・買い手双方に利益となる取引機会を機敏に見出し，柔軟に経営資源を動員して取引を実現させる漸進的な革新者

(4) 新たな事業コンセプトの提唱・実践者，事業システムの創造者（加護野［1985］）——事業についての能動的な革新を通じて経営や事業についての新たなコンセプトを創造・実践し，事業システムを生み出す主体としての企業家

(5) 不確実性の担い手（Knight［1922］）——予測のできない状況下でその不確実性を負担し，責任ある意思決定を行う主体としての企業家

(6) 血気の持ち主（Keynes［1936］）——合理的な計算が血気（animal spirit：不活動よりも活動を欲する自生的衝動）によって補足され支持されることから生じた創意にもとづく企業の設立者，そしてその結果としての社会における資本蓄積者としての企業家

(7) 独自サービスすなわち企業家用役（entrepreneurial service）の提供者（Penrose［1995］）——企業の生産機会（新たな企業活動の場）を捉え，製品・地理的配置・技術の顕著な変化についての新たな考え方の導入，新たな経営者の確保，組織の根本的な変革，資本の確保，拡張計画の策定といった独自の用

役の提供者としての企業家

(8) 高い達成動機の持ち主（McClelland［1961］）——自らの成果を求めて責任を負い，不確実な仕事に取り組み，仕事の成果についてのフィードバックを望むという，個人特性として強い達成動機を持つ者としての企業家

(9) 変化の活用者（Drucker［1985］）——変化を健全かつ当然のことと認め，（自らが変化を起こすのではなく，むしろ）変化を探し，変化に対応し，変化を機会として利用する者としての企業家

(10) 資源ネットワークの動員者（McCarthy and Zald［1977］）——さまざまな資源をその社会的ネットワークを通じて動員する社会運動家のメタファーとしての企業家（これはメタファーで，具体的に企業家を分析したものではないが，社会運動という社会問題の解決の一端を担う活動に関わるものとして注目すべきである）

アントレプレナー（起業家と企業家）はさまざまな役割や属性を有し，いくつもの社会的な意義のあることがわかった。彼はアントレプレナーとして，どんな社会的役割を果たしたいのだろうか，いずれ聞いてみよう。

3 ベンチャー企業と外部性

それから数カ月が経ったある日，わたしは久しぶりにビジネススクール同期の彼と食事をし，新しい仕事についていろいろと聞くことができた。オフィスは東京の五反田にあるという。渋谷・六本木は，多くの IT ベンチャーがオフィスを構える場所として有名だ。しかし，まだ駆け出しの彼の会社は，これらのエリアの高い賃料を回避して，比較的賃料の安い五反田に本社を置いている。五反

田というと，昔は中小の雑居ビルの街で，駅前の繁華街には居酒屋や風俗店が密集しているといったイメージがあった。それがいまでは，周りを見回せば400社を超えるスタートアップが集まっており，アメリカ西海岸のシリコンバレーになぞらえて五反田バレーと呼ばれているらしい。なんだかとても楽しそう。

　それにしても，なぜ都内でも特定の場所へ，そのようにスタートアップが集まってくるのだろう。たしかに五反田は，もともと中小のオフィスビルが多く建ち並んでいたから，スタートアップ段階のベンチャーにぴったりの物件が多く，賃料も安い。交通も，新幹線が停まる品川駅に近く，羽田空港や成田空港へのアクセスもよい。さらに最近は，インキュベーション・オフィスやシェア・オフィス物件，コワーキング・スペース等も整備され，たしかにスタートアップが集まりやすい環境が整っている。でも，ちょっとほかに目を向ければ，そのような場所はここにかぎらず都内には何カ所もある。なぜ五反田が起業家たちに選ばれるのだろうか。

> **疑問 13-3**
> なぜ起業家は特定の狭い地域に集まってくるのだろうか？

外部経済と外部性　　経済学にも詳しい彼がヒントをくれた。カギは「外部性」（externalities）だそうだ。

　生産活動を営んでいると，生産規模が拡大するにつれ，その費用が低下する傾向（費用逓減あるいは収穫逓増〔increasing returns〕）の見られることがある。収穫逓増（の法則）とは，固定と可変の入力（たとえば工場規模と労働者数）がある生産システムにおいて，製品を多く生産すればするほど，かかるコストが減少していくことを意味する。映画やソフトウェア，ソーシャルゲームの制作には開発費・設備費といった固定費が一定にかかるが，ユーザー数が増えても運営にかかる人件費などの費用はそれほど増大しないので，利用者が

増えるほど全体の生産性が向上し，それによって利益率も向上するのである。

　この収穫逓増を実現する要因は，個々の企業の自助努力と，規模拡大による当該産業全体の環境改善とに分けられる。前者は，企業自体の設備投資や経営能力の向上などによって生産費用が低下し利益を得ることをいい，内部経済（規模の経済や経験効果などは，これにあたる）と呼ばれる。一方，後者による利益は，外部経済と呼ばれている。

　外部性は，外部経済に関わるものである。これはさらに，金銭的外部性（市場をとおして影響を与える場合）と技術的外部性（市場をとおさずに影響を与える場合）に分けることができるが，単に外部性という場合は，一般に技術的外部性のことを指す。つまり，ある経済主体の活動が，市場取引を介さずに（すなわち金銭的支払いをともなわないで）他の経済主体に影響を与える場合，外部性が存在するというのである。

　この外部性には，正の外部性（外部経済）と負の外部性（外部不経済）がある。正の外部経済の例として，養蜂家と果樹栽培農家の関係が挙げられる。養蜂業者はミツバチに多く蜜を集めさせるため，ちょうど花盛りの果樹園の近くに巣箱を置く。その際，養蜂業者は果樹園の持ち主に金銭を支払うことはない。反対に，養蜂家が果樹園の近くに巣箱を置くと，ミツバチが果樹の蜜を集める際に受粉を促してくれるため，果樹農家は生産を増やすこと，つまり便益を得ることが可能になる。しかし，果樹農家も養蜂家に対価は払っていない。このように，養蜂家と果樹栽培農家が両者とも，金銭の支払いなしに（つまり市場での取引なしに）便益を得ている場合，正の外部性が働いているという。

　正の外部性の例は，ほかにもある。ある場所に鉄道が敷設されたり駅前にショッピングセンターが建設されると，その場所の利便

性が上がって住民が増え，鉄道やショッピングセンターの売上が増加するとともに，周辺の地価が上がるというのも，正の外部性の例である。また，予防接種を受けることは，本人にもメリットがあるが，周囲に病気を伝染させる可能性が低くなるため，周囲の人にとっても便益となる。

　一方で，外部性には負の外部性（外部不経済）も存在する。その一例として，公害の原因となる汚染物質を排出する工場と周辺住民との関係が挙げられる。そのような汚染物質の排出規制がない場合，工場はコストをかけて汚染物質対策をするインセンティブがないため，汚染物質を垂れ流して公害を引き起こす。周辺住民は，工場と市場を通じた取引がないにもかかわらず，負の影響（公害被害）を受けるのである。このように外部性は，その場所にいる経済主体にさまざまな影響を与え，人や企業を集めたり，逆に回避させたりするのだ。

産業集積：特定産業への特化と多様なプレイヤーの集積による触発　企業が集積することによって生じる外部性について考えてみよう。産業集積については，さまざまな理論があるが，ここでは主要な2つの考え方を紹介する（小林［2009］；細谷［2009］）。

　経済学者アルフレッド・マーシャルは，同一の産業や関連の深い産業に属する企業が特定地域に集中する集積（以下，「同一産業の集積」という）に注目した（Marshall［1920b］）。ここで念頭に置いているのは，鉄鋼や機械などの伝統的な重厚長大産業の大企業が，大工場を置いている企業城下町に，それに関連する業種が集積するようなケースである。こうした現象が成立するには，そこに立地する企業だけが何らかのメリットを受けること，すなわち，個々の企業にとって何らかの正の外部性が集積から生じることが前提となるだろう。そのうえでマーシャルは，同一産業の集積が形成され一定程度発展すると，①その産業に必要とされる特殊技能労働者のプール

ができる，②個々の企業は小さくても，生産に必要な部品・原材料などの中間投入財のまとまった需要ができ，それを供給する専門分化した企業の高度な分業ネットワークが周辺に形成される，③企業に蓄積されたさまざまなノウハウ・技術など（すなわち「知識」）が，立地する企業間で相互にスピルオーバーし，イノベーションが生み出されやすくなる，という3点を指摘した。

このように，マーシャルとそれに続く研究者たち（Marshall [1922]；Arrow [1962]；Romer [1986] たちによる，MAR型産業集積論）が特定の産業に特化して集積することのメリットを説明したのに対し，都市社会学者のジェイン・ジェイコブスは，都市化の複合的な集積がもたらすメリットを強調した（Jacobs [1969]）。つまり，多様な業種に属する企業，とりわけ多くの中小企業が立地する都市という別のタイプの集積に着目し，業種を異にする企業の間に生じる知識のスピルオーバーの重要性を論じたのである。

ジェイコブスが強調したのは，都市に立地する異業種の多様な企業が相互に刺激し合うことで，古い仕事にわずかな新しい仕事を付け加える形，あるいは都市特有の多様な分業がどんどん枝分かれしていく形で，新製品，すなわちプロダクト・イノベーションが次々に生み出されるという点である。そして都市はイノベーションを生み出すことでますます発展し，こうした都市の繁栄が国全体の発展を支えるというのが，ジェイコブスの考えである。すなわち，「都市に立地する異業種に属する企業間での知識のスピルオーバーによって生じる外部性」である（ジェイコブスの外部性〔Jacobs externalities〕）。都市に多様な産業が存在すること自体がさまざまな恩恵を立地する企業にもたらすという意味で，「多様性（diversity）の外部経済」と呼ばれることもある。これは，ジェイコブスの議論を原点として，都市化の進行にともない多様な業種が集積し，多様なバックグラウンドを持った人的資源が存在することが，地域の発展にプ

ラスに寄与すると考える立場である（ジェイコブス型産業集積論）。

　ところで，なぜこのような外部性は，特定の狭い地域にのみ作用するのだろう。集積に生じる外部性が一定の地理的範囲にとどまるのは，距離が拡大することで，何らかの理由により，とりわけ知識のスピルオーバー効果が衰えていくためと考えられる。すなわち，知識，とりわけ「暗黙知」（tacit knowledge）と呼ばれるような特定の種類の知識は，一般的な情報と異なり，移転するためのコストに距離が影響すると考えるのである。

　イノベーションとの関係でとくに注目されるのは，「粘着性のある情報」（sticky information）という概念である（von Hippel［1994］）。特定の場所に粘着性のある情報が，イノベーションを生み出すうえで重要であるとする。そうした情報を移転するには，近接性，たとえばフェイス・トゥ・フェイスのコミュニケーションや高頻度の接触を繰り返すことが必要となる。

　そうか，多様性が担保された大都市において，何かのきっかけで，ある程度の数の特定業種が1カ所に集まると，そのなかで濃密な知識がやりとりされる場ができる。そこに同業者や関連業種の企業が吸い寄せられるようにして，さらに集積が進んでいく。そういったことなのだろう。

　五反田バレーのケースでは，ジェイコブスの外部性がきっかけになってベンチャー企業が集まり始め，時間の経過とともにMAR型産業集積も形成され始めた，と考えることもできそうだ。起業はチャレンジングな仕事である。それを成功させるためには，多くのリスクや不確実性と闘う必要がある。少しでも成功に近づくには，前章でも見たように，新たな事業やビジネスシステムを生み出すために自社の内部でできること（内部経済）を十分にこなし，さらに外部性を活用するのが大切だということがわかる。

Column ⑬　産業クラスター　●●●

　産業クラスター論も，注目を集めた産業集積論の1つである。産業ク
ラスターとは「互いに関連した企業や，特化した供給業者，サービス業
者，さらには関連産業の企業や，関連分野の諸施設（大学や基準認定機
関，業界団体等）が地理的に集積していること」（Porter［1998］邦訳，
67頁）を指す。図13-1は，アメリカの主要産業クラスターを示したも
のである。さまざまな業種と関連分野に特化した産業クラスターが存在し
ていることがわかる。

　産業クラスター論では，クラスターの形成促進要因として，競争環境や
要求水準の高い需要者の存在といった他の諸要素と並び，競争力の高い関
連・支援産業の集積の重要性を指摘している。これらはクラスターの中心
に位置する産業の高付加価値化を支援するとともに，多くの場合自らもま
た高い競争力を持ち，輸出力・移出力を有するものである。結果としてク
ラスターは，多様性を維持し，内向き指向，惰性，柔軟性の欠如やライバ
ル間の馴れ合いなど，競争力の向上や新規参入を減速・阻害する要因を克
服する手段として機能する。このように産業クラスター論は，多様な産業

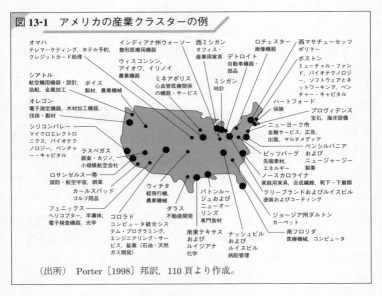

図 **13-1**　アメリカの産業クラスターの例

オマハ
テレマーケティング，ホテル予約，
クレジットカード処理

インディアナ州ウォーソー
整形医療用機器

西ミシガン
オフィス・
産業用家具

デトロイト
自動車機器・
部品

ロチェスター
画像機器

西マサチューセッツ
ポリマー

ウィスコンシン，
アイオワ，イリノイ
農業機器

シアトル
航空機用機器・設計，
造船，金属加工

ボイス
製材，農業機械

ミネアポリス
心血管医療関係
の機器・サービス

ミシガン
時計

ボストン
ミューチャル・ファン
ド，バイオテクノロジ
ー，ソフトウェアとネ
ットワーキング，ベン
チャー・キャピタル

オレゴン
電子測定機器，木材加工機器，
伐採・製材

ハートフォード
保険

プロヴィデンス
宝石，海洋設備

シリコンバレー
マイクロエレクトロ
ニクス，バイオテク
ノロジー，ベンチャ
ー・キャピタル

ラスベガス
娯楽・カジノ，
小規模航空会社

ニューヨーク市
金融サービス，広告，
出版，マルチメディア

ペンシルバニア
および
ニュージャージー
製薬

ピッツバーグ
先端素材，
エネルギー

ロサンゼルス一帯
国防・航空宇宙，娯楽

ウィチタ
軽飛行機，
農業機械

バトンルー
ジュおよび
ニューオー
リンズ
専門食材

ノースカロライナ
家庭用家具，合成繊維，靴下・下着類

カールスバッド
ゴルフ用品

ダラス
不動産開発

クリーブランドおよびルイスビル
塗装およびコーティング

フェニックス
ヘリコプター，半導体，
電子検査機器，光学

コロラド
コンピュータ統合シス
テム・プログラミング，
エンジニアリング・サー
ビス，鉱業（石油・天然
ガス開発）

南東テキサス
および
ルイジアナ
化学

ナッシュビル
および
ルイスビル
病院管理

ジョージア州ダルトン
カーペット

南フロリダ
医療機械，コンピュータ

（出所）　Porter［1998］邦訳，110頁より作成。

群の地理的集中が生み出す熾烈な競争と相互補完関係による，高付加価値化・競争力向上の仕組みを説明しているのである。

4 多くの会社が存在する理由
●市場取引，組織内取引，他組織との継続的取引

そういえばわたしの会社も，もっと積極的に IT を導入してさらなる効率化を図っていかなければならないので，彼の新会社との協働は魅力的な案件だと思う。わたしたちのような大企業にはできないような，ベンチャー企業ならではの斬新なスキームを提案してくれることに大いに期待もしている。でも，わたしたち大企業がベンチャーを活用しようとするのは，どうしてなんだろう。

疑問 13-4
なぜ大企業はベンチャーを活用するのだろうか？

これは，たとえばあるメーカーが，必要な部品を自社で内製するか，他社から購入するか，あるいは，必要な技術を自社内部で蓄積するか，外部のパートナーと共同開発するか，市場で購入するか，といった判断に関する疑問だといえる。こうした事業の規模や組織の境界は，どのように決まるのだろうか。ここでは，取引コスト経済学による考え方を紹介しよう。取引コスト経済学では，これらを，取引（主体間の境界を越えた財の移転）に関わるコストによって説明する。結論を先にいってしまうと，ベンチャー企業をはじめとする新たな企業が生まれ大手企業と取引する理由は，そのほうが他の仕組み（市場取引や内部組織取引）と比較して経済的に低いトータル・コストで財やサービスを生産できるからである。

取引コスト経済学は，市場だけですべての取引を効率的に行うこ

とはできず（市場の失敗），かといって組織だけでもやはりそれは不可能である（組織の失敗）理由を，取引コストという概念を用いて説明した（Williamson［1975］）。取引コストとは，「事前に取引をセットアップする活動と，事後に取引を遂行するための活動に費やされた資源」のことである。市場の失敗や組織の失敗が生じるのは，人間には認知限界（限定された合理性 →第6章）があり，自らの利益のために機会主義的に行動することがあるからである。われわれは，環境の不確実性や複雑性を処理できず，完全に合理的な判断ができない。またそのために情報が偏在して取引の数が少数になり，機会主義的な行動をとることがある。これらが市場の失敗と組織の失敗を生み出すのである。

さて，「取引コストの存在が無視できないほど大きい場合，社会は取引コストを含めた総コストを最小にするような経済制度（ガバナンス構造）を選択する」というのが，取引コスト経済学の考え方である。そこでは，

① 資産特殊性（取引に投入した資産がどのくらい特殊か。関係特殊技能への投資，契約製品の製造に必要な専用設備への投資など）

② 取引の不確実性の程度（取引の将来をどのくらい予測できるか）

③ 取引頻度

という取引の属性が，その取引コストを決める。組織は，権限関係を行使することで市場取引ではコストが高くなる契約遵守の監視などの費用を削減できる一方，維持コストなどを要する。

取引の形態が，市場・組織・中間組織の3種類であると考えてみよう（今井・伊丹・小池［1982］）。ここで中間組織とは，資本的な結びつきによる企業間関係や，反復的な取引関係，役員派遣等による企業間の人的結合など，中長期的な提携関係を結んでいる複数の組織を意味している。これら3種の取引形態は，参加者の決定原理および相互関係にもとづくと，図13-2のように表すことができ

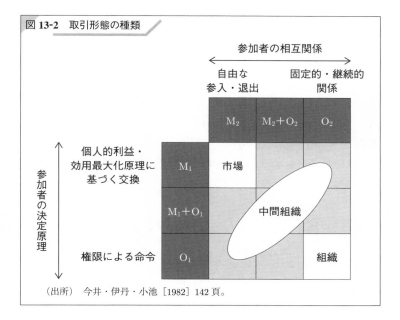

図 13-2　取引形態の種類

参加者の相互関係

自由な　　　　　　固定的・継続的
参入・退出　　　　　　関係

M_2	$M_2 + O_2$	O_2
M_1	市場	
$M_1 + O_1$	中間組織	
O_1		組織

個人的利益・
効用最大化原理に
基づく交換

権限による命令

参加者の決定原理

（出所）　今井・伊丹・小池［1982］142頁。

る。そして，生産に関わる総費用は以下のとおりである。

① 市場取引

　　総費用：［財・サービスの価格］＋［市場における取引コスト］

　　取引コスト：取引相手との契約や契約維持のための費用，

　　　　　　　　取引の管理費用など

② 内部（組織）取引

　　総費用：［財・サービスを組織内部で製造するのに必要な設備投資］

　　　　　　＋［内部取引における取引コスト］

　　取引コスト：組織の維持・管理費（オペレーション・コスト）

③ 中間組織取引

　　総費用：［財・サービスの内製部分のコスト］

　　　　　　＋［中間組織取引における取引コスト］

　　取引コスト：取引相手との組織間関係形成・維持に関わる

（→第 10 章 4 節 2 項め「効率性」も参照）

　これらを比較して，総コストの低い経済制度（ガバナンス構造）が選択されるというのが，取引コスト経済学の考え方である。先に述べたとおり，ベンチャー企業をはじめとする新たな企業が生まれ，大手企業と提携したり協働する理由は，そのほうが他の仕組み（市場取引や内部組織取引）と比較して経済的に低いトータル・コストで財やサービスを生産できるからだというわけだ。食事をしながら彼の説明を聞いて，わたしはなるほどと思った。

5 大企業とベンチャー企業のドメイン
●イノベーションのジレンマとオープン・イノベーション

　ビジネススクールの同期と久しぶりの会食を終えた私は，五反田のオフィスに戻った。設立したばかりの会社で奮闘中の私は，以前の取引先などいくつかの大企業とプロジェクトを進めている。自社開発のソフトウェアを大企業の製品・サービスに組み込む協業や，新しく立ち上げたオンライン事業のプラットフォームに大企業の基幹製品を利用するなど，関わり方はさまざまである。実は，そのビジネススクールの同期が社長を務めるレストラン・チェーンの社内ベンチャーとも，協業プロジェクトを立ち上げることになった。彼女なりのご祝儀かとも思ったが，彼女はそんなことをする人ではない。そこでふと疑問が湧いた。あれほど広くチェーン展開するような大企業は，人的にも物的にも，あるいは情報的にも，多くの経営資源を持っている。つまりイノベーションを進めるうえで優位な立場にありながら，なぜ私たちのような新参ベンチャー企業と協業したり，ベンチャー企業を支援したりするのだろう。あるいは逆に，なぜベンチャー企業はアグレッシブにイノベーションを起こしたり

できるのだろう。

疑問 13-5
なぜイノベーションを先導するのが大企業とかぎらず，ベンチャー企業もイノベーションに関われるのだろうか？

　優れたベンチャー企業は，規模が小さくても，競争相手でもある大企業を向こうに回して数々のイノベーションを起こし，しっかりと自らのドメイン（生存領域）を確保している。なぜそのようなことが可能なのだろうか。いくつかの理由が考えられそうである。

得意とするイノベーションの質の違い：イノベーションのジレンマ　たとえばクレイトン・クリステンセンは，市場を牽引している優良企業が新興企業によって地位を奪われるという現象を，イノベーションのジレンマという概念を用いて説明している（Christensen [1997]）。それによれば，イノベーションには持続的イノベーションと破壊的イノベーションという 2 つのタイプがある。持続的イノベーションは，要求の厳しいハイエンドの顧客獲得をねらい，従来製品よりも優れた性能の製品・サービスを提供することで実現するものである。一方，破壊的イノベーションは，現在手に入る製品と比較すれば性能は劣るものの，シンプルさや使い勝手のよさといった異なる点で優れた「破壊的な製品・サービス」が提供されることで実現する。

　既存の優良企業（すなわち大企業）は，顧客の声に耳を傾けて持続的イノベーションを継続する結果，過剰品質に陥ってしまうことが多い。その間に新興企業が破壊的イノベーションによる製品・サービスを提供し，その価値が市場で広く認められるようになると，結果として優良企業の提供してきた従来製品の価値は毀損され，既存の優良企業は自社の地位を失ってしまうのである。

　すでに確立された事業を持つ大企業が新規事業に取り組むことの

　2017 年公開のアメリカ映画で，ニューヨークの下流社会でサーカス劇団を成功させた伝説の興行師フィニアス・テイラー・バーナムの半生を描いた作品。貧乏な仕立屋の子として生まれたバーナムは，自分と家族の夢を叶えるためにただ成功することを考えていた。珍しいものを集めた博物館を開店する

グレイテスト・ショーマン
写真：Everett Collection/ アフロ

が客はなく，経営難で苦しんでいたが，「生きているもののほうが面白いのに」という娘の話を聞き，それまで社会から疎まれていた奇異な風貌の人たちをユニークな個性だといって一堂に集め，バカ騒ぎ（サーカス）劇団を立ち上げた。けれども，この劇団は下流庶民の間では大人気となるものの，上流社会からは見向きもされない。バーナムは上流社会を取り込もうと必死になっている間に，サーカス劇場が消失し，破産してしまう。

　この作品では，上流社会が支配する 19 世紀のニューヨークにおいてバーナムが大きなブレイクスルーをもたらしたことがわかる。1 つは，社会から隠れて生きていた人たちを逆に見世物として商品化（付加価値化）したことである*。これは，彼ら 1 人ひとりに胸を張って生きていけるという自信を与えるとともに，マイノリティが団結して社会進出しようとする契機ともなった。もう 1 つのブレイクスルーは，そういった画期的な商品開発を行うことで，上流社会が占有していたエンタテインメントの販路を下流庶民にまで拡大したことである。もちろん，バカ騒ぎ（サーカス）劇団は上流社会からは酷評されたが，後にバーナムのパートナーとなるフィリップ・カーライルのような，上流社会出身の若い劇作家には痛烈な刺激を与えていた。上流社会の伝統や格式がエンタテインメントの可能性の芽を摘んでいることに彼らは強い危機意識を持っていたのである。これは，ある種のイノベーションのジレンマである。

　バーナムが起業家として当初成功できたのは，彼が上流社会と下流社会の二極化を打破し，それを攪乱させようと意図していたからであり，

それは実際には仲間との共創としての劇団づくりに顕れていた。一方，その後の失敗は，次第に彼自身が上流社会のしがらみにとらわれるようになってしまったからであり，それまでの仲間を交換の利く経営資源と解釈し，利用し搾取する側に回ってしまったことからも，それがわかる。

　そんな，すべてを失ったバーナムに手を差し伸べたのは，彼がかつて愛し育てた奇人たちだった。単なる見世物ではなく，仲間として彼らとともにサーカスをつくり上げてきたという自信だけが，彼と彼らに残されていた唯一の財産だったのだ。そして，一度大きな挫折を経験した起業家は再び立ち上がる。劇場を再建する資金はもうなかったが，バーナムはいった。「こんな狭いマンハッタンを飛び出して，広い河原にテントを張ればいいじゃないか」と。それこそが，彼のめざした上流と下流の区別もない，新しいエンタテイメントの形だった。

* 見世物小屋が個人の尊厳を軽視するものとして規制されるようになったのは 20 世紀後半になってからである。

難しさは，持続的イノベーション手法の限界を示唆する。イノベーションのジレンマを解消するためには，「知の探索」と「知の深化」をバランスよく行う「両利きの組織」が求められる。両利きの組織とは，長期的な生き残りを賭けて，深化と探索という相矛盾する能力を同時に追求できる組織のことである（O'Reilly and Tushman [2016]）。大企業や短期的な業績を重視する企業の場合，この 2 つのうち「知の深化」に特化する傾向が強まり，中長期的には組織の能力を劣化させてしまうという問題を抱えることが少なくない。こうした企業では，知の深化ばかりに偏らず，意識的に探索を維持することが必要である。

　一方，既存事業とは異なる新たな事業機会を探すスタートアップ企業や，新規事業を手がける新興企業にとって，従来と異なった新たな事業を生み出せる破壊的なイノベーションは，大きな機会になる。私たちのようなスタートアップや新興企業は，企業規模も保有

する資源も大企業に敵わないが，このようなイノベーションを起こすことによって市場に参入し，成長し，そして市場を確保することも可能なのである。

オープン・イノベーションと新興企業

クリステンセンが指摘したように，既存事業を持つ企業は持続的イノベーションに優位性を持つものの，破壊的イノベーションには後れをとってしまう傾向が否めない。それに対処する有効な手段の1つとして，外部と連携して知の探索を進める「オープン・イノベーション」が，近年注目されている。これは，従来主流だった，自社開発の技術・製品を既存取引先のみに販売する，自前主義・垂直統合型の「クローズド・イノベーション」と呼ばれるイノベーション・モデルとは異なるタイプのイノベーションである。

ヘンリー・チェスブロウは，主に研究開発において産学間のアイデアや人材の流動性を高める手法としてオープン・イノベーションの概念を生み出し，それを次のように定義している。「オープン・イノベーションとは，組織内部のイノベーションを促進するために，意図的かつ積極的に内部と外部の技術やアイデアなどの資源の流出入を活用し，その結果組織内で創出したイノベーションを組織外に展開する市場機会を増やすことである」（Chesbrough [2003a]）。

オープン・イノベーションが台頭するようになった背景には，インターネットに代表されるIT等の技術が急速に発達・普及し，グローバル化が進展したことで，製品の高度化・複雑化とモジュール化，新興国企業も含めた競争の激化と，プロダクト・ライフサイクルの短期化が進んだことが挙げられる。たとえばスマートフォンは，電話としての通話機能に加え，各種・各世代のデータ通信機能，カメラ，予約や決済機能などを含むさまざまなアプリと，単なる電話機以上の技術が1台に搭載されている。これらの技術すべ

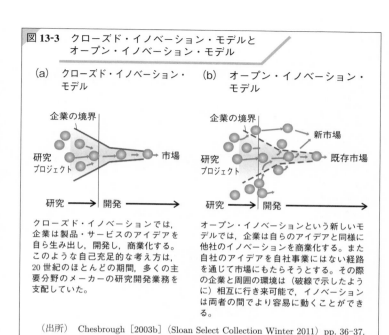

図13-3　クローズド・イノベーション・モデルと
　　　　オープン・イノベーション・モデル

（a）クローズド・イノベーション・モデル

企業の境界

研究プロジェクト

研究 ──→ 開発

市場

クローズド・イノベーションでは，企業は製品・サービスのアイデアを自ら生み出し，開発し，商業化する。このような自己充足的な考え方は，20世紀のほとんどの期間，多くの主要分野のメーカーの研究開発業務を支配していた。

（b）オープン・イノベーション・モデル

企業の境界

研究プロジェクト

研究 ──→ 開発

新市場

既存市場

オープン・イノベーションという新しいモデルでは，企業は自らのアイデアと同様に他社のイノベーションを商業化する。また自社のアイデアを自社事業にはない経路を通じて市場にもたらそうとする。その際の企業と周囲の環境は（破線で示したように）相互に行き来可能で，イノベーションは両者の間でより容易に動くことができる。

（出所）　Chesbrough［2003b］（Sloan Select Collection Winter 2011）pp. 36-37.

てを企業1社が自前で開発することは難しく，必然的に他社の技術が必要となる。また，これらの機能はモジュール化されて供給され，製品に組み込むことが容易になってきている。そのため，グローバル化によって登場した新興国企業も部品の供給や使用ができるようになり，彼らとも競争しなければならなくなった。しかも，これらの製品は短期間に陳腐化し，頻繁なアップデートを迫られる。これらによって企業は，内部資源のみに頼ってイノベーションを生み出していくことの限界を突きつけられているのだ。

　オープン・イノベーションとクローズド・イノベーションのモデルは，図13-3のように示すことができる。このモデルでは，企業は，研究と開発の各段階で自社のアイデアと他社のイノベーションを市場化し，またそのアイデアを現在の事業の範疇外の経路

表13-1　クローズド・イノベーションとオープン・イノベーションの原理の比較

	クローズド・イノベーション	オープン・イノベーション
人　材	自社内で最良の人材を有する	自社で最優秀の人材を抱えているわけではなく，社内外に限らず優秀な人材と連携する
研究開発	研究開発から収益を得るためにも，自社で研究開発から販売まですべて行う	外部研究開発も付加価値を創出することができる。一方，その価値の一部を享受するには内部研究開発も必要である
市場化	イノベーションを早く市場投入した企業が優位に立つ	市場化よりビジネスモデルの構築が優先
マインド	最良のアイデアを最も多く製品化できれば優位性を築くことができる	社内外のアイデアを効果的に活用することができるかが鍵
知的財産	自社の知的財産は厳重に保護すべき	他社間とのライセンスアウト／ライセンスインを積極的に行うべき

（出所）　Chesbrough［2003b］（Sloan Select Collection Winter 2011）p. 38
（邦訳は，『オープンイノベーション白書（第2版）』5頁）。

を用いて市場化しようとしたりもする。会社と外部環境の間では，イノベーションが相互に行き来可能である。また，クローズド・イノベーションとオープン・イノベーションの考え方の違いは，表13-1のように示すことができるだろう。

　このような，イノベーション・プロセスのオープン化という流れは，新たなイノベーションや事業創造の機会を中小企業や新興企業に提供することになった。そんな環境の中で，私たちのベンチャー企業も新しい事業の創造に取り組んでいるのである。

6 スタートアップやベンチャーの生態系

●エコシステムは生まれるか

　私たちがオフィスを置く五反田は，ベンチャーの集積という意味ではまだ駆け出しの場所で，そのポテンシャルは未知数だ。このような集積が進むために必要なのが，エコシステム（企業の生態系）の生成である。エコシステムとは，企業内部の資源や能力（内部経済）だけでなく，その企業の周辺で，当該企業に外部性をもたらすような取引先企業や大学・投資家・行政といった多様な主体からなるネットワーク全体を指す。エコシステムのなかで起業することで，起業しやすかったり，起業に必要なさまざまなサービスを得られたりするのである。スタートアップのエコシステムが生まれ機能している，最も有名なケースはアメリカ西海岸のシリコンバレーだろう。

　シリコンバレーのエコシステムは，①企業や政府の研究機関や大学，②ベンチャー・キャピタルのコミュニティ，③ビジネス・サービスのインフラ，④世界中から集まる多様なスペシャリストの蓄積，⑤開拓者精神と絶え間ない勤労，という要素からなる。このなかで自然界の生態系のように絶え間ない競争や協調が生じているのである。

　シリコンバレーに位置するスタンフォード大学やカリフォルニア州立大学バークレー校をはじめとする大学には，アメリカ中・世界中から優れた学生が集い，高度な技術系の人材を生み出すことで，シリコンバレーのアントレプレナーたちの苗床となっている。そのようなアントレプレナーたちに投資する投資家やベンチャー・キャピタルも，シリコンバレーに引きつけられている。さらに，シリコンバレーにいる起業に特化した弁護士や会計士，人材コンサルタン

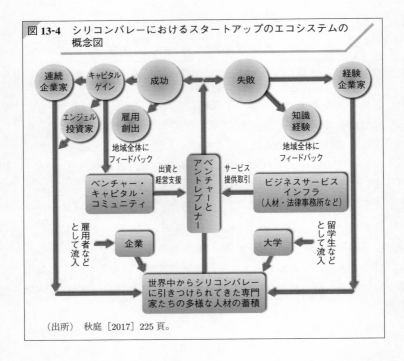

図 13-4　シリコンバレーにおけるスタートアップのエコシステムの概念図

（出所）　秋庭［2017］225頁。

トのサービスを活用して，アントレプレナーはスタートアップ企業を設立し，経営する。

　実際には，数多くのスタートアップのなかで，成功するのはごくわずかである。成功したアントレプレナーは，莫大な利益を自社と投資家にもたらし，成長にともなって地域に多くの雇用を生み出す。一方で，ほとんどのスタートアップは失敗するが，アントレプレナーをはじめそこで働いていた人々は「リサイクル」され，つまり起業やビジネスについての知識と経験を持った人材として，新たに生まれるスタートアップやベンチャーで活動する機会を得る。世界中から集まった優秀な人材がエコシステムのなかに蓄積され，たとえ失敗することがあっても次の機会で再び起業に挑戦したり，ベ

ンチャーに参画することができるのである（図 13-4 参照）。

　とりあえず，いいスタートを切れた，と私はやっと一息つくことができた。大昔のベンチャー企業であれば，独力で大企業まで成長していくことを選んだのかもしれないが，時代は変わった。大企業とも協働しながら，スピーディに成長していくのがよいだろう。もちろん，大きな経営資源を持つ大企業に飲み込まれてしまわないか，慎重に判断する必要もある。

　スタートアップ・エコシステムは，スタートアップ企業やアントレプレナー，専門知識を持つ技術者，スペシャリストたちに対してさまざまな機会を提供し，そのなかで成功したスタートアップは，エコシステムに対して新たな雇用や事業機会を提供している。残念ながら日本は，開業をめざすアントレプレナーの数が少なく，また失敗しても再挑戦したり，起業の経験や知識を他のベンチャーで活かすという機会に恵まれないと，よく指摘される。シリコンバレーと同じものになるとは思わないけれど，そのような状況でアントレプレナーを増やし，起業を促進して産業の新陳代謝を図るには，やはりスタートアップ・エコシステムのようなものも必要なのだな。

　スタートアップが簇生することとエコシステムが形成されることには，卵が先か鶏が先かという面もありそうだが，きっかけをつくるのはリスクを負ってでも新しいことを始めようという人たちだ。自身の事業を成功させること，そしてもっと起業が日本でも当たり前になるような場所づくりの役に立つこと，当分はそんなことをめざしていこうと思う。

① 忽那憲治・長谷川博和・高橋徳行・五十嵐伸吾・山田仁一郎［2022］
『アントレプレナーシップ入門——ベンチャーの創造を学ぶ（新版）』有
斐閣ストゥディア。
- ●起業する際の事業機会の発見と評価，アイデアの醸成，収益モデルの
  設計，資金調達，事業の差別化などについて，具体的に学ぶことので
  きるテキストです。

② 清水洋［2022］『アントレプレナーシップ』有斐閣。
- ●アントレプレナーシップと起業についてのテキストです。アントレプ
  レナーシップの測定や，アントレプレナーシップにあふれる組織，ア
  ントレプレナーシップの高い人の特徴といった興味深いトピックにつ
  いても扱っています。

③ スティーブン・G. ブランク（堤孝志・渡邉哲訳）［2016］『アントレプ
レナーの教科書——シリコンバレー式イノベーション・プロセス（新装
版）』翔泳社。
- ●第12章で取り上げたリーン・スタートアップについてのテキストで
  す。

④ 井上達彦・鄭雅方［2021］『世界最速ビジネスモデル——中国スタート
アップ図鑑』日経BP。
- ●シャオミやバイトダンスなど，かつてない規模で成長する中国のス
  タートアップと，そのエコシステムについて分析しています。

経営にできること

さあ，まだまだこれから！

　あっという間の２期８年が過ぎ，昨日の取締役会で，わたしは社長を後継者に委ね，会長となった。社内のマネジメントについては新社長以下のリーダーシップに任せ，これからは業界団体や財界，政府とのおつきあいが仕事の中心となっていくだろう。余生は孫と遊んでゆっくり過ごしたかったのだけれど，周りのみんなはそれを許してくれそうもない。もう少しだけ，恩返しできる時間をもらえたと思うことにしている。

　わたしが暇になったのを知られたか，30年来の同志が大事な話がしたいといって訪ねてくることになっている。彼も経営する３つの会社の代表を近々退任すると聞いた。山あり谷ありいろいろあったけど，ようやく引退できる状況になったようでよかった。思えば，同志であるわたしたちはいままでともに戦ってきた。でも，戦いはまだ終わってないような気がする。彼のいっていた大事な話って，何なのだろう……？

1 はじめに

　この会社に勤めてから約40年，わたしはいま社長職を退き，会長の地位にある。社内のマネジメントや戦略の策定などに関しては基本的に社長以下の役員に任せ，一歩引いた立場で会社と社会との関わりを見渡す立場だ。これまでにわたしが経験した会社の外，つまり環境との関係は，ビジネスに関わるものがほとんどであった。けれども何十年も会社に勤め，そして現在の立場になってみると，企業とそれを取り巻く外部との関わりはもっと広く深いものであるような気がしてくる。

社長在任時には，社内のトップであるにもかかわらず自分の思いどおりにならないことが多いことに気づかされた。そしていま会長になり会社と社会の関係を俯瞰する立場になったわたしは，また新たに気づかされた。それは，この会社がやってきたこと，今後やっていきたいことと，それに対して社会から期待されていること，求められていることとの間には，微妙な違いがあるのではないか，ということだ。これは，現在と将来の会社の事業のことで忙殺されていた社長時代にははっきりとは気づかなかったことでもある。

2 企業の長期的存続に必要なもの

はたして，企業と社会との関わりはビジネスだけなのだろうか。これまで目前の問題を解決すべくがむしゃらに働いてきたけれども，会長となってこの会社の行く末を考えると，いかに社会と向き合いながら，会社の長期的な存続を可能にするかということが重要に思える。そしてわたしはこんな疑問を思い浮かべていた。

> 疑問 14-1
> 企業の長期的な存続に必要なものは何だろうか？

企業の存続に必要な要素の1つは，これまでも見てきたように外部環境の変化に適応しつつ価値の創造，つまり製品・サービスの生産を行うことである。それは価値のある商品を生み出し，しかも効率よく提供するということであり，企業の内部がこの目的のためにデザインされ運営されているのは，これまでの章で見てきたとおりだ。

しかし，製品やサービスを顧客に提供することで利益を確保しさえすれば，会社は存続できるわけではないということも，わたしは

身に染みて知っている。超一流企業といわれた金融，流通などの企業が不振に陥って，他社と経営統合しその社名が消える事例は，大企業でさえ企業であることから生じる本質的なもろさを抱えていることを意味している。

このような企業のもろさは，どこから来ているのだろうか。これは企業と環境との関わりが，自由な経済取引を前提としていることに由来している（→第10章）。たとえば企業と比較すると行政組織は非常に頑健で，そう簡単に破綻することはない。一方企業が存続するためには，提供する製品・サービスが市場に受け入れられ，利益が確保されなければならない。

これら企業が生産する製品・サービスは，顧客にとって有用な何らかの価値（効用）を提供しないかぎり売れることはなく，しかもかぎられた顧客をめぐってライバル企業との競争も存在する。また商品を購入する際に，顧客には多くの場合複数の選択肢があるので，万が一不祥事が報じられれば，不安や不信がある商品の購入をためらうことになる。企業のアウトプットが市場に受け入れられるかどうかが顧客の一存によること，これが企業の存続に直結するもろさの原因なのである。したがって企業を長期的に存続させるためには，社会との関わりを維持しつつ，自らの組織の持つこれらの本質的なもろさを克服することが重要になる。

それでは企業にタフさを与え，長期的存続を可能にするものは何か。1つは，たとえば製品開発や企画・販売など，これまでの章で言及したように企業が備えるべきタスク環境への適応能力である。そしてもう1つは，社会や利害関係者との良好な関係を保つことだ。その具体例として，コンプライアンスと CSR が挙げられる。

コンプライアンス：
企業と法

コンプライアンスは，日本語では法令遵守と訳される。企業のもろさは，魅力のある製品・サービスを顧客にだんだんと提供で

きなくなることで生じる，というだけではない。ふとしたきっかけで，企業はいとも簡単に破綻してしまう。たとえば乳製品工場の衛生管理上の問題で大量の食中毒患者を出して業績が悪化し破綻した食品会社，産地を偽った原料を使った食品を販売していたことが発覚して閉店に追い込まれた高級日本料理店，未使用の授業チケットの返金に関して受講生とトラブルが多発し，そのために利用者が急減し破綻した英会話学校。わたしは，新聞の紙面をにぎわせたこれらいくつもの事件を思い出す。これらの会社はいずれも業界でも一流だったにもかかわらず，瞬く間に瓦解してしまった。いずれも目先の危機に対処するために判断を誤ったり，成長の早さのために社内の統治（ガバナンス）が十分に行き届かなかったりすることがあるためである。

　企業は利益機会の獲得のために，常にさまざまな試行錯誤を繰り返している。顧客に新たな付加価値を提示し，それを製品やサービスとして具体化する。また自由主義経済システムのもとで必ず生じる自由競争にも対処しなければならない（→第10章）。すなわち他社に先駆けて新たな付加価値，新たな製品・サービスを提供するとともに，他社への競争優位を確立する必要に迫られるのである。そのために，従来誰も思いつきもしなかったような新しい領域，誰も踏み込もうとしなかった領域，あるいはこれまでタブーと考えられていた領域にまで踏み込むようなこともある。

　たとえば金融業界は，企業活動の結果が預金者や経済全体に与える影響が大きいため企業活動に関わる規制が多い分野である。けれども，そのような業種でさえ各企業は新たなビジネスの機会を求めて大量の金融商品，投資や融資のスキームの開発を続けている。そして実際にこれらの企業の活動に対して，必要な規制が十分に追いついていないケースも多々ある。その結果，海外では過去に年金運用ファンドやヘッジファンドの破綻，あるいは証券化されたサブ

表 14-1　企業活動がもたらす問題と求められる倫理

利害関係者	問　　題	求められる倫理
競合他社	カルテル，入札談合，取引先制限，不当廉売，知的財産権侵害，企業秘密侵害，贈収賄，不正割り戻しなど	公　正
顧　客	有害商品，欠陥商品，虚偽・誇大広告，悪徳商法など	誠　実
投資家	インサイダー取引，利益供与，損失保証，損失補塡，作為的市場形成，相場操縦，粉飾決算など	公　平
従業員	労働災害，職業病，メンタルヘルス障害，過労死，雇用差別，プライバシー侵害，セクシャル・ハラスメントなど	尊　厳
地域社会	産業災害（火災・爆発・有害物質漏洩），産業公害（排気・排水・騒音・電波・温熱），産業廃棄物不法処理など	地域モラル
政　府	脱税，贈収賄，不正政治献金，報告義務違反，虚偽報告，検査妨害，捜査妨害など	厳　正
海外取引	租税回避，ソーシャル・ダンピング，不正資金洗浄，政治介入，文化破壊など	協　調
地球環境	環境汚染，自然破壊など	共　生

（出所）　佐久間［2006］38 頁を参照し筆者作成。

プライム・ローンの焦げ付きなどが起き，大規模な金融危機が生じたこともあった。企業がさまざまな利益機会を求めて多くの試行錯誤を繰り返す自由主義経済システムの枠組みでは，こういった問題が生じる素地が常に存在している。またそのような企業の行動のなかには，法律を破るものがあったり，社会的規範を大きく逸脱するものがあったりする。表 14-1 のような問題が生じることがあるのだ。

　これは全社レベルだけでなく，部署や社員レベルでも生じる問題

である。というのもこれらの問題は，会社の目標達成とも個人の人生やキャリアとも密接に関連しているからだ。部課レベルや各社員レベルでの目標達成は，自分への評価やその後のキャリアにもつながっている。思えば，わたし自身も新製品のためのマーケティングや売上などの目標達成のためにさんざん知恵を絞ったし，時には無理をすることもあった。時には前例のない事業で制度もルールも定まっていないなかを手探りで進まなければならないこともあった。いまになって法令遵守という点で考えてみれば，反省すべき点もあるような気もする。

「法は倫理の最下限」といわれるようにコンプライアンスというのは，道義的・社会規範的な意味からも，そして何よりも企業の長期的な存続のためにも押さえておかなければならない基本なのである。

企業の社会的責任 (CSR)

コンプライアンスとともに企業の利害関係者が重視するのが，企業の社会的責任（CSR：corporate social responsibility）である。CSR の定義は，時代や論者によって多岐にわたるが，一般的には「事業活動において，顧客，株主，従業員，取引先，地域社会などのさまざまな利害関係者との関係のなかで企業が果たす責任」と考えられている。CSR という責任の内容は，利害関係者との間で多岐にわたる。最近の傾向は，具体的な評価基準として企業を従来から重視されてきた財務パフォーマンスのみで評価するのではなく，企業活動の**経済的**側面（消費者保護・人材育成・公正な労働基準など），**社会的**側面（人権・安全衛生・地域社会貢献など），**環境的**側面（環境保護）という 3 つの側面（トリプル・ボトムライン）から評価するという考え方になってきている。

図 14-1 が示すように，企業と社会との関わりには 3 つのレベルがある。まず，その基盤となるのは，前述したコンプライアンスで

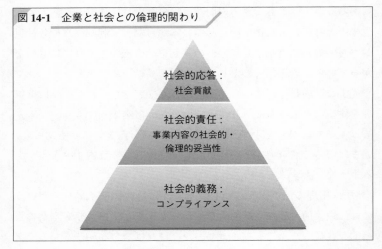

図 14-1　企業と社会との倫理的関わり

社会的応答：
社会貢献

社会的責任：
事業内容の社会的・
倫理的妥当性

社会的義務：
コンプライアンス

ある。これは社会的な義務としての法令遵守であり，そのうえで社会的責任というものが出てくることになる。企業の社会的責任は，企業の利害関係者との調和・共生のための活動と理解することができる。

　なお，CSR 活動を推進していくためには，いくつかの前提条件が必要だ。第 1 に，自社がきちんと事業収益を確保し，ある程度の余剰経営資源を蓄積していることである。当然のことながら，企業はまず存続するために必要な利益を確保することが重要で，それができなければ余力を他の活動に割くことも，余剰経営資源を蓄積させることもできない。第 2 の条件として，得た利益を CSR も含めどのようなことに配分するかという問題をあらかじめ考えておく必要がある。すなわちどれだけを株主への配当とするのか，従業員への賞与とするのか，あるいは内部留保して将来に備えるのかについて考えることである。CSR は，内部留保された資源を用いて進められる。内部留保される資源のどれだけを CSR の原資とするかが，CSR 活動の範囲を決めることになる。

CSR は，新製品開発のように直接売上に貢献するものではない。その効果は，あくまでも間接的なものだ。そしてこれは，コンプライアンスも同様である。それではなぜ，コンプライアンスや CSR が重視されるのだろうか。それは，利害者集団との関係や企業活動の正当性（legitimacy）の問題と関わってくる。企業が利害者集団との関係を構築する理由の 1 つに，制度的環境からのプレッシャー（社会や業界のルールや規範などを守らせる圧力）に対する自らの存在や活動の正当性を確保するというものがあった（→第 10 章）。企業の活動が社会規範や利害者集団との調和を確保することで，その企業の活動は正当性を得ることができる。それが長期的なスパンで，企業そのものへの支持へとつながっていくのである。

3 企業から社会への働きかけ

わたしは長期的な存続を念頭に置いて，会社と社会との関係構築について吟味してみた。いずれも企業と社会との間の接点に関わる問題だが，コンプライアンスにしても CSR にしても，企業がさまざまな利害者集団のなかでどのように長期的な存続を可能にするかに注目した，どちらかといえば受け身の視点である。

しかし……，とわたしは思う。受け身の態度でコンプライアンスや企業としての社会的責任を果たしているので十分なのだろうか。企業は社会に対してもっと働きかけることができるのではないだろうか。

> 疑問 14-2
> 企業と社会との関わりは，ビジネスだけだろうか？

ここでは，図 14-1 のなかの社会的応答に関わる部分，つまり企

業は社会に対してより能動的にどのような貢献ができるか，という社会貢献について考えてみよう。企業は社会における生産の主体として，顧客にとって価値のある製品やサービスを生産し，その存続に必要な利益を確保する。これが企業の主な役割であり，社会との基本的な関係である。けれども，そもそも企業を経営するというのは「人をしてことをなさしむ」（getting things done through others），つまり分業する人々を組織化し，問題の解決と目標の達成へと導くための仕組みをつくることである。その意味で企業にとっての経営は，営利事業ばかりを対象としているわけではない。もっと広く，1人ではできないことを協働を通じて成し遂げるためのツールであるということだ。そしてそれは，単にビジネス推進や利益獲得のためのテクニックではなく，問題解決や目標達成のツールなのである。

　人々の間で分業が行われ，企業にかぎらず行政府やNPO（非営利組織），NGO（非政府組織）など何らかの問題解決や目標の達成をめざす組織があれば，そこには必ず経営が関わってくる。その意味で経営はビジネスのみならず，現代社会のさまざまな場面で力を発揮しているのだ。

　そういえば，とわたしはこれら多様な組織が社会問題の解決に取り組んでいたことを思い出した。なぜ彼らは，そのようなことができるのだろうか。会社の側からの社会への積極的な働きかけ，とくに社会問題の解決について会社はどのようなことができるのだろうか。一度気になり始めると止まらないわたしは，さっそく社会問題とは何なのかについて調べてみた。

　社会問題とは，単独の主体（個人や組織）では解決できない複雑な問題のことをいう。たとえば福祉・教育・医療・過疎・少子高齢化・安全・貧困・環境保護などについての問題がこれにあたる。これらの問題は，内容も複雑で規模も大きく，個人あるいは組織だけ

では解決できない。そしてその解決には，コミュニティや複数の組織間，複数のプレイヤーからなるネットワークあるいは社会全体での取り組みが必要になる。

　ところが，このような社会問題の解決は決して容易ではない。これにはいくつかの理由がある。第1に問題が複雑なためソリューション（具体的な解決策）がみつからない場合は，当然ながら問題を解決することができない。第2に解決方法が確立されても，その実行に必要な資源（ヒト・モノ・カネ・情報）が十分に集まらなければ，やはり問題解決には至らない。第3に社会問題はその解決に複数のプレイヤーの参加を前提としているため，ソリューションがみつかり必要な資源が調達できたとしても，参加が不可欠なプレイヤーの間で利害対立があったりすると問題解決の進展が止まってしまう。このような難しさを備えた社会問題は，誰が，どのように解決しているのだろうか。

> **疑問 14-3**
> 社会問題はどのように解決すればよいのだろうか？

　実際に社会問題は，いくつかの方法で解決することができる。まずここでは，従来からある3つの主要な解決方法を考えてみよう。

市場による社会問題の解決

第1の解決法は，市場による解決，すなわち利益や便益の獲得をインセンティブとした，売り手と買い手の間での取引による解決法である。この方法では，ソリューションが取引を通じて提供される。つまりソリューションを必要としている相手に，ソリューションを有している主体が金銭との交換を通じてそのソリューションを提供するというものだ。このような解決の仕方の例として，感染症の治療薬が挙げられる。天然痘，結核やエイズなど治療の難しい感染症は，これまでも大きな社会問題となってきた。この問題は，

製薬会社などがワクチンや治療薬を生産し、それを必要とする人々が購入し投与されることで解決されてきた。このように利潤獲得動機にもとづく売り手がソリューションを提供し、ソリューションを求める買い手が市場を通じてそれを購入することで、問題は解決する。社会問題の解決というと後述するような政府やボランティアなどがまず頭に浮かぶが、実際にはそれ以前に市場が機能することで多くの社会問題はすでに解決されているのである。

　この方法による問題解決の基本原理は、交換（ソリューションの取引）である。このような交換による問題解決には、いくつかの特色がある。まずこの方法の長所は、以下の点である。第1にこの問題解決方法は、市場が機能する範囲（国内市場あるいは国際市場）と重なっており、他の方法と比較して非常に広範囲をカバーすることができる。そして第2は、運用にコストがほとんどかからないことである。市場での交換に任せるわけであり、後述する政府や慈善、事業など組織運営を必要とする方法と比較すると、ほとんどコストがかからない安上がりな方法である。

　一方、短所も存在する。1つはこの解決方法が、ソリューションを購入できる人にしか効果がないという点である。たとえば、アフリカの最貧国にもエイズ患者は多いが、そこでは患者の多くはエイズの治療薬を購入できるほど十分な収入を得ていない。このように治療薬を買えない人々に対しては、この解決法は機能しない。

　また、ソリューションの提供が利潤獲得可能性のある領域にかぎられる点も、短所の1つである。そのため道路建設や文化財保護など、いわゆる公共財と呼ばれる財の提供に関しては、このやり方では機能しない。たとえば通常の道路の整備は、典型的な公共財問題の例である。道路の整備は交通やものの流通を考えるとたいへん重要であるが、通常の道路は誰でも使うことができて、しかもこれら不特定多数の利用者から利用料金を徴収することが難しい。この

ような財は市場での交換に適しておらず，そのためにソリューションを提供しようとする主体が現れないのである。

3つめの短所は，市場で取引されないものに対しては効果がないことである。この問題は，経済学では外部性問題として扱われている。市場の外で経済主体に及ぼされるプラスあるいはマイナスの経済的な影響は外部性と呼ばれる（→第13章）。たとえば工場からの汚染物質が垂れ流されている場合，地域住民にとってマイナスの影響を及ぼすそのような行為は，市場を通さずに行われていることになる（負の外部性）。このように市場を介さずに起こる問題に対しては，市場での取引をベースとした解決法は役に立たない。公共財問題と外部性問題の解決には，政府その他のプレイヤーの参加が必要になるのである。

政府による社会問題の解決

社会問題を解決する第2の方法は，政府によるものである。取引原理にもとづく方法では解決できない問題に対して，政府は問題解決の1つの方法として機能する（ここでは政府を，行政機能のみならず立法機能も含めた大きな括りで考える）。政府はルールの設定とそれにもとづく権力の行使，そして徴収した税金という資源の再配分を通じて，社会問題を解決することができる。

ここでの問題解決の原理は，権力の行使である。政府がその権力を市民や法人に対して用いたり，資源の再配分を行って社会問題を解決する。そこでは民主制のもとで問題解決に向かうようにルールを定めて，問題の解決に必要な資源（税金）を集め，その資源を用いてさまざまな政策を実行するのである。たとえば工場からの汚染物質の排出といった負の外部性問題に関しては，排出基準や環境基準などの強制力のあるルール（法律など）を設定し運用することで，環境汚染を起こさせないようにすることができる。万が一ルールが破られた場合には，罰則を適用することでルールに強制力を持たせ

ているのである。

　道路建設や文化財保護といった公共財問題も，必要な法律を制定し政策を立案し税金を投入することで解決することができる。さらに所得の再配分を通じて，市場を通じて医療や福祉サービスなどのソリューションを購入できない人にも，支援の手をさしのべることができる。またこの仕組みによる問題解決は，非常に広範囲（中央政府あるいは地方自治体の管轄内）をカバーすることができるなど，多くの利点を持っている。

　一方で，これら長所と同時に，政府による社会問題の解決にはいくつかの短所もある。第1に政府（立法・行政機構）を組織し維持するために，多額の費用を要することである。市場に任せるなら，調整に要する費用はほとんどかからない。しかし政府機構を維持し政策を実行するために多額の費用が必要になることは，毎年の政府予算や地方自治体の予算額を見ればわかるだろう。

　第2に，政府による税金投入にはいくつかの基準（たとえば国や自治体が健康で文化的な最低限度の生活を保障するというナショナル・ミニマムやシビル・ミニマムの考え方，納税者あるいは行政サービスの受け手への平等な還元等）があり，場合によっては画一的で不十分な支援にとどまるなど，必ずしもソリューションを必要とする側のニーズに合うとはかぎらない点である。

　第3に，民主制下での政府によるルールや政策の決定，あるいは資源投入の決定プロセスには，さまざまな利害関係者がその影響力を行使することが可能である。その結果として必ずしもソリューションを必要とする側に合った政策実行がなされないこともありうる。

慈善による社会問題
の解決

　社会問題を解決する第3の方法は，慈善によるものである。これは寄付やボランティアといった自発的に提供される資源，すな

わちお金や労働力を，支援の必要な相手に引き渡すことで社会問題の解決を図ろうとしている。

この解決方法の基本原理は，贈与である。すなわちソリューションあるいは問題解決に必要な資源を持っている人（ドナー）が，それらを必要としている相手（レシピエント）に無償で提供するというもので，ドナーとレシピエントの間を慈善団体（チャリティ）が媒介することも多い。古くからある寺院や教会，地域コミュニティ内での慈善から，近代の赤十字あるいは国際的に活動する大規模なNPO（非営利組織）やNGO（非政府組織）まで多種多様な慈善団体が活動していて，その影響力は非常に大きくまたカバーする領域も広い。この解決方法の本来の主役はドナーだが，実際にはむしろドナーから拠出された資源を集めて組織化し，ソリューションとしてレシピエントへ届ける慈善団体が問題解決の主役として機能していると考えてよい。

これら多くの慈善団体は，癌の研究から途上国の子どもの教育の支援，ホームレスの保護，環境の保全などそれぞれ独自の目的を持って慈善活動を行っている。独立した組織として問題解決に必要な独自の資源の拠出を受けて社会問題の解決に関われることは，慈善の強みである。また目的ごとに慈善団体が組織されていることで，ドナーからの関心も集めやすく，人材の確保や知識の集積も効率的に行うことができる。

上記のような長所がある一方で，慈善団体は自らがソリューションの実行に必要な資源を生み出しているわけではなく，あくまでもドナーに依存しなければならない点で制約がある。社会問題の解決は短時間に終わることは少なく，数年から十数年あるいはそれ以上の時間がかかることも多い。しかしこのような長期間，ドナーからの資源拠出を継続的に受け続けることが実は難しいのである。たとえば，地域紛争が勃発し大量の難民が発生した直後には，報道など

でドナーの関心が高く難民支援の寄付を集めることは比較的容易だが，その後も，難民の帰還や復興段階までの長期的なスパンで必要な資源を十分に調達し，活動を継続できるかどうかは，ドナーの関心にかかっている。その意味で，慈善では活動のための資源供給が不安定になる可能性が，常につきまとうことになる。

　さらに慈善による社会問題の解決は，ドナーや慈善団体の意思に左右されやすいことも短所として挙げられる。すなわちドナーや慈善団体の持つ社会的・宗教的な規範，思想，意思などによって，その活動内容が限定される可能性があるのだ。

4 事業による社会問題の解決

　永年の経験を思い返してみたわたしは，社会問題のなんたるかと既存の社会問題解決の担い手について整理することができた。なるほど，どの担い手もそれぞれ独自の解決原理があり，長所短所があるのだということがわかってきた。そのうえで，もう一度自分にできることを考えてみる。事業による社会問題の解決は可能なのだろうか。

疑問 14-4
事業による社会問題の解決とは？

あるケース

　　　　　　　　　　先日，わたしは経済団体のパーティで会った企業家からある話を聞いた。それは，都内の NPO 法人が始めた病児保育事業のストーリーである。事業を通じて，社会問題の解決を行う彼の話は，とても興味深いものだった……。

　この NPO の代表者は，当時まだ 20 代。そもそもは，IT ベンチ

ャーを経営していた企業家だった。しかしあるとき，病児保育という問題を知る。きっかけは，「子どものいる共働き世帯の妻が，仕事を辞めざるをえない理由」を聞いたからだ。共働き夫婦の子どもは普段は幼稚園や保育園に預けられているが，子どもが熱を出したりすると保護責任の問題や他の園児への感染が心配されるために，預かってもらえなくなる。近くに頼れる親戚や知人，あるいはベビーシッターなどがいなければ，多くの場合，母親が仕事を休んで看病をする。そのようなことが続くと，会社を辞めざるをえなくなるということがよく起こっていたのだ。子育てをしながら働いている女性が，そんな理由で辞めなければならないのかと，わたしは憤りを感じながら話を聞いていたが，彼もそこに疑問を感じたという。

　彼は，病児保育を事業として安定的にできないかどうかを模索した。専業主婦世帯よりも共働き世帯のほうが多い時代に，病児保育のニーズが多いはずなのに，誰も有効なソリューションを提供できていなかったのである。

　そもそも，なぜ病児保育が専業の事業として成り立たないのだろうか。病児保育専門の事業をするとなると，病児を預かる施設を持ち，看護師や保育士を雇わなければならない。それだけで，かなりの費用がかかってしまう。一方で利用者は，子どもが病気になったときにしか施設を利用しない。また子どもが熱を出すのは，冬が多く夏は少ないというように季節ごとの需要変動が大きい。そのため，とても採算が合わなかったのである。病児保育を行う数少ない施設があっても，行政の補助金などに頼らざるをえない状況が続いており，持続的な事業というにはほど遠い状態なのだった。

　彼は，まったく新しい仕組みを生み出すことでこの問題を解決しようとした。「施設を抱えない」こと，そして「月会費制にして保険的な仕組みにする」ことによってである。施設の維持費は大きな負担になるので，病児保育スタッフとしての研修を受けた子育て経

験者が「レスキュー隊」として，在宅で病児の世話をする。あるいは自宅外で病児が出た場合，レスキュー隊員が子どもを受け取り，そのままタクシーで移動，かかりつけの小児科の診察を受ける。そこで問題がなければ，レスキュー隊員の自宅で，保護者が帰宅するまでの間を過ごす。そして利用会員からは，利用の有無にかかわらず毎月一定額の「月会費」を集め，それを運営費に充てるという仕組みをとった。このNPO法人は事業運営に必要な資金を寄付や補助金のみには頼らず，利用者に月会費を支払ってもらうことで，自立した事業の形式をとっていることに特徴がある。

この事業の推進には，プロフェッショナル・ボランティアと呼ばれる専門スキルを持つボランティア（自治体関係者，弁護士，支援企業，コンサルタントなど）が多く参画している。そして彼らのネットワークが設立間もないNPO法人の行う新たな事業に対して，必要なスキルや情報，アドバイスを提供していた。

このような仕組みをつくることで安定的な収入を得ることができ，持続的な事業経営が可能になった。このNPO法人は病児保育という社会問題を解決し，新たなソリューションを提供して多くのニーズに応えている。東京都江東区の10世帯から始まったこの事業は，事業開始から3年目で単年度黒字を実現した。事業は急速に拡大し，数年後には23区全域でサービスを提供していた……。

「やりようによっては事業でも社会問題は解決できるのか」。わたしは，久しぶりに強い好奇心を感じていた。そして，事業による社会問題の解決についてさらに詳しく調べてみた。

ソーシャル・イノベーション：事業による社会問題の解決

前述のケースのような「市場を通じ，事業組織を利用して進められる，新しい仕組みによる社会問題の解決」は，近年ソーシャル・イノベーション（social innovation）と呼ばれ，脚光を浴びている。また，そのような解決の場となる事業組織をソーシャル・エ

ンタープライズ（social enterprise：社会的企業），そのなかで変革の
リーダーシップをとる人々をソーシャル・アントレプレナー（so-
cial entrepreneur：社会起業家）という。ソーシャル・イノベーショ
ンは，以下のような特徴を持っている。

① 市場と事業組織を通じ，未解決の社会問題へ対応する
② 売り手と買い手以外の人々も巻き込む形での事業展開を行う
③ 問題領域や地域，対象を絞りこんで解決する
④ 持続性を維持できる仕組みを内包している

このような事業による社会問題の解決には，次のような特徴があ
る。なんといってもこの方法の基礎原理は，事業を通じた共同問
題解決（joint problem-solving）である（Inaba［2009］）。図14-2に
あるように，そこでは**企業家**（前項ケースの例ではNPO法人の設立
グループ）・**中核組織**（NPO法人）・**協働参加者**（「レスキュー隊員」
や参加している小児科医，プロフェッショナル・ボランティアなど）・**受
益者**（加入している共働き夫婦）といったプレイヤーが参加する問題
解決の場となるコミュニティが形成され，問題解決の推進が図られ
ている。

まず事業を生み出す企業家である。社会問題の解決に携わる企業
家は単独の場合もあるが，問題の規模や複雑さによっては他の企業
家的な人々との協働によって事業を生み出していることも多い。こ
れは社会問題が，単独の主体では解決が難しい複雑な問題である
ためだ。協働で新たな事業を構築する企業家を共同企業家（Inaba
［2009］）と呼んでいる。彼らは社会問題を解決するなかで，以下の
ような役割を果たしている。

① 問題の認識（たとえば，子育て共働き世帯の妻の解雇）
② 目標の設定（病児保育問題の解決）
③ 理念づくり（子育てと仕事そして自己実現に挑戦できる社会づく
り）

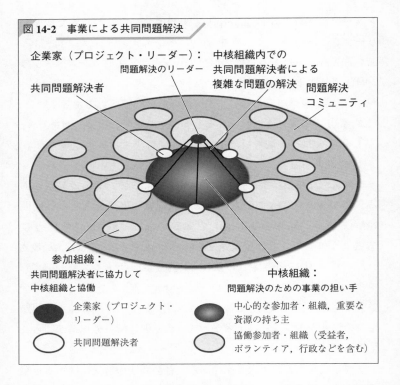

図 14-2　事業による共同問題解決

企業家（プロジェクト・リーダー）：
問題解決のリーダー

中核組織内での
共同問題解決者による
複雑な問題の解決

共同問題解決者

問題解決
コミュニティ

参加組織：
共同問題解決者に協力して
中核組織と協働

中核組織：
問題解決のための事業の担い手

企業家（プロジェクト・
リーダー）

中心的な参加者・組織，重要な
資源の持ち主

共同問題解決者

協働参加者・組織（受益者，
ボランティア，行政などを含む）

④　ソリューションのデザイン（施設に頼らない在宅ケア，需要変動
の影響を受けない収益構造をつくる月会費制）

⑤　関係者のネットワークづけ（「レスキュー隊」「プロフェッショナ
ル・ボランティア」）

⑥　共同問題解決プロセスのマネジメント（中核 NPO 法人を設立
し，事業の枠組みをつくり実行する）

⑦　中核組織のマネジメント，参加組織との協働のマネジメント
（NPO 法人やそこに関わる関係者との協働のマネジメント）

これらをこなせる能力とリーダーシップを持った人は，非常に少
ない。事業による社会問題の解決には，これら企業家的な人々のグ

ループの持つ問題解決の力，そして事業運営の力が非常に大切になるのである。

　次に，事業を運営する中核組織である。組織の形態は会社，任意団体，NPO法人，第三セクターなどさまざまである。そこには，解決すべき問題の複雑さを反映して多様な人々が参加している。また中核組織が会社や第三セクターである場合は，個人だけでなく，企業・自治体・NPO法人や法律やコンサルティングなどスペシャリストの事務所など関係する組織も出資したり参加することが多い。

　中核組織は，共同企業家によってソリューションが形づくられ，実行されていく場である。それは問題の解決に必要な資源（ヒト・モノ・カネ・情報）を受け入れ，ソリューションを生み出し，他の参加者やコミュニティに関わるプレイヤーたちとの協力体制をプロデュースして，問題解決を進めていく。

　最後に共同問題解決の参加者たち。彼らは，共同企業家と問題意識や利害，問題解決の成果への期待を共有し，共同問題解決コミュニティに加わる。そして自らが持つ能力や資源を持ち寄ることで，共同問題解決のプロセスに参加するのである。

　この解決方法が機能する規模は，あまり大きくはない。市場や政府のように経済や国全体をカバーするものではなく，問題空間の大きさと問題解決コミュニティの規模に依存している。たとえば前項の病児保育という問題の解決，衰退した商店街を活性化し街に賑わいを取り戻すためのまちづくり事業，孤食の子どもが1人でも安心して来られる無料または低額の食堂（子ども食堂）……，問題解決のためのさまざまな事業が生み出されているのである。

　またこの方法による解決法は，通常の営利事業とも少し毛色が違う。それは社会問題が，複数の主体（人・組織）が参加する共同問題解決によらなければ解決できないような複雑な問題であること

　企業の社会貢献というテーマを論じる際によくいわれるのが，企業の収益性と社会性の関係だ。企業は利益の確保と社会への貢献のバランスをどのようにとっていくべきかという話である。論者によっては収益性と社会性は同時追求すべきものであり，かつジレンマの関係にあるという。すなわち社会性を実現するには収益性が犠牲になる，あるいはその逆もあるという考え方である。

　しかし現実には，自らの組織の存続に必要な利益の確保（収益性）が優先されるべきであろう。現在積極的な社会貢献活動をしている民間企業の例を見てみると，多くの場合十分な事業収益性を確保し自社の安定的な存続が可能になった段階で社会貢献活動に乗り出すという具合に，収益性と社会性の実現には時間的なギャップが存在しているケースが多い。

　社会問題の解決をめざして設立された最近の事業組織の多くは，その目的は社会貢献であるが，設立当初の不安定な事業の持続性を確立するために，通常の営利事業と同様あるいはそれ以上に収益の確保に神経を使っている。逆に社会性の追求が足かせとなって，あるいはそれが言い訳となって，過剰な債務を抱えることになる事業組織も存在する。事業見通しが立たず破綻した第三セクターなどがその例であるが，その救済に巨額の税金が投入されるケースもあった。これでは十分な社会性を発揮できたかどうか，評価は分かれることになる。

　本文中にもあるように，社会問題の解決にはいくつかの方法がある。現状の体制で存続が難しいようであれば，事業の仕組みを変えることが必要になる。あるいは事業による解決が有効でないならば，政府や慈善など他のやり方で解決することを考慮する必要も出てくるであろう。同様に従来政府や慈善が関わっていた社会問題も，事業によってよりよい解決が可能かもしれないのである。

に由来している。事業がその成果（たとえば病児保育サービス）を有償で提供している点は，市場による解決に類似している。しかし事業では売り手と買い手以外の人々も巻き込むことで，市場における単なるソリューションの売り手と買い手の関係だけでは解決できない問題をも解決することができる。事業による問題解決では，通常

の営利事業の売り手・買い手以外に多くの（有給・無給の）プレイヤーの参加が必要であり，中核組織を中心に多様なプレイヤーが協働するコミュニティのなかで，問題解決活動が行われているのである。この解決方法の長所は，事業組織を通じて，そして経営というツールを用いることで，他のやり方では未解決だった社会問題（以下では残余問題という）の解決も可能となることである。第1章で見たように，企業は市場リスクのもとで利潤獲得をめざしつつ商品生産を行う組織のことだが，そこには以下のような特徴がある。

① 制度上，官庁などに比べて，目的や活動について自由度の高さと柔軟性がある。

② 専門化を進めることによって高度な知識・ノウハウの蓄積が可能である。

③ そもそも組織は資源（ヒト・モノ・カネ・情報）の蓄積体であり，他組織との協働を通じて共同問題解決が可能である。

④ 企業は社会への有用物の提供による付加価値の実現を目的としている。残余問題を解決するソリューションの提供はそれ自体が新たな価値の創造であり，企業の活動にもなじむ。

以上のような理由から，特定の残余問題に着目し長期的な視点でソリューションを生み出し提供することのできるツールとして，事業が注目されるようになったのだ。

さらに，活動に必要な資源を自らの事業収入で確保するため，事業を軌道に乗せることができれば慈善団体のように必要な資源をドナーの拠出のみに依存することなく，持続的な活動が可能である。

一方で事業による社会問題の解決は，問題解決者たちの企業家的能力に大きく依存する点が短所として挙げられる。社会問題のソリューションを事業によって持続的に提供することは，市場での取引に任せたり，税金を投入したりあるいは寄付を募ることでソリューションを提供することとは別次元の難しさがある。資源が十分に確

表 14-2　社会問題を解決する 4 つの方法

	市　場	政　府 （立法と行政）	慈　善	事　業
基礎原理	交換（利潤獲得動機にもとづく取引）	ルール設定，権力の行使，資源（税金）の投入	贈　与	事業を通じた共同問題解決
プレイヤー	ソリューションの売り手と買い手	政府と国民・法人	ドナーとレシピエント，その仲介者（慈善団体）	企業家・中核組織・協働参加者・受益者
例	難病の治療薬	汚染物質の排出規制，税金による各種サービスの提供	難民支援，途上国での教育支援など	病児保育を行うNPO法人
規　模	経済全体	国家レベル，地方自治体レベル	国際〜地域コミュニティ・レベル	中・小規模（問題空間による）
長　所	調整コストが安価，効率的	「市場の失敗」の克服，平等	問題への焦点，問題解決の自由度の高さ	問題への焦点，自律性，持続性
短　所	お金がなければソリューションは購入できない。公共財問題，外部性問題	コストの高さ，最大公約数的サービス，利害者集団の関与	資源供給（寄付）の不安定さ，ドナー・仲介者の意思への依存	問題解決する人々の企業家能力に依存

保できていない状態から，ソリューションをみつけ，中核組織を立ち上げ，参加者を募ってコミュニティをつくり上げ，事業を持続的に進められるように軌道に乗せなければならない。成功事例が増えてきたとはいえ，高い企業家能力・経営能力を持った人の数はかぎられている。それが事業による問題解決という方法が普及するうえでのボトルネックとなっているといえる。

　ふむふむ……。いろいろと調べてきたわたしは，社会問題を解決する市場・政府・慈善・事業の 4 つのツールについて整理してい

シンドラーのリスト
発売元：NBCユニバーサル・エンターテイメントジャパン
価格：2,075 円税込
Blu-ray 発売中
© 1993 UNIVERSAL CITY STUDIOS, INC. AND AMBLIN
ENTERTAINMENT, INC. ALL RIGHTS RESERVED.

　1993 年に公開されたハリウッド映画であり，アメリカのアカデミー賞において 7 つの賞を受賞した名作の 1 つ。第二次世界大戦時，ポーランドに侵攻したドイツ軍はもともとこの地で生活していたユダヤ人たちを虐げていた。ユダヤ人たちを安価な労働力として用い，ドイツ軍に提供する物資を大量生産することで大金を稼いできたドイツ人実業家のオスカー・シンドラーは，軍の方針に逆らい，徐々に従業員である彼らの命を守りたいと考えるようになっていく……。

　この時代のユダヤ人たちを取り巻く社会問題は，彼らの人権が守られないという大事であった。彼らを敵視するドイツ軍に捕らわれているという状況のなかで，この問題を解決するのは容易なことではない。当時のドイツ国家のなかでユダヤ人の人権擁護を叫ぶことは反逆行為であったし，万が一そういった活動が認められたとしても，政府（ドイツ軍）と議論を重ねて何年も費やしてしまったのでは，問題が解決するまでにこの地のユダヤ人は死に絶えていただろう。その意味において，この社会問題は事業によってしか解決できなかったといえる。

　それは，ドイツ軍が戦争を進めるために必要となる物資を安価に提供できるという事業である。この事業を成立させるためには，ほぼ強制労働として生産活動に従事できるユダヤ人を大量に確保する必要がある。ドイツ軍としては物資を安価で購入するために，シンドラーの工場でユダヤ人を働かせることを認めないわけにはいかない。結果として，彼の工場で働くユダヤ人たちは，他の者たちとは区別され虐殺される危険から免れることになったのだ。

　けれども，この事業モデルはドイツ軍の方針が強化されるなかで継続することが不可能になり，それでもユダヤ人の命を守ろうとしたシンドラーの工場はコスト過多で破産してしまう。ここからわかるのは，彼の事業は当初は営利目的であったが，次第に事業によってユダヤ人を守るという目的に代わり，最後は資産を拠出するだけの慈善活動へと変遷を

遂げたことだ。

　強欲な事業家だったシンドラーを何が人権擁護者に変えていったのか
は定かではないが，それに関連して興味深いシーンがある。一時的とは
いえ，ポーランドで相当な成功を収めた彼が，そこに至るまでの数多く
の事業の失敗を振り返り，その原因について何かが欠けていたからだ，
それは戦争だ，と妻に対して語るというシーンだ。しかし，ここでの彼
の成功が，戦争という特別な理由だけによるものでないことは明らか
だ。私利私欲ではなく，周囲のユダヤ人たちを守るために働いていたこ
とが事業の成功に大きく貢献していたことを，われわれはこの作品のな
かから感じ取ることができる。そして，それは過去の事業の失敗からシ
ンドラーが意図しないうちに学んだ「経営」の潜在的な可能性なのかも
しれない。

た。

　なるほど，どの方法にも一長一短あるな，とわたしは思った。
実際にはこれらをうまく組み合わせることで，社会問題は解決し
ていくのだろう。自分が関わるとすれば，やはり事業なのだろう
か……。すでに第一線を退いたはずのわたしだが，昔に戻ったかの
ように興奮して自分のこれからの生き方を想像してみた。

5　新たなステップへ

　会長室のデスクで頬杖をつきながら，わたしは会社の長期的な存
続のために必要な社会とのつながりについて考えていた。そして受
け身の社会とのつながりだけではなく，本業以外でも社会問題の解
決などで，積極的に社会に働きかけることが可能であることもわか
った。

　社長のときにわたしが感じたジレンマは，会社にもあてはまるの
かもしれない。昔，まだ会社が小さくて若い頃に比べて，いまのこ

の会社は大きな組織となり世間的にも知名度があって，多くの利害関係者と関係を結んでいる。そのようななかでは，若い頃のように自分のことばかり考えてもいられない。社長になった自分がトップでありながらも，さまざまなことを勘案して，自分ではなく会社として物事を決めていたように，会社も大きくなり，社会的な立場が大きくなれば，自分の思うがままに何かをするのも難しくなってくる。こちらを立てれば，あちらが立たず。会社と社会のつきあい方とは，そんなものなのかもしれない。

　あと数年もすれば，わたしもこの会社を退職する。けれども周りを見回すと意外にも多くの人が，リタイア後も悠々自適の生活に入らずに，新たに組織を立ち上げたり新しい仕事に就いたりしている。

> **疑問 14-5**
> 企業経営の第一線を退いた人々のその後のキャリアは？

　定年はその会社からの引退ではあるが，その人のキャリアの終わりではない。企業経営の第一線を退いた人もその後，さまざまなキャリアを歩んでいる。なぜだろう。

　前にも触れたが企業は，社会における財・サービスの代表的な生産主体であり，活動の自由度の高さと柔軟性，高度に専門化した知識，ノウハウといった特徴を持つ。企業のメンバーもそのような企業能力をある程度体現していて，さらに個人が持つ社会的ネットワークをも併せ持つ。それらを活用して，彼らは会社を退職した後も新たにさまざまな活動を行っているのだ。

　たとえば……，

① 企業家として地元に賑わいを取り戻すために新たな事業を始める人

② 問題の解決や組織の運営などについてアドバイスする人

③ 問題解決コミュニティをつくる際に自らの持つノウハウやネットワークを用いて触媒（カタリスト）となる人

④ 若い社会起業家を支援するパトロンになる人

⑤ 新たな社会的価値を提案する唱道者となる人

エピローグ

なんだかんだいっても，みんな働くのが好きなのだな。振り返ってみれば，入社した頃の自分はまだ責任ある仕事も任されず，何の権限もなかった。そのときの会社と自分の関係は，お互いはっきりと独立していたように思う。しかし昇進を重ねて大きな仕事を任せられるようになると，大きな権限と責任を身にまとって，自分がどんどん会社寄りになっていくような気がした。その最たるものが社長のときだったかもしれない。社内と社外に対して社の全責任を持つ立場であれば，そう思えるのも無理はない話だ。しかしこれまでのキャリアを思い返すと，立場は変わっても，結局常に何らかのジレンマがあった。

会長になってもそうだ。その年ごとの利益を確保すること，そして社会と長期的な調和をとることとの間のバランス。引退を間近にしてなお会社の将来のことを考え，そして会社を退いた後の自分のキャリアも考えること。なじんだ会社やそのコミュニティを離れる寂しさと，自分自身の時間を十分にとれる嬉しさ。組織に関わるかぎり変わらないのは，これらのジレンマと向き合うということなのだろうか。若い頃からずっと抱いてきた会社と自分の関係をめぐるモヤモヤとした疑問に対して，やっと自分なりの答えがみつかったような気がする。会長室の窓から夕暮れを眺めながら，そんなことを考えていると，ドアをノックする音が聞こえた。彼に違いない。

* * *

この30年，機会があるごとに一緒に学んだり仕事をしてきた彼女も，ついに会長か……，そんなことを考えながら私は会長室に入った。久しぶりに彼女に会うと，バリバリ社長をしていたときと変わらず，否，それ以上にバイタリティにあふれているようだった。間違いない。彼女はまだ何かをやる気なのだ。お孫さんとの隠居生活なんて，彼女にはまだ早いと思っていたんだ。よかった。

　私も3つのIT企業の役員を降り，取り組んでみたかったフードロスや貧困といった社会問題にようやく向き合えるようになった。しかし，私の力だけで解決できないこともわかっている。こんなときに持つべきものは友だ。たしかに私たちは，もういい年だが，まだ十分に働ける。いままでは自分のため，勤める会社のために働いてきたが，むしろこの年だからこそ，これからは世のため，人のために働けるはずだ。彼女はきっとNPO法人の理事を引き受けてくれるだろう。彼女の目を見ればわかる。なんだろう，年甲斐もなくワクワクしてきたぞ。

 さらに学びたい人のために

①駒崎弘樹［2015］『「社会を変える」を仕事にする──社会起業家という生き方（第2版）』英治出版。
　●本章の事例に登場する病児保育のNPO法人のモチーフとなったNPO法人フローレンスを設立し，病児保育のソリューションを確立したのが，この本の著者の駒崎弘樹です。仲間たちとともに事業を軌道に乗せるまでの奮闘，そして社会起業家という生き方について語ります。
②駒崎弘樹［2016］『社会を変えたい人のためのソーシャルビジネス入門』PHP新書。
　●前出の駒崎弘樹によるソーシャル・ビジネス入門書です。事業アイ

デアの磨き方から，事業プランの策定，起業準備，サービスイン，ス
ケールアップまで，ソーシャル・ビジネスの基本が学べます。

③菱山隆二［2015］『倫理・コンプライアンスと CSR（第 3 版）』経済法
令研究会。
●企業倫理，コンプライアンス，CSR についてのハンディな解説書で
す。

④谷本寛治・大室悦賀・大平修司・土肥将敦・古村公久［2013］『ソーシ
ャル・イノベーションの創出と普及』NTT 出版。
●ソーシャル・イノベーションがいかに生み出され，普及していくのか
について，文献紹介と事例研究，考察が豊富に収録されています。

　「私」と「わたし」の2人とも，紆余曲折の末，ついに経営者にまでなってしまったのか，最後まで読み終わったあなたはそう思ったかもしれない。キャリアの進展に沿って，キャリアに関わる経営組織の理論を紹介していくことが本書の特徴の1つである。言い換えれば，当事者の目線で経営組織を眺めてみようと考えているところに本書の特徴がある。

　本書に登場する「わたし」は，本書を手にとるところから，会社に入り，順調に出世し，最後は社長・会長にまで上り詰めた。古いスタイルのキャリアといえるかもしれない。一方の「私」も，本書を手にとり，会社に入るところまでは同じだが，異なる会社に転職し，さまざまなプロジェクトに関わりながら，ベンチャー企業やNPO法人を起ち上げていった。こちらは現代っぽいキャリアといえるだろうか。

　1つの組織でキャリアを歩むのか，あるいはさまざまな組織を経験しながらキャリアを進めていくのか，キャリアの様相が異なることで，それぞれの置かれた立場も役割も大きく違ってくるだろう。けれども，いずれのキャリアを選んだとしても，ずっと同じ立場や役割のままでいるわけではなく，キャリアのなかで自然に求められるものが変わってくるという点は共通しているはずだ。部下は部下の見えている範囲で考えているし，上司は上司の見えている範囲で考えることになる。

　筆者の1人が以前行ったキャリアに関するインタビューで，あるベテラン社員は，若い頃は組織が自分の向こう側にあったけれども，知らぬ間に自分が組織の側に立っていたということを話してく

れたことがある。また若い頃は会社のやり方に対して不満や疑問を持っていたが，知らぬ間にそれを若い人にいわれる立場になり，今度は逆にそれについて若い人に説明する役割になっていたともおっしゃっていた。

そしてそれぞれの立場における疑問をスタートに，経営組織のさまざまな理論を紹介することで，地に足のついた経営組織論を紹介しようというのが筆者たちの意図でもある。

このような「ワタシ」視点から導かれる疑問に対して，本書では異なる視点からの回答を用意した。たとえば，マニュアルがなぜ必要なのか，という新人視点からの疑問に対しては，組織にとってのマニュアルの必要性を理論とともに紹介した。会社のなかにはさまざまな視点や立場があるが，その最も大きなものは個人（ミクロ）の視点と組織（マクロ）の視点であろう。疑問を挟みながら，この2つの視点を意図的に対比させて紹介することが本書の2つめの特徴であろう。

通常，個人（ミクロ）の視点の組織論と組織（マクロ）の視点の組織論の内容が同じ章に書かれることはほとんどない。多くの場合，それぞれ別々の章あるいは本で書かれる。2つの視点が同時に書かれない理由は，視点が異なるために両者の理論の間に齟齬が生まれるからである。本書を読み終えた人ならば実感できると思うが，たとえばモチベーションの理論は，個々人のやる気についての理論であり，個々人のやる気を高めることで個人の生産性が上がると考えている。しかしながら，そこでは組織内部における効率性の議論はなされない。個々人のモチベーションを上げるのに組織全体でどれほどのコストや資源を費やすのかということは議論されないのである。一方，分業の理論では，組織の生産性を上げるための効率性からの議論はなされるが，その分業のあり方による個々人のやる気についての議論はほとんどなされない。

しかし実際の経営の現場では，異なる立場，異なる視点の問題が同時に考えられているはずである。本書では，それぞれの理論の持つ視点の間に齟齬が浮き彫りになることを承知で，このような異なる視点の理論を1つの章で紹介している。経営の現場では，コストがかかりすぎるようでは，たとえ個々人のモチベーションが上がることがわかる施策があっても実行はできないだろう。他方で，効率的であってもそれを担当する人々が疲弊したり，モチベーションが著しく低下したりするような仕事のやり方も実行されないはずである。経営の現場では，どちらの視点からの考察もある意味では正しいが，「あちらを立てればこちらが立たず」といったジレンマを抱えた問題がほとんどである。このような経営現象を捉える複数の視点の齟齬から生まれるジレンマこそ，筆者たちは組織経営の本質ではないかと考えている。

　ジレンマは，さまざまな視点の違いから生まれる。それは，ずっと組織の内部者として組織を見てきた「わたし」と，組織の外部から組織を見ようとした「私」の間にも，きっとあっただろう。このような視点の違いによるジレンマは，経営組織における，多様で簡単に取捨できないスタンスの違いとして理解できる。1つめは，部分最適と全体最適の違いである。個人は自分あるいは自分の周りの集団の最適を考えるが，その部分最適を集めることが必ずしも，全体として最適になるわけではない。たとえば，Aさんにやる気を出してもらう最善の方法が，魅力的な仕事を与えることだとしても，Aさんにそれを与えれば，同じような問題を抱えるBさんにはそれを与えることができなくなってしまう。全体の最適を考えれば，Bさんに与えるほうが効果的であることもあるだろうし，あるいは別の方法を考えねばならないかもしれない。

　2つめは，短期的視点と長期的視点の違いである。短期的な成果は重要であるが，短期的な成果を追い求めることが長期的な成果を

失うことにつながる可能性もある。いまおもしろいと思えない仕事をしっかりこなすことが長期的なキャリアの成功に結実することもあるし，先のことを考えすぎていまがおろそかになってしまうような愚行もあるだろう。組織であっても個人であっても，短期的な成果も長期的な成果もどちらもおろそかにはできない。

　3つめは，自由を重んじる視点と管理を重んじる視点の違いである。個人にとっても部門にとっても，自由に振る舞えることは活性化を促すが，その振る舞いが同じ組織に属す他の人や部門に影響を及ぼすことがある。また組織のメンバーが自由に振る舞うことは不確実なものへの柔軟な対応を促すが，多くの無駄を生んでしまうこともある。一方で，管理を重視すれば，組織を効率的に動かすことができるが，環境の変化への対応が遅れたり不適合を起こしたりしてしまうこともある。しかし簡単に自由を抑制することも，管理を放棄することもできない。

　このように，経営組織の内部ではさまざまな視点が複雑に交差しているために，ジレンマから根本的に逃げることができない。また残念ながら経営学や経営組織論は，このジレンマに対して根本的な解決を十分に用意できているわけでもない。けれども，筆者たちはこのようなジレンマを乗り越え，解決しようと試みるところに経営のダイナミックな部分があるとも考えている。

　黒澤明監督の映画「隠し砦の三悪人」は，お家再興のために敵地から友好国へなんとか逃げようとする姫と従者たちが，次から次へとやってくる絶体絶命の窮地をしのいでいくストーリーである。シナリオを書くにあたっては，あえて無理難題の窮地を設定して黒澤を含めた4人の脚本家が知恵を絞ってその解決策をみつけるという手法をとったといわれる。映画と同様に次から次へとやってくる困難で解決不能な難題を多くの人の知恵を用いて乗り越えていくところに経営のダイナミズムがあるのではないだろうか。さらに，そ

こに経営学を学ぶ知的好奇心があり，そこから実践につながる知が生まれると考えている。

* * *

　思えば，本書の初版の企画が立ち上がった当初，筆者たちは，初学者にもとっつきやすく大学院生にも参考になるもの，経営がわからない大学生にもわかりやすく，実務家にも実感を持って読んでもらえる本，そしてこれまで経営学を教えてきた先生方にも引き続き教えやすく，それでいてこれまでとは違う教科書，といった欲張りな教科書を書けないものかと議論をした。新しい理論を取り入れれば，スタンダードな理論を紹介する紙幅が減る，実例を多くすればわかりやすくなるが，紹介できる理論が減ってくる，根本的には解決できないいくつものジレンマを筆者たちなりに解決しようと試みたのだった。

　初版が出て12年が過ぎ，筆者たちも本書の主人公たちと同様な経験を経て，十分に歳もキャリアも重ねてきた。それぞれのキャリアがはたしてよいものだったのかどうかはわからないが，あの頃と比べればみな多忙になっていた。第2版がこんなにも遅くなった理由の1つは間違いなくそこにある。しかしそれだけではない。第2版は初版を超えることができるのか。どれだけ改訂されれば第2版は読者に認めてもらえるのか。有り難いことに初版の販売が好調に推移すればするほど，改訂作業に着手することがためらわれた。

　けれども，人々の働き方が大きく変わろうとするなかで，さらにコロナ禍を迎えてますます個人が組織との関係を見直そうとしている状況を目の当たりにし，筆者たちは初版をアップデートする第2版を書かねばならないと考えた。それほど，ここ10年ほどの組織をめぐる状況の移り変わりは激しい。それは，第2版において追

加された章の，今日における重要性を見れば明白である。初版と比べて，本書の主人公である「私」と「わたし」にいっそうの迷いが生じているのは，そんな時代が反映されているからだろう。

　さて，もし第3版があるとするならば，そのとき日本においてキャリアはどのように変わり，新たに追加される章は何であろうか。その機会があることを祈りつつ，長くなった「おわりに」を終えよう。

主要参考文献一覧

第1章

Barnard, C. I. [1938] *The Functions of the Executive*, Harvard University Press.（山本安次郎・田杉競・飯野春樹訳 [1968]『新訳 経営者の役割』ダイヤモンド社。）

Maslow, A. H. [1943] "A Theory of Human Motivation," *Psychological Review*, 50, 370–396.（http://psychclassics.yorku.ca/Maslow/motivation.htm で閲覧可能。）

Schein, E. H. [1978] *Career Dynamics: Matching Individual and Organizational Needs*, Addison-Wesley.（二村敏子・三善勝代訳 [1991]『キャリア・ダイナミクス——キャリアとは，生涯を通しての人間の生き方・表現である。』白桃書房。）

第2章

Feldman, D. C. [1976] "A Contingency Theory of Socialization," *Administrative Science Quarterly*, 21, 433–452.

Lave, J. and E. Wenger [1991] *Situated Learning: Legitimate Peripheral Participation*, Cambridge University Press.（佐伯胖訳 [1993]『状況に埋め込まれた学習——正統的周辺参加』産業図書。）

佐藤郁哉・山田真茂留 [2004]『制度と文化——組織を動かす見えない力』日本経済新聞社。

Schein, E. H. [1980] *Organizational Psychology (3rd ed.)*, Prentice-Hall.

Schein, E. H. [1985] *Organizational Culture and Leadership*, Jossey-Bass.（清水紀彦・浜田幸雄訳 [1985]『組織文化とリーダーシップ——リーダーは文化をどう変革するか』ダイヤモンド社。）

Wanous, J. P. [1980] *Organizational Entry: Recruitment, Selection, and Socialization of Newcomers*, Addison-Wesley.

第3章

Argyris, C. [1957] *Personality and Organization*, Harper.（伊吹山太郎・中村実訳 [1970]『組織とパーソナリティ——システムと個人との葛藤』日本能率協会。）

Deci, E. L. and R. Flaste [1995] *Why We Do What We Do: The Dynamics of Personal Autonomy*, Putnam's Sons.（桜井茂男訳 [1999]『人を伸ばす力——内発と自律のすすめ』新曜社。）

Hackman, J. R. and G. R. Oldham [1980] *Work Redesign*, Addison Wesley.

McClelland, D. C. [1987] *Human Motivation*, Cambridge University

Press.（梅津祐良・薗部明史・横山哲夫訳［2005］『モチベーション——「達成・パワー・親和・回避」動機の理論と実際』生産性出版。）

Merton, R. K.［1949］*Social Theory and Social Structure: Toward the Condition of Theory and Research*, Free Press.（森東吾・森好夫・金沢実・中島竜太郎訳［1961］『社会理論と社会構造』みすず書房。）

田尾雅夫［1999］『組織の心理学（新版）』有斐閣。

Taylor, F. W.［1911］*The Principle of Scientific Management*, Cosimo Classics.（有賀裕子訳［2009］『新訳 科学的管理法——マネジメントの原点』ダイヤモンド社。）

第4章

Barnard, C. I.［1938］*The Functions of the Executive*, Harvard University Press.（山本安次郎・田杉競・飯野春樹訳［1968］『新訳 経営者の役割』ダイヤモンド社。）

伊丹敬之・加護野忠男［2003］『ゼミナール経営学入門（第3版）』日本経済新聞社。

加護野忠男・小林孝雄［1989］「資源拠出と退出障壁」今井賢一・小宮隆太郎編『日本の企業』東京大学出版会，73-92頁。

金井壽宏［2002］『働くひとのためのキャリア・デザイン』PHP新書。

Rousseau, D. M.［1989］"Psychological and Implied Contracts in Organization," *Employee Responsibilities and Rights Journal*, 2, 121-139.

Schein, E. H.［1990］*Career Aanchors: Discovering Your Real Values*, Jossey-Bass.（金井壽宏訳［2003］『キャリア・アンカー——自分のほんとうの価値を発見しよう』白桃書房。）

Simon, H. A.［1945］*Administrative Behavior: A Study of Decision-Making Process in Administrative Organization*, Free Press.（松田武彦・高柳暁・二村敏子訳［1986］『経営行動——経営組織における意思決定過程の研究』ダイヤモンド社。）

第5章

Hersey, P., K. H. Blanchard and D. E. Johnson［1996］*Management of Organizational Behavior (7th ed.)*, Prentice-Hall.（山本成二・山本あづさ訳［2000］『入門から応用へ 行動科学の展開——人的資源の活用（新版）』生産性出版。）

金井壽宏［1991］『変革型ミドルの探求——戦略・革新指向の管理者行動』白桃書房。

桑田耕太郎・田尾雅夫［1998］『組織論』有斐閣。

Lawler, E. E.［1971］*Pay and Organizational Effectiveness: A Psychological View*, McGraw-Hill.（安藤瑞夫訳［1972］『給与と組織効率』ダイヤモンド社。）

Likert, R.［1961］*New Patterns of Management*, McGraw-Hill.（三隅二不二訳［1964］『経営の行動科学——新しいマネジメントの探求』ダイヤモンド社。）

Stogdill, R. M.［1974］*Handbook of Leadership: A Survey of Theory and Research*, Free Press.

第6章

Asch, S. E. [1951] "Effects of Group Pressure upon the Modification and Distortion of Judgments," in H. Guetzkow (ed.), *Groups, Leadership and Men,* Carnegie Press, 1-43.

Cohen, M. D., J. G. March and J. P. Olsen [1972] "A Garbage Can Model of Organizational Choice," *Administrative Science Quarterly,* 17 (1), 1-25.

Janis, I. L. [1972] *Victims of Groupthink: A Psychological Study of Foreign-policy Decisions and Fiascoes,* Houghton, Mifflin.

March, J. G. and H. A. Simon [1958] *Organizations,* Wiley. (土屋守章訳 [1977]『オーガニゼーションズ』ダイヤモンド社。)

Robbins, S. P. [2005] *Essentials of Organizational Behavior (8th ed.),* Pearson Education. (髙木晴夫監訳 [2009]『新版 組織行動のマネジメント ──入門から実践へ』ダイヤモンド社。)

Steers, R. M. and J. S. Black [1993] *Organizational Behavior (5th ed.),* HarperCollins College.

Wallach, A., S. Kogan and D. J. Bem [1962] "Group Influence on Individual Risk Taking," *Journal of Abnormal and Social Psychology,* 65, 75-86.

West, M. A. [2004] *Effective Teamwork: Practical Lessons from Organizational Research (2nd ed.),* Wiley-Blackwell.

第7章

Bandura, A. [1977] *Social Learning Theory,* Prentice-Hall.

Kolb, D. A. [1984] *Experiential Learning: Experiences as the Source of Learning and Development,* Prentice-Hall.

March, J. G. and J. P. Olsen [1976] *Ambiguity and Choice in Organizations,* Universitetsforlaget.

第8章

Brown, L. D. [1986] *Managing Conflict at Organizational Interfaces,* Addison-Wesley.

Klein, H. J., T. E. Becker and J. P. Meyer (eds.) [2009] *Commitment in Organizations: Accumulated Wisdom and New Directions,* Routledge.

Meyer, J. P. and N. J. Allen [1997] *Commitment in the Workplace: Theory, Research, and Application,* Advanced Topics in Organizational Behavior, Sage Publications.

Robbins, S. P. [2005] *Essentials of Organizational Behavior (8th ed.),* Pearson Education. (髙木晴夫監訳 [2009]『新版 組織行動のマネジメント ──入門から実践へ』ダイヤモンド社。)

Thomas, K. W. [1976] "Conflict and Conflict Management," in M. D. Dunnete (ed.), *Handbook of Industrial and Organizational Psychology,* Wiley, 889-935.

第9章

Chandler, A. D., Jr. [1962] *Strategy and Structure*, MIT Press.（有賀裕子訳 [1990]『組織は戦略に従う』ダイヤモンド社。）

Galbraith, J. R. [2002] *Designing Organizations: An Executive Guide to Strategy, Structure, and Process*, John Wiley & Sons.（梅津祐良訳 [2002]『組織設計のマネジメント——競争優位の組織づくり』生産性出版。）

沼上幹 [2003]『組織戦略の考え方——企業経営の健全性のために』ちくま新書。

沼上幹 [2004]『組織デザイン』日経文庫。

Smith, A. [1950] *An Inquiry into the Nature and Causes of the Wealth of Nations (6th ed.)*, Methuen.（大内兵衞・松川七郎訳 [1959]『諸国民の富 (1)』岩波文庫。）

第10章

Badaracco, J. L., Jr. [1991] *The Knowledge Link: How Firms Compete through Strategic Alliances*, Harvard Business School Press.（中村元一・黒田哲彦訳 [1991]『知識の連鎖——企業成長のための戦略同盟』ダイヤモンド社。）

Burns, T. and G. M. Stalker [1961] *The Management of Innovation*, Tavistock.

Dyer, J. H. and H. Singh [1998] "The Relational View: Cooperative Strategy and Sources of Interorganizational Competitive Advantage," *Academy of Management Review*, 23 (4), 660-679.

Granovetter, M. S. [1973] "The Strength of Weak Ties," *American Journal of Sociology*, 78 (6), 1360-1380.

稲葉元吉 [1990]『現代経営学の基礎』実教出版。

Lawrence, P. R. and J. W. Lorsch [1967] *Organization and Environment: Managing Differentiation and Integration*, Irwin.（吉田博訳 [1977]『組織の条件適応理論——コンティンジェンシー・セオリー』産業能率短期大学出版部。）

Oliver, C. [1990] "Determinants of Interorganizational Relationships: Integration and Future Directions," *Academy of Management Review*, 15 (2), 241-265.

Pfeffer, J. and G. Salancik [1978] *The External Control of Organizations: A Resource Dependence Perspective*, Haper & Row.

Taylor, F. W. [1947] *Scientific Management*, Harper & Row.（上野陽一訳編 [1969]『科学的管理法』産業能率大学短期大学出版部。）

Thompson, J. D. [1967] *Organizations in Action: Social Science Bases of Administrative Theory*, McGraw-Hill.（高宮晋監訳 [1987]『オーガニゼーション・イン・アクション——管理理論の社会科学的基礎』同文舘出版。）

Weber, M. [1956] *Wirtschaft und Gesellschaft, Grundriss der verstehenden Sociologie (4 Aufl.)*, J. C. B. Mohr.（世良晃志郎訳 [1960]『支配の社会学 I』創文社。）

第 11 章

Burgelman, R. A.［1983a］"A Model of the Interaction of Strategic Behavior, Corporate Context, and the Concept of Strategy," *Academy of Management Review*, 8, 61-70.

Burgelman, R. A.［1983b］"A Process Model of Internal Corporate Venturing in Diversified Major Firms," *Administrative Science Quarterly*, 28, 223-244.

Greiner, L.［1972］"Evolution and Revolution as Organizations Grow," *Harvard Business Review*, 50, 37-46.

井上達彦［1998］『情報技術と事業システムの進化』白桃書房。

岩尾俊兵［2021］『日本"式"経営の逆襲』日経 BP 日本経済新聞出版本部。

加護野忠男［1988］『組織認識論──企業における創造と革新の研究』千倉書房。

加護野忠男［2005］「地場産業の知恵──宮大工の技術の伝承と実践共同体」『書斎の窓』第 542 号，28-32 頁。

金井壽宏［1999］『経営組織』日経文庫。

大月博司［2005］『組織変革とパラドックス（改訂版）』同文舘出版。

Plowman, D. A., S. Solansky, T. E. Beck, L. Baker, M. Kulkarni and D. V. Travis［2007］"The Role of Leadership in Emergent, Self-organization," *The Leadership Quarterly*, 18 (4), 341-356.

鈴木竜太［2018］『経営組織論』東洋経済新報社。

竹内弘高・榊原清則・加護野忠男・奥村昭博・野中郁次郎［1986］『企業の自己革新──カオスと創造のマネジメント』中央公論社。

Tushman, M. L. and P. Anderson［1986］"Technological Discontinuities and Organizational Environments," *Administrative Science Quarterly*, 31 (3), 439-465.

Van de Ven, A. H. and M. S. Poole［1995］"Explaining Development and Change in Organizations," *Academy of Management Review*, 20, 510-540.

Weick, K. E.［1979］*The Social Psychology of Organizing (2nd ed.)*, Addison-Wesley.

第 12 章

Blank, S.［2013］"Why the Lean Start-up Changes Everything," *Harvard Business Review*, May, 63-72.（有賀裕子訳［2013］「リーン・スタートアップ──大企業での活かし方」『DIAMOND ハーバード・ビジネス・レビュー』38 (8), 40-51 頁。）

Collins, J. C. and J. I. Porras［1994］*Built to Last*, Curtis Brown.（山岡洋一訳［1995］『ビジョナリーカンパニー──時代を超える生存の原則』日経 BP。）

加護野忠男［1999］『競争優位のシステム──事業戦略の静かな革命』PHP 新書。

加護野忠男・井上達彦［2004］『事業システム戦略──事業の仕組みと競争優位』有斐閣。

加護野忠男・角田隆太郎・山田幸三・上野恭裕・吉村典久［2008］『取引制度から読みとく現代企業』有斐閣。

根来龍之［2014］『事業創造のロジック——ダントツのビジネスを発想する』日経BP社。

小倉昌男［1999］『小倉昌男 経営学』日経BP社。

Pfeffer, J. and G. Salancik［1978; 2003］*The External Control of Organizations: A Resource Dependence Perspective*, Haper & Row.

Rowley, T. J.［1997］"Moving Beyond Dyadic Ties: A Network Theory of Stakeholder Influences," *Academy of Management Review*, 22, 887-910.

安田雪［1997］『ネットワーク分析——何が行為を決定するか』新曜社。

Zott, C. and R. Amit［2008］"The Fit between Product Market Strategy and Business Model: Implications for Firm Performance," *Strategic Management Journal*, 29, 1-26.

第13章

秋庭太［2017］「アントレプレナーシップとエコシステム——なぜシリコンバレーはアントレプレナーを輩出し続けるのか？」山田幸三・江島由裕編著『1からのアントレプレナーシップ』碩学舎，219-232頁。

Arrow, K. J.［1962］"The Economic Implications of Learning by Doing," *The Review of Economic Studies*, 29 (3), 153-173.

Chesbrough, H. W.［2003a］*Open Innovation: The New Imperative for Creating and Profiting from Technology*, Harvard Business School Press.

Chesbrough, H. W.［2003b］"The Era of Open Innovation," *MIT Sloan Management Review*, 44 (3), 35-41.（*MIT Sloan Management Review*, Sloan Select Collection Winter 2011に再掲。）

Christensen, C. M.［1997］*The Innovator's Dilemma: When New Technologies Cause Great Firms to Fail*, Harvard Business School Press.（伊豆原弓訳［2001］『イノベーションのジレンマ——技術革新が巨大企業を減ぼすとき（増補改訂版）』翔泳社。）

Drucker, P. F.［1985］*Innovation and Entrepreneurship: Practice and Principles*, Harper & Row.

細谷祐二［2009］「集積とイノベーションの経済分析——実証分析のサーベイとそのクラスター政策への含意（前編）」『産業立地』48 (4), 29-38頁。

今井賢一・伊丹敬之・小池和男［1982］『内部組織の経済学』東洋経済新報社。

稲葉祐之［2021］「『会社』を立ち上げるのに必要な『志』」加護野忠男・吉村典久編著『新しいビジネスをつくる——会社を生みだし成長させる経営学』碩学舎，17-30頁。

Jacobs, J.［1969］*The Economy of Cities*, Random House.（中江利忠・加賀谷洋一訳［1971］『都市の原理』鹿島研究所出版会。）

加護野忠男［1985］「企業家活動の活性化」『都市政策』41, 20-29頁。

Keynes, J. M.［1936］*The General Theory of Employment, Interest and Money*, Macmillan.（塩野谷祐一訳［1995］『雇用・利子および貨幣の一般理論』東洋経済新報社。）

Kirzner, I. M.［1973］*Competition and Entrepreneurship*, University of

Chicago Press.（田島義博監訳［1985］『競争と企業家精神――ベンチャーの経済理論』千倉書房。）

Knight, F. H.［1921］*Risk, Uncertainty and Profit*, Houghton and Mifflin.

小林伸生［2009］「地域産業集積をめぐる研究の系譜」『経済学論究』63 (3), 399-423 頁。

Leibenstein, H.［1978］*General X-efficiency and Economic Development*, Oxford University Press.

Marshall, A.［1920a］*Industry and Trade（3rd ed.）*, Macmillan.

Marshall, A.［1920b］*Principles of Economics: An Introductory Volume（8th ed.）*, Macmillan.

McCarthy, J. D. and M. N. Zald［1977］"Resource Mobilization and Social Movements: A Partial Theory," *American Journal of Sociology*, 82 (6), 1212-1241.

McClelland, D. C.［1961］*The Achieving Society*, Van Nostrand.

O'Reilly, C. A., III and M. L. Tushman［2016］*Lead and Disrupt: How to Solve the Innovator's Dilemma*, Stanford University Press.（入山章栄監訳・解説［2019］『両利きの経営――「二兎を追う」戦略が未来を切り拓く』東洋経済新報社。）

Penrose, E.［1995］*The Theory of the Growth of the Firm (3rd ed.)*, Oxford University Press.

Porter, M. E.［1998］*The Competitive Advantage of Nations (with a new introduction)*, Free Press.（竹内弘高訳［1999］『競争戦略論 II』ダイヤモンド社。）

Romer, P. M.［1986］"Increasing Returns and Long-run Growth," *Journal of Political Economy*, 94 (5), 1002-1037.

Schumpeter, J. A.［1912］*Theorie der wirtschaftlichen Entwicklung*, Duncker & Humbolt.（塩野谷祐一・中山伊知郎・東畑精一訳［1977］『経済発展の理論――企業者利潤・資本・信用・利子および景気の回転に関する一研究』岩波文庫。）

von Hippel, E.［1994］"'Sticky Information' and the Locus of Problem Solving: Implication for Innovation," *Management Science*, 40 (4), 429-439.

Williamson, O. E.［1975］*Markets and Hierarchies: Analysis and Antitrust Implications*, Free Press.

第14章

Inaba, Y.［2009］*Japan's New Local Industry Creation: Joint Entrepreneurship, Inter-organizational Collaboration, and Regional Regeneration*, Alternative Views Publishing.

佐久間信夫編［2006］『よくわかる企業論』ミネルヴァ書房。

索　引

事 項 索 引

人名索引

【有斐閣アルマ】

キャリアで語る経営組織〔第 2 版〕
── 個人の論理と組織の論理

Management Theories at Each Career Stage:
Individual and Organizational Aspects, 2nd edition

2010 年 5 月 10 日 初 版第 1 刷発行
2022 年 12 月 20 日 第 2 版第 1 刷発行

著　者	稲葉祐之，井上達彦，鈴木竜太，山下勝	
発行者	江草貞治	
発行所	株式会社有斐閣	
	〒101-0051 東京都千代田区神田神保町 2-17	
	http://www.yuhikaku.co.jp/	
装　丁	デザイン集合ゼブラ＋坂井哲也	
カバー・章扉イラスト　オカダケイコ		
印　刷	大日本法令印刷株式会社	
製　本	牧製本印刷株式会社	
装丁印刷	株式会社亨有堂印刷所	

落丁・乱丁本はお取替えいたします。定価はカバーに表示してあります。
©2022, Y. Inaba, T. Inoue, R. Suzuki, M. Yamashita.
Printed in Japan ISBN 978-4-641-22201-4